MÉMOIRES

DE

MONSIEUR CLAUDE

—

VI

404-82. — IMPRIMERIE D. BARDIN ET C⁰, A SAINT-GERMAIN

MÉMOIRES

DE

MONSIEUR CLAUDE

CHEF DE LA POLICE DE SURETÉ

SOUS LE SECOND EMPIRE

TOME SIXIÈME

PARIS

JULES ROUFF, ÉDITEUR

14, CLOITRE SAINT-HONORÉ, 14

—

1882

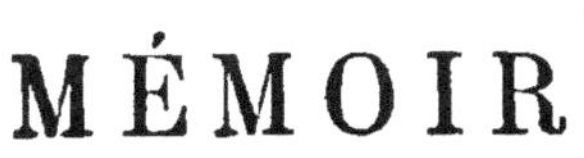

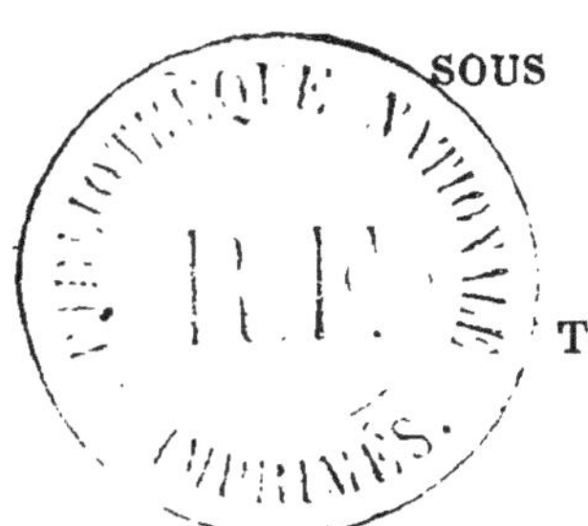

MÉMOIRES

DE

MONSIEUR CLAUDE

CHAPITRE PREMIER

UN COMBAT SUR LES RAILS

Pour la première fois que j'étais en guerre, je ressentais des épreuves bien cruelles ! J'étais surpris, sans avoir combattu !

Au moment où la vapeur sifflait, où le train, gardé par des hommes résolus, se mettait en branle, nous étions arrêtés, cernés comme des conscrits.

C'était plus que de la malchance, c'était le comble du ridicule.

Pour Bagasse, ancien soldat, habitué à la victoire, et qui prenait toujours au sérieux ses rodomontades, les sommations du chef des uhlans devenaient un sanglant défi auquel il fallait répondre à tout prix.

J'avoue que, profondément humilié par cet ennemi, j'éprouvai le même sentiment que lui.

L'horrible spectacle qui m'entourait sur cette terre déjà arrosée de notre sang, n'était pas fait pour me plier aux humiliantes injonctions des uhlans.

Je voyais, de chaque côté des talus, le long du chemin de fer, des soldats blessés et agonisants. Plus d'un, parmi ces moribonds, était tombé, le sourire aux lèvres, bravant le vainqueur ironique, comme il convient à un guerrier gaulois!

Et nous, valides, bien vivants, fallait-il nous rendre à ces Allemands épais et lourds, grossiers jusque dans leur ironie, sans imiter ces martyrs, sans nous être sacrifiés pour la patrie, sans essayer de mourir aussi pour elle!

Je me faisais ces réflexions au moment où l'ancien serviteur de Saint-Cloud achevait sa sommation tout en piquant des deux contre le chef du train.

Il n'avait pas achevé de s'adresser à moi qu'un coup de feu retentit.

Ce coup de feu partait d'une barrière du chemin de fer; il venait d'un zouave blessé, étendu sur le talus, la jambe fracassée par un obus.

Ce héros, que la défaite n'avait fait tomber qu'à demi, était heureux, avant de mourir, de réserver sa dernière balle à un Prussien pour nous dicter notre devoir.

Il avait si bien visé le chef des uhlans que sa balle

le frappa en pleine poitrine. Au moment ou celui-ci tomba, le vieux zouave blessé, roux et grisonnant, nous cria de la barrière :

— Sauvez-vous ! vous avez dix minutes d'avance sur les Allemands !

— Vive la France ! cria Bagasse qui, placé à côté de moi, excita de la portière tous ses camarades.

— Vive la France ! feu ! et utilisons bien, camarades, nos dix minutes d'arrêt !

Aussitôt une fusillade s'échangea entre mes agents et les uhlans fort intimidés par le coup de fusil qui venait de désarçonner leur chef.

En moins d'une seconde, dans un nuage de fumée, les cavaliers déchargèrent leurs pistolets contre les portières des vagons qui devinrent autant de bouches à feu ; ils tentèrent en même temps d'escalader le train.

La plupart retombèrent sur les rails, meurtris par la mitraille que vomissait chaque compartiment, broyés par les roues des locomotives.

De son côté, le chef de train avait compris Bagasse. Il avait obéi au coup de fusil du vieux zouave; il avait chauffé à toute vapeur; le piston jouait avec fracas; la machine bousculait, écrasait, martelait, tamponnait hommes et chevaux qui s'accrochaient, se suspendaient en grappes aux portières des vagons pour retomber frappés par les balles, meurtris par les baïonnettes, écrasés par les roues !

C'était un spectacle horrible !

Et le train filait toujours.

Il laissait derrière lui des cadavres d'hommes et

de chevaux traçant sur les rails des sillons sanglants. Cavaliers et chevaux se mêlaient pêle-mêle
dans un épouvantable broiement de crânes cabos-
sés, de ventres ouverts, d'entrailles pendantes, de
côtes enfoncées, labourés de balles et noyés dans
le sang !

Le train avait pris une course vertigineuse pour
laisser bien loin les cadavres des uhlans!

Quand tous mes compagnons purent retirer sans
crainte leur fusil des portières, ils n'eurent qu'à
s'applaudir de l'avertissement du vieux zouave.

Il s'aperçurent que plus un seul Allemand n'était
à la poursuite du train filant vers Metz avec l'impé-
tuosité du vent.

Nous étions à plus d'une lieue de l'ennemi.

Hélas ! le vieux zouave avait payé cher la mort du
chef des uhlans.

Ses soldats, avant de s'acharner à notre poursuite, s'étaient rués sur le vétéran. Ils s'étaient
vengés sur lui de la proie qui leur échappait.

A coups de crosse, ils lui avaient fracturé le
crâne.

Voilà la guerre!

C'est à de semblables jeux que l'espèce humaine
se livre depuis le commencement du monde... et des
empires !

A peine notre train, glissant sur ses rails comme
un serpent qui rampe sur le sang des victimes
broyées par lui, avait-il franchi une station nouvelle, qu'une colonne de fumée noire s'allongea sur
nous. Elle partait de l'endroit où avait eu lieu cet
écrasement humain.

C'était l'incendie de la gare que nous venions de quitter. Cet incendie avait été mis par les Bavarois pour venger les uhlans que nous venions de massacrer.

Hélas! je devinai d'où venait cette alerte qui avait abouti à une hécatombe!

Elle venait de l'espionne, de Mme C***, qui ne cessait de nous poursuivre.

Depuis la rencontre que j'avais faite de Mme C*** dans le bois de Forbach, la scène s'était épouvantablement agrandie : elle avait pour comparses deux nations aux prises l'une contre l'autre.

Nous étions, Mme de C*** et moi, les héros sinistres de cette tragédie d'Eschyle dont la France ensanglantée et l'Empire en péril devenaient le théâtre.

Le cadre était, en vérité, trop vaste, trop horrible pour d'aussi chétifs héros!

Voilà les réflexions que je me faisais, en continuant avec mes agents notre course vertigineuse pour fuir une rencontre que nous ne venions d'éviter qu'au prix d'un massacre!

Lorsque je fus remis de l'émotion poignante causée par ces horreurs, je dis à Bagasse qui caressait de la main le canon encore chaud de son fusil :

— C'est égal, nous avons joué gros jeu !

— Nous avons gagné, monsieur Claude, c'est le principal! riposta Bagasse se détirant la moustache après avoir donné une dernière tape à l'acier de son arme, comme pour la remercier d'avoir si bien secondé son courage.

— C'est-à-dire, repris-je en secouant la tête, que nous avons la première partie. Mais nos ennemis ne sont pas moins sur nos talons. Et l'incendie qui nous poursuit nous promet une terrible revanche !

— Bah ! bah ! exclama Bagasse qui ne doutait pas encore, malgré nos défaites, de la reprise de l'offensive. Nous ne nous laisserons plus surprendre ! Quant à ce qui nous touche, il n'y a plus de *bobos*. Les Prussiens ne se frotteront plus à nos aiguilles, ils savent comment nous en tricotons ! S'ils y reviennent, nous aurons encore à leur service l'arme blanche ! Et l'arme blanche, les Prussiens n'aiment pas ça !

Les vantardises de mon hâbleur de Marseillais ne me rassuraient guère.

J'avais bien voulu, une première fois, dans un cas desespéré, m'en remettre à sa témérité.

A l'avenir, je me promettais, sur le terrain brûlant où nous avait placés la première victoire de Sarrebruck, de ne plus avoir une confiance aussi illimitée dans mon orgueilleux Bagasse.

Pendant que le train filait sous la fumée noirâtre vomie par les bâtiments de la gare qui brûlait, je me mis à examiner les hommes qui s'étaient si bravement conduits avec Bagasse dans les wagons précédant les voitures de Sa Majesté.

C'étaient, j'en avais eu la preuve, des hommes déterminés ; et pour avoir transformé avec tant d'audace chaque wagon en une forteresse, pour s'en être servi comme d'une redoute contre l'ennemi, il fallait qu'ils eussent une longue pratique de la vie guerrière.

Tous, en effet, sauf OEil-de-Lynx, que j'avais amené avec moi à Sarrebruck, étaient d'anciens

sous-officiers qui avaient fait les campagnes d'Afrique et du Mexique.

Je pouvais être sûr de leur courage, ils venaient
de m'en donner la preuve; mais le courage ne suffisait pas contre un ennemi aussi rusé qu'implacable! et je savais par avance le sort qui m'attendait
si j'étais pris par les envahisseurs.

Je n'étais pas soldat. L'état-major prussien s'é-
tait prononcé contre tout Français qui, en dehors des
belligérants, s'insurgerait contre les envahisseurs.

Pour moi, ce n'était pas la captivité comme pour
mes agents; pour moi, civil, c'était la mort, la mort
immédiate, d'autant plus prompte que, pour sauver
le train de Sa Majesté, j'avais laissé immoler toute
une bande de uhlans.

A chaque instant, je craignais de la part de l'ennemi qui nous harcelait une nouvelle rencontre,
une seconde surprise qui n'aurait pas été peut-être,
pour nous, aussi heureuse que la première.

J'étais persuadé que nos ennemis ne lâcheraient
pas aussi facilement une proie dont ils connaissaient
le prix par leur espionne, Mme C***.

Je n'avais avec moi qu'une vingtaine d'hommes
très résolus, et qui gardaient un dépôt trop précieux!
Un million valait bien la peine de recommencer une
nouvelle hécatombe.

J'étais à la tête d'une trentaine de voitures au
chiffre impérial dont la file ne pouvait être qu'un
appât pour l'ennemi qui avait placé des argus à toutes les gares que nous traversions.

Nos voitures renfermaient, outre de la literie, de la
vaisselle, du mobilier, des tentures et mille autres

objets, la cassette impériale que M. Bure venait de faire expédier de Saint-Cloud.

Pour moi, il s'agissait surtout de sauver la caisse de l'empereur.

Il fallait la sauver au péril de ma vie, précisément parce qu'elle avait été dénoncée par le serviteur de Saint-Cloud, le faux Alsacien, à l'espionne de la forêt de Forbach.

Et je me doutais bien qu'avant de rentrer à Metz notre train aurait à subir une plus chaude alerte de la part de l'ennemi.

Je ne partageais pas l'aveugle confiance de Bagasse.

Grisé par son premier haut fait, celui-ci était persuadé que les Prussiens intimidés n'oseraient plus se risquer à regarder par la portière de [nos wagons ni à se frotter aux canons de nos fusils.

J'étais persuadé du contraire.

Plus j'approchais du but, moins j'avais l'espoir de l'atteindre.

Lorsque le train arriva à la station de Panche, entre Panche et Faulquemont, mes yeux étaient fatigués de regarder l'horizon et de fouiller dans les replis de terrain.

A chaque bois, à chaque futaie je croyais voir poindre le bout d'une lance ou l'extrémité d'un casque à pointe.

Lorsque, après une course à toute vapeur, nous descendîmes à la station de Panche, je laissai Bagasse avec ses soldats dans les wagons.

Après avoir requis Œil-de-Lynx, bien autrement

clairvoyant que Bagasse ou Requin, je me mis à explorer avec le premier tous les environs.

J'utilisai les vingt minutes nécessaires pour alimenter la machine qui devait nous ramener à Metz.

Œil-de-Lynx et moi, nous étions dans un immense vallon coupé par des bois ou des futaies.

Sur une longue route abandonnée, bornée de chaque côté par des prairies sablonneuses coupées de genêts, de bruyères et de fougères, Œil-de-Lynx rampa comme un fauve, il se mit à étudier de plus près le terrain.

Je le laissai prendre une énorme distance sur moi, tandis que je regardais du côté du chemin de fer, attendant le moment où la machine allait mettre en branle notre file de wagons et donner de nouveau le signal du départ.

Tout à coup j'entendis derrière moi un coup de sifflet sourd et strident que je reconnus pour être celui d'Œil-de-Lynx.

Je me retournai de son côté.

De loin, il me fit signe de m'avancer. Rampant comme lui je me rapprochai d'un bouquet de bruyères.

Lorsque je fus à quelques pas de lui, il me désigna sur la route abandonnée, près du petit bois, des branches d'arbre placées en croix.

Une fois que j'eus aperçu ce qu'il avait découvert avant moi, Œil-de-Lynx me fit signe de me rapprocher, tout en restant le dos courbé.

Plus de doute, ces branches en croix avaient été placées sur la route par l'ennemi.

C'était un signal.

Depuis notre combat sur les rails, et grâce à la vitesse de notre retraite, aucun ennemi n'avait pu nous suivre, ni nous devancer ; c'étaient donc des ennemis déguisés, séjournant dans le pays, qui avaient répété de distance en distance ces signaux indicateurs marquant notre passage aux sentinelles prussiennes.

OEil-de-Lynx ne me laissa plus de doute à cet égard.

Tout en me forçant à ne pas lever la tête au-dessus de la haie formée par le petit bois, il me désigna dans un bouquet d'arbres un homme immobile comme une statue.

Cet individu, les mains sur le canon de son fusil, son sac de toile en bandoullière, ne cessait de fixer les yeux sur le chemin de fer où s'allongeait la file immobile des voitures impériales.

C'était un Prussien.

Placé en avant-garde sur le terrain encore français, caché dans ce taillis comme au fond de son antre, il observait sa proie, avant de donner un signal aux Allemands pour fondre sur nous, pour reprendre cette revanche que je redoutais tant, si près du port.

Déjà la machine sifflait ; elle lançait par saccades des bouffées de vapeur et de fumée ; les wagons allaient partir. Le chef du train nous appelait de son sifflet.

La sentinelle n'attendait que ce signal pour donner le sien ; elle se retourna.

Armée d'un bâton au bout duquel était fixé un mouchoir, elle abandonnait son fusil ; elle regardait l'horizon opposé pour correspondre avec nos ennemis.

Prompt comme l'éclair, agile comme la gazelle, subtil comme le serpent, Œil-de-Lynx empoigna son sabre-baïonnette, il glissa dans les genêts.

L'Allemand lui tournait le dos pour agiter son bâton pavoisé. Œil-de-Lynx bondit sur lui comme un chacal. D'une main sûre, il lui planta son sabre entre les deux épaules. L'arme alla lui traverser le dos et la poitrine, sans que la victime eût le temps de se reconnaître et de pousser un cri.

La sentinelle tomba comme foudroyée au fond de son taillis, au pied de l'arbre qu'elle avait choisi pour se dissimuler.

Maintenant l'arbre ne dérobait plus que son cadavre, l'ennemi était dérouté.

Avant que j'eusse prononcé un mot à la vue de la victime d'Œil-de-Lynx, celui-ci me mit la main sur ma bouche. Après avoir pris le fusil du Prussien, il se hâta de sortir du fourré.

Il m'entraîna vers la route, là il m'engagea comme lui à disperser les morceaux de bois disposés en croix.

Une fois que nous eûmes défait l'œuvre de l'ennemi ou des traîtres vendus à leurs manœuvres, mon compagnon me dit du ton le plus naturel du monde :

— Maintenant, monsieur Claude, nous pouvons achever notre route. L'armée prussienne peut venir ! Nous lui faisons perdre la trace du train confié à votre garde. La sentinelle veillant sur notre passage a pris un passeport qui ne lui permettra plus de revoir son pays !

L'air joyeux d'Œil-de-Lynx, dont la gaieté ne se manifestait, du reste, que dans les occasions lugubres, me saigna le cœur.

Quoique très habitué à ne vivre que dans le deuil et le sang, je n'ai jamais pu causer le moindre mal à un innocent.

La haine du crime a pu me rendre, par devoir, par tempérament, inexorable vis-à-vis d'un scélérat endurci, jamais l'amour de la patrie ne m'aveugla au point de sacrifier une existence à des potentats!

Ce soldat prussien pouvait être un honnête père de famille.

De quoi était-il coupable ? D'être sur le sol de la patrie, poussé par l'égoïste folie d'un monarque habilement joué par un autre prince qui, depuis quatre ans, attendait l'heure favorable pour devenir tout à fait son bourreau.

Décidément cette guerre devenait terrible, comme l'avait écrit Napoléon III qui avait dit autrefois : *L'Empire, c'est la paix.* Maintenant cette guerre menaçait de dégénérer, de part et d'autre, en une guerre de sauvages, de Peaux-Rouges et de cannibales ! L'impression que je ressentais n'était pas partagée par ma troupe.

Dès qu'Œil-de-Lynx eut raconté, en montrant le trophée de son légitime assassinat, ce qu'il avait entrepris pour notre salut, ce fut dans le train une explosion d'allégresse.

— Bravo ! s'écria Bagasse en embrassant son collègue, bravo ! voilà qui couronne la fin de notre voyage ! Et s'il n'a pas été sans désagréments, il n'a pas du moins été sans gloire. Et si tu n'as mis, OEil-de-Lynx, qu'une minute pour planter ta lardoire dans le dos de ce buveur de bière, zuze un peu, mon bon, si j'avais été là avec toi pour l'embro-cher ? Je n'eusse demandé, moi, qu'une toute petite seconde !

Malgré cette mauvaise plaisanterie, je pensais aux rigueurs atroces de la guerre !

Je songeais à cette femme funeste, à cette Mme C·** qui, en désignant à l'ennemi les bagages confiés à notre garde, venait de laisser une si large traînée de sang derrière elle et derrière nous !

Je n'étais pas délivré de cette pensée, aussi terrible que les événements qui se précipitaient, que notre train se rapprochait à grande vitesse de la ville de Metz.

L'empereur, qui n'avait pas attendu ses bagages pour fuir, et retourner à Metz, me fit complimenter de la façon adroite et héroïque avec laquelle j'avais sauvé son matériel.

Lorsque l'on sut dans ses moindres détails l'odys-sée de ma petite troupe pour défendre corps à corps, sur la ligne de Sarrebruck, le train impérial, je crus que certains officiers allaient me faire une ovation et me porter en triomphe.

Pour avoir sauvé la caisse, le mobilier de Napo-léon III, on se mettait plus en frais vis-à-vis d'un chef de la police qu'on ne l'aurait fait à l'égard d'un maréchal d'armée qui aurait sauvé la France !

Triste conséquence de l'absolutisme et de ses abus.

A travers cette joie intempestive au milieu de nos désastres, j'entrevoyais le mécontentement des Messins.

Ils tremblaient pour leur ville comme les Strasbourgeois tremblaient de plus en plus pour la leur. Ils en rendaient responsables le souverain. L'empereur, qui aurait été acclamé si la victoire de Sarrebruck n'eût pas attiré déjà deux épouvantables déroutes, était maudit par toute la population.

Il ne fallait plus songer aux conquêtes, il fallait se préparer à rendre nos défaites moins amères et moins sensibles.

De l'ovation dont je fus l'objet par l'entourage de l'empereur parce que j'avais sauvé sa caisse et ses bagages, il ressortait pour moi que l'empereur ne se rendait pas compte du degré d'abjection où le plongeait sa sanglante équipée !

Pendant ce temps-là, la vaillante armée de Wissembourg et de Reischoffen, devenue une lamentable cohue, gagnait l'armée de Châlons, en préparation.

C'était le 14 août. L'empereur, après avoir reçu à Metz le vieux général Changarnier qui venait un peu tard lui offrir son épée, se décidait à quitter aussi les Messins.

Il se rendait à Châlons.

Il se faisait suivre de ses bagages dont j'avais encore la garde.

Il fallut que les malheureux fuyards s'arrêtassent en gare pour laisser passer le train impérial avec ses voitures, gardées par des sous-officiers de police !

J'avais assez de cette campagne à laquelle je ne

m'étais mêlé que pour en enregistrer les premiers et effroyables désastres.

J'étais navré par le spectacle de nos malheureux soldats qui encombraient les gares et les routes : turcos dépenaillés, cuirassiers éclopés, traînant leur grand sabre tordu, géants de Wissembourg terrassés par le nombre !

Et Napoléon III, qui, avec ses bagages, suivait ces fuyards, abandonnait Metz au moment où l'on allait se battre !

Il gagnait Verdun lorsqu'un obus, venu d'une batterie prussienne cachée dans les bois, le saluait de son explosion.

J'étais là pour sauver encore son matériel, devenu le point de mire des batteries prussiennes.

Je n'avais pas cette fois que mon escorte de soldats policiers.

Des chasseurs à pied fouillaient le bois, des chasseurs d'Afrique protégeaient la retraite de l'empereur en fuite et coupant le long défilé des nouvelles troupes marchant sur Gravelotte.

Pendant que l'on se battait à Metz, où Bazaine, pour conserver son armée, ne profitait pas de ses premiers avantages, l'empereur fuyait, fuyait toujours !

Gardé sous bonne escorte, il télégraphiait par avance le nombre de couverts qui devaient être dressés aux lieux où il pouvait s'arrêter sans danger.

Pris en flanc, pressé de plus en plus par l'ennemi, Napoléon III finit, à Verdun, par se jeter dans un wagon de troisième classe.

Il arriva incognito à Châlons où le retrouvèrent les glorieux vaincus de Forbach et les jeunes soldats de la mobile. Tous, ne voulant plus reconnaître l'empereur, profitèrent de son incognito pour ne plus le saluer.

Pendant ce temps-là, au moment où l'invasion gagnait l'Alsace et la Lorraine, Napoléon III télégraphiait à Paris à l'adresse de l'impératrice :

« Je n'ai pas de nouvelles de Mac-Mahon. Les reconnaissances de la Sarre ne *signalaient aucun mouvement de l'ennemi*. J'apprends qu'il y a eu un engagement du côté du général Frossard. Il est trop loin pour que nous puissions y aller. Dès que j'aurai des nouvelles, je te les enverrai !

« NAPOLÉON. »

Quand il traçait ces lignes, l'empereur versait des larmes de sang ; il quittait Metz sur le point d'être investie par les Prussiens. Il fuyait, pour sauver sa caisse et son précieux matériel, pressé par les lances des uhlans et menacé par les obus des ennemis.

Pourquoi cette lettre, pourquoi ce nouveau mensonge, lorsque tout était désespéré ?

Parce que la France ne vit que d'illusions !

Parce que l'irrémédiable défaite connue des Français, des Parisiens, aurait amené la perte d'un trône que l'impératrice, surtout, tenait tant à conserver pour son fils.

Il ne s'agissait plus de défendre la France, il s'agissait de ne pas compromettre l'intérêt dynastique.

Il fallait, coûte que coûte, pour répondre à la révolution, une grande victoire, une revanche éclatante qui effaçât les défaites de Forbach et de Wissembourg ! Et Napoléon III eut... Sedan !

CHAPITRE II

APRÈS LA DÉFAITE

J'abandonnai l'escorte impériale à Verdun. J'y laissai Napoléon III qui fuyait Metz, lorsque Bazaine, devant les Prussiens, cherchait moins à les repousser qu'à s'enfermer dans Metz pour y conserver les dernières légions de l'Empire.

Ma mission était terminée. Depuis Frœschviller, je n'avais pas plus à maintenir le bon ordre qu'à surveiller le train de Sa Majesté dans son camp en désarroi.

Je quittai l'empereur ressemblant à ce joueur désespéré et fiévreux qui perd encore, qui perd toujours dans l'espérance de lasser la Fatalité.

Inquiète jusqu'à l'effarement, Sa Majesté quittait Metz le jour de la bataille.

Elle allait à Verdun pour l'engager sur un autre point, un œil sur la frontière d'Alsace perdue à jamais pour elle, un œil sur sa capitale qu'elle n'espérait plus revoir.

Elle faisait fuir son fils par Mézières.

Chevauchant seul de Metz à Verdun, de Verdun à Châlons, l'empereur, affolé, commandait cependant encore. Il commandait à Metz par Bazaine qui lui conservait ses dernières troupes ; il commandait à Paris par le comte de Palikao dont la préoccupation, après nos désastres, était bien plus de se défendre contre les Parisiens que contre les Prussiens.

Je laissai à Verdun l'escorte de mes agents, anciens soldats, qui tous avaient repris le fusil, qui tous ne quittaient plus l'état-major, les uns pour travailler, si cela était possible, à la jonction de l'armée de Bazaine avec la nouvelle armée de Mac-Mahon, les autres pour continuer de défendre les équipages de Sa Majesté qui portaient, en effet, toute la fortune de César.

Quant à moi, je le répète, ma mission, bien moins belliqueuse, était terminée. Je n'avais plus qu'à revenir à Paris pour reprendre mes fonctions administratives au service d'un gouvernement à l'agonie, que je devais servir jusqu'au bout, tant qu'il existait encore sur ses ruines.

Je me dirigeai de Verdun sur Paris, en compagnie d'Œil-de-Lynx qui, moins soldat que Bagasse et Requin, m'était plus précieux à la préfecture que sur les champ de bataille.

A cette époque, les armées allemandes, depuis leur double victoire, nous envahissaient méthodiquement, bombardant Strasbourg, s'avançant jusqu'à

Toul, ma ville natale, qui, sans fortifications sérieuses, défendue par une poignée de braves soldats et de patriotes, repoussait l'assaut des Prussiens !

Lorsque je quittai Verdun, en compagnie d'Œil-
de-Lynx, je ne vis sur ma route que de malheureux
militaires, éclopés, blessés ou mendiant, qui opé-
raient, sans ordre, sans chef, leur double mouvement de retraite sur Châlons.

Jamais défaite aussi imprévue ne provoqua autant
de désordre et d'indiscipline. Nos soldats, abattus
par la fatigue plus encore que par la défaite, sans
vivres, abandonnés de leurs officiers, n'avaient que
l'amertume au cœur et l'injure aux lèvres. Ils ma-
raudaient pour vivre. Leur tenue était telle, que
les populations, effrayées, fuyaient à leur approche.

Arrivés, Œil-de-Lynx et moi, aux portes de Châlons, nous fûmes accostés par deux soldats ma-
raudeurs qui nous demandèrent la bourse ou la
vie !

Cependant, à la même époque, le sous-préfet de
Verdun télégraphiait au ministre de l'intérieur :

« On a entendu hier (16 août 1870) gronder le canon entre Metz et Verdun. Des voyageurs arrivés
dans cette direction disent qu'une grande bataille
était engagée depuis la pointe du jour, et que les
Prussiens avaient perdu plus de 40,000 hommes
dans le combat de la veille.

« On s'est battu jusqu'aux environs de Verdun, et
l'ennemi aurait été vu opérant sa retraite vers le
sud. »

De son côté, le ministre de la guerre faisait connaître aux Chambres, aussi anxieuses que la France, cette nouvelle un peu moins consolante :

« Ce n'est pas, à proprement parler, une défaite que l'armée prussienne a subie sous Metz, mais un *échec considérable*. Je n'ai pas de dépêches officielles. Je ne puis donc entrer dans de plus grands détails, je puis seulement dire que nos ennemis ont subi plusieurs *échecs successifs*, et qu'ils se sont rabattus sur Commercy. Je suis plein de confiance. »

Était-il permis d'abuser à ce point de la crédulité des Parisiens, lorsque, d'un moment à l'autre, la vérité, l'horrible et navrante vérité, allait se faire jour !

Et pour endormir la population frémissante, haletante et anxieuse, le même ministre ne murmurait-il pas, dans les couloirs de la Chambre des députés, de façon à être entendu de ses plus dangereux adversaires :

« Ah ! si l'on savait tout ce que je sais, Paris illuminerait ! »

L'Empire devait tomber par ce qui l'avait fait vivre : par le mensonge.

Ce fut pour tromper jusqu'au bout sa capitale qu'après l'investissement de Metz, l'empereur, qui avait en apparence résilié son commandement militaire, mais qui en réalité commandait toujours, ne voulut pas concentrer l'armée sous Paris.

Toujours inconsidéré, toujours ennemi de la vérité, pour ne pas laisser croire à la défaite, à l'irrémédiable défaite, l'empereur préféra abandonner Metz, comme il avait abandonné Paris, pour courir après la plus sanglante et la plus honteuse des aventures, à l'aventure de Sedan.

Lorsque je rentrai dans Paris vers la fin d'août, je fus effrayé de l'aveugle confiance des Parisiens, croyant à un retour de fortune qui n'existait que dans l'esprit intéressé des soutiens du gouvernement.

Immédiatement je me transportai à la préfecture de police pour rendre compte à mes chefs de ce que j'avais vu, de mes yeux vu; et ce qui ne s'accordait guère avec les prétendues dépêches du ministre de la guerre.

A la préfecture, je rencontrai des hommes dont l'inquiétude me rappelait l'attitude affligée du souverain fuyant devant l'ennemi. A peine si mes chefs voulurent m'entendre! Ils me dirent que ces nouvelles ne les concernaient pas, qu'elles concernaient le ministre de la guerre. Je me rendis au ministère de la guerre; je trouvai là, comme partout, le même désordre, le même désarroi et la même inquiétude.

Lorsque j'expliquai la situation désespérée de l'armée, partout on me répondit :

— Si encore nous avions des troupes pour contenir le peuple au moment où Paris saura tout, mais non! nous n'avons pas un seul général sur lequel nous puissions compter. Le général Trochu nous guette, voilà pourquoi il est revenu de Châlons sur les conseils de l'opposition... pour surveiller l'impératrice!

Au ministère de la guerre, comme à la préfecture, dans tous les bureaux, il était bien plus question de l'Empire que de la patrie en danger.

A peine étais-je venu reprendre mon emploi que je me sentis entouré par un vide immense. Je ne recevais plus aucun ordre de mes chefs. Je voyais des commissaires de police, des officiers de paix accourir anxieux chercher des instructions qu'on ne leur donnait pas.

Pour eux comme pour moi, à mesure qu'on se rapprochait de la défaite finale, le préfet était de plus en plus occupé, le chef de la police municipale ne recevait plus, le chef du service politique ne pouvait plus être dérangé, parce qu'il travaillait, de jour et de nuit, avec le préfet.

A quoi travaillaient-ils pendant que l'impératrice-régente, revenue de Saint-Cloud aux Tuileries, voyait ses serviteurs de plus en plus rares autour d'elle ? Le préfet et ses chefs de bureau travaillaient à brûler les papiers les plus compromettants pour les hommes de l'Empire.

Le filet de fumée bleuâtre qui s'échappait des cheminées de la préfecture trahissait leurs sérieuses et fiévreuses occupations.

A mesure que le niveau du pouvoir impérial baissait dans l'opinion irritée, ses adversaires de vieille date se rehaussaient de plusieurs coudées.

Mégy, le conspirateur de la Villette, était salué par les avocats libéraux de la haute cour de justice, lorsqu'il partait de Blois pour être transféré à la prison du Cherche-Midi ; Mégy, à la veille d'être traduit devant une cour martiale pour avoir essayé de renverser le pouvoir, les armes à la main, était considéré comme un martyr.

Rochefort subissait sans rigueur sa peine, pour

avoir provoqué la guerre civile dirigée par Blanqui, après la mort de Victor Noir ; Rochefort, en attendant que les portes de sa prison lni fussent rouvertes, fraternisait avec son directeur dans des soupers où ne figurait nullement le pain noir des cachots !

Lorsque mes agents, par habitude, me signalaient le laisser-aller avec lequel les employés de l'administration des pénitenciers traitaient les *politiques*, je recevais l'ordre de fermer les yeux et de laisser faire.

J'avoue que pour Rochefort, que j'avais entrevu dans des jours meilleurs, quand je fréquentais les théâtres, lui comme chroniqueur du *Figaro*, moi sous le masque d'un faux petit employé en retraite, j'avoue que l'ordre que je reçus de fermer les yeux sur la conduite que tenaient vis-à-vis de ce prisonnier ses aimables geôliers me satisfit à plus d'un point de vue.

J'avais connu Rochefort lorsqu'il était un causeur aimable, gouailleur et spirituel. Sa situation infernale me faisait peine.

Je le dis en toute sincérité, un sentiment égoïste me portait encore vers lui, en me rappelant les menaces dont j'avais été l'objet de la part de ses coreligionnaires politiques.

Un secret pressentiment m'avertissait, devant les attitudes menaçantes de Rigault et de Ferré, que le jour n'était pas éloigné où j'aurais besoin de la protection du vengeur de Victor Noir !

Chaque jour, qui était alors un jour de moins pour l'Empire, je me sentais de plus en plus isolé à la préfecture.

Je prévoyais que le moment était proche où la nouvelle d'une défaite, quelque mitigée qu'elle fût en passant des Tuileries au ministère de la guerre, devait amener par le peuple l'envahissement de tous les palais.

Je m'y attendais, je m'y résignais.

Et ce qui me consolait dans l'abandon inqualifiable qui m'entourait, c'était de voir. toujours sur le dôme des Tuileries le drapeau tricolore.

Au moins, me disais-je, l'impératrice-régente reste fidèle à la France. Elle est à son poste quand tout le monde l'abandonne.

Je ne pouvais m'empêcher de comparer le courage stoïque de l'impératrice à l'effarement puéril de son timide époux fuyant Metz au moment de la bataille.

J'étais encore sous le coup de ces réflexions lorsque je reçus chez moi, avenue Victoria, un billet dont l'écriture m'était bien connue.

Ce billet était de M. Thiers.

Il me rappelait en quelques mots la promesse que je lui avais faite quelques années auparavant. Il m'avertissait que le moment était proche de brûler ce que j'avais adoré et d'adorer, au nom de la patrie en danger, tout ce que j'avais brûlé.

J'avoue que ce billet me rendit perplexe comme le jour où, vingt ans auparavant, j'avais reçu un billet si différent de la part des adversaires de mon premier protecteur.

Si j'eusse été un courtisan, je n'aurais eu, comme tant d'autres Brutus de profession, qu'à abandonner, à ce premier appel, César à son infortune. Je le répète, je ne suis pas l'amant de la faveur. Plus le malheur frappait une souveraine qui, courageusement, trônait aux Tuileries, pour affronter l'orage amoncelé sur son front, plus j'étais honteux des propositions qui m'étaient faites par son plus implacable ennemi.

Cependant mon premier protecteur s'adressait à ma personne, au nom de la patrie en danger; la France parlait pour moi bien autrement qu'une souveraine dont les dangers provenaient, après tout, de sa faute.

Fallait-il imiter l'attitude des gens qui m'entouraient? Fallait-il aussi chercher d'où viendrait le vent qui abattrait le maître, et poursuivre le nouveau courant favorable à une condamnable ambition?

En cette occurrence, j'allai trouver celle qui me conseillait toujours dans les situations difficiles. Je volai à Auteuil. Tout en revoyant Mme X***, dont la position devait être aussi perplexe que la mienne, j'étais décidé à ne pas m'ouvrir sur les propositions de M. Thiers qu'elle exécrait. Je ne voulais prendre conseil de ma fougueuse Egérie que pour éclairer mon patriotisme, pour savoir si son parti, vaincu, était à la hauteur de ses malheurs et si mon devoir devait encore m'enchaîner à ce pouvoir si près de sa déchéance.

Je devais être bientôt fixé et désabusé:

Je trouvai Mme X*** à la maison d'Auteuil. Elle était dans une grande agitation, tout affairée, tout enfiévrée; lorsqu'elle m'aperçut, au milieu d'un amas de meubles qui encombrait son vestibule, à peine si elle me salua.

Habitué à lire sur les physionomies, plus avisé que le marquis de B***, de *Faublas*, je crus m'apercevoir que ma présence, à la veille des événements de septembre, était importune à mon Egérie qui se rappelait mon origine, et qui avait toujours flairé en moi *un orléaniste*.

— Ah! c'est vous? me dit-elle d'un air assez rogue, vous ici, dans un pareil moment? Il faut que la politique vous laisse bien des loisirs à la préfecture pour que vous pensiez à moi, quand tout ce qui tient au château devient un danger pour vous et *vos* amis.

Je n'avais pas eu besoin de la fin de sa phrase pour comprendre sa mauvaise humeur.

Je lui répondis en glissant sur ces derniers mots trop acerbes.

— Ma chère amie, c'est parce que je prévois les dangers qui vous menacent dans le camp où vous me reléguez si charitablement, que je suis venu vous trouver, pous essayer de les conjurer.

— Vous êtes bien bon, me répondit-elle en m'entraînant dans son salon, en daignant consentir à ne plus s'occuper de ses meubles, vous êtes bien bon. Permettez-moi cependant de ne vous croire qu'à demi. Vous venez, n'est-ce pas, pour bien vous assurer de la victoire prochaine de vos amis; pour bien vous assurer que l'Empire, comme je vous l'ai dit il y a six mois, est fichu! archi-fichu? Eh bien! soyez satisfait! Vous le voyez, je déménage, pour ne pas attendre, devant les baïonnettes prussiennes, le retour des rancuniers de Décembre!

— Mais, l'interrompis-je d'un air consterné, car je ne croyais pas l'Empire aussi bas, du moins pour ses soutiens les plus ardents, mais l'impératrice est encore aux Tuileries, elle est toujours gardée par le général Trochu ?

— L'impératrice déménagera comme moi ! Le général Trochu se tournera du côté de sa nouvelle souveraine : la République, cette bonne nourrice des prétendants en embryon !

— Vous êtes de bien mauvaise humeur, ma chère amie, lui répondis-je. Ce n'était pas ainsi que je vous connaissais quand vous me donniez de si bons conseils, et quand je vous prouvais, de mon côté, dans des moments difficiles, la reconnaissance que je vous devais.

— Eh bien ! me riposta-t-elle d'un ton plus adouci, encore plein d'amertume, vous n'avez plus besoin de mes conseils, puisque je ne serai jamais du gouvernement à naître. Vous devez oublier même jusqu'à mon amitié, puisqu'elle vous nuirait auprès de M. Thiers !

— Oh ! exclamai-je avec un geste offensé, pouvez-vous me méconnaître à ce point !

— Oh ! je ne vous accuse pas, me dit-elle, je n'accuse que mon souverain ! Pourquoi a-t-il fait la guerre ? Il n'avait qu'à se laisser mourir tranquillement, sans aller chercher Emile Ollivier ! Il n'avait qu'à garder son pouvoir autoritaire, sans essayer de le briser comme un enfant las d'un jouet dont il s'est amusé trop longtemps ! Ah ! il l'a brisé ce jouet si bien confectionné par Morny, Lespinasse, Billault et Rouher, et pour voir ce qu'il en sortirait! Eh bien! il a vu ce qu'il contenait : Ollivier et la guerre; bientôt il en sortira Thiers et la révolution; après Thiers, Gambetta, Rochefort, que sais-je? Mais après la guerre, après la révolution, l'Empire reviendra avec son vieux jeu renforcé de nouveaux atouts! c'est là, messieurs les orléanistes, c'est là où nous vous attendons! Quant à moi, bonsoir, je pars! en attendant des jours meilleurs.

— Et où allez-vous? lui demandai-je d'un air assez embarrassé et jugeant que je ne pouvais tirer de son dépit aucune parole raisonnable.

— Est-ce que je le sais ? me répondit-elle dans sa fougue qui l'emportait sur son jugement d'ordinaire si solide et si sûr. — D'abord je fuis Paris parce que, quoi qu'il arrive, Paris, abandonné à lui-même, ne sera plus qu'une fournaise!

— Mais! malheureuse! lui répliquai-je, vous n'y songez pas, vous courez au-devant de l'invasion! Pour prendre une pareille détermination, vous n'avez pas vu comme moi, de près, nos ennemis dont les étapes sont comptées à l'avance. Lés Prussiens s'avancent de tous les points de la frontière de l'Est. Encore une défaite, une dernière défaite essuyée par notre armée, déjà bien décimée, et un million d'Allemands qui cernent les Ardennes tourneront Metz, ils s'avanceront sur Paris.

— Eh bien ! après? me dit-elle en me regardant d'un air d'ironie.

— Eh bien! n'avez-vous pas tout à craindre en vous livrant à toutes les fureurs de l'ennemi ?

— Vous êtes encore jeune, s'écria-t-elle en haussant les épaules. Est-ce que vous croyez que le danger existe pour moi? Si je quitte Paris qui *nous* quitte, c'est uniquement pour aller à Ville-d'Avray où je possède une propriété que je tiens à sauver de nos prochains désastres. On dit que les Prussiens ne pillent, ne brûlent que les maisons abandonnées. On prétend qu'ils sont très courtois à l'égard de ceux qui leur font les honneurs de leur maison! Or, dans mon intérêt, comme dans l'intérêt de mes amis, je n'ai que ce parti à prendre, et je le prends!

— Agissez-vous, lui répliquai-je, en bonne patriote?

— Je n'en sais rien, me riposta-t-elle. En tout cas, j'agis en propriétaire prudente et en bonne bonapartiste.

— C'est-à-dire que vous mettez vos intérêts, l'intérêt de vos maîtres avant l'intérêt de la France.

— Vous en êtes encore à ces préjugés démodés qui datent du temps des succès du Théâtre du Cirque? C'est triste, à votre âge!

— A mon âge, madame, lui répliquai-je d'un ton froissé, je suis encore resté Français.

— Un Français, dit-elle, taillé sur le patron de M. Thiers, l'auteur du *Consulat et de l'Empire*, ce qui ne l'a pas empêché, au second Empire, de le saper à la base! Tenez, votre patriotisme n'est que du jésuitisme! C'est un masque que vous n'avez, du reste, jamais quitté, tant que le second Empire servait votre ambition. Vous n'êtes pas plus sincère

en ce moment que votre M. Thiers qui, au lieu
d'attendre, comme il l'a fait, l'heure définitive de
notre chute, aurait dû imiter le général Changarnier? Au moins, celui-là a oublié ses rancunes
devant la patrie en danger! Changarnier, lui, n'a
pas fait comme votre étourneau de Thiers! Mais
je les attends, Thiers et consorts, après la révolution! Ils se croient bien forts, bien malins parce
qu'ils ont mis l'Empire dans la nécessité de faire la
guerre pour les éviter! Eh bien! Thiers et ses amis
seront un jour vaincus comme nous le sommes aujourd'hui!

— Vous parlez déjà comme si l'Empire était par
terre? lui objectai-je.

— Il le sera demain! me répliqua-t-elle.

— Encore faudrait-il que la dernière lutte fût
engagée entre notre dernière armée, commandée
par Mac-Mahon, et l'armée prussienne; nous ne
sommes pas tout à fait vaincus!

— Nous le sommes, vous le savez bien! s'écria-
t-elle en se promenant avec agitation. Et lorsque la victoire définitive des Prussiens donnera
raison à M. Thiers qui, à la Chambre, n'a pas
craint de prédire nos défaites, lorsque la victoire
de nos ennemis vous ouvrira la porte des Tuileries, vous croyez peut-être que c'est vous, orléanistes, qui profiterez de nos défaites? Eh bien! non!
non!

— Pourquoi? répliquai-je à cette femme que
je désespérai de faire revenir à la raison.

— Pourquoi? parce que nous, bonapartistes,
nous reviendrons.

— Dans les fourgons prussiens?

— Ne dites donc pas de bêtises! me répondit-elle avec plus d'ironie que d'exaltation. Vous savez bien qu'une nation, qu'elle le veuille ou qu'elle ne le veuille pas, n'appartient qu'à son vainqueur! Eh bien! nous, bonapartistes, plus vaincus par vous que par les Prussiens, nous dirons bientôt ce que nous voudrons pour avoir avec nous l'opinion que vous avez eu l'art de mettre contre nous! Oui, nous dirons que sans la révolution, l'Europe serait intervenue dans cette lutte inégale; nous dirons que le gouvernement légal, issu par deux fois du suffrage universel, n'a pas été consulté pour continuer la guerre! Alors en face de l'ennemi qui deviendra bien plus le vôtre que le nôtre, nous redemanderons l'appel au peuple!

— Mais, lui répondis-je avec indignation, ce serait la guerre civile dans l'invasion! Ce serait un crime de lèse-nation! Et si la France y succombe!

— Ah! mon cher, se récria-t-elle en me poussant vers sa véranda encombrée de meubles, vous devenez fatigant, stupide, avec vos phrases d'un autre âge. D'où revenez-vous? de la rue Charlot! Qu'est-ce que c'est que ça, la France! Est-ce qu'une femme, et une femme de ma profession, a une patrie? Elle n'a qu'un maître; et le mien, c'est l'Empire, que je sers loyalement, à ma manière, par tous les moyens possibles. Tenez, j'ai été une sotte d'en avoir tant voulu à Mme C***. Voilà une espionne qui comprenait son métier. Aussi, plus avisée que moi, elle est maintenant du côté du vainqueur, du bon côté. Croyez bien que si j'ai tué son Prussien, ce n'était pas parce qu'il était Prussien, mais parce qu'il m'avait jouée de compte à demi avec ma rivale! J'ai été une sotte de poursuivre aussi loin ma vengeance, je suis prête à réparer ma sottise. Voilà pourquoi vous me voyez sur le point de quitter Paris pour retourner à Ville-d'Avray. Du train où vos amis et les Prussiens poussent les choses, je n'ai que le temps de faire mes malles, l'impératrice aussi. Bonjour, mon cher Claude. Puissions-nous nous retrouver dans des temps meilleurs. Sous vos nouveaux maîtres, je ne vous demanderai jamais rien ; sous les miens, qui sont encore les vôtres et qui, vaincus demain, pourront plus tard encore redevenir vos vainqueurs, vous pourrez tout me demander. Vous me verrez disposée à vous servir comme par le passé. Sur ce, bien le bonjour !

J'avoue que j'avais autant envie de la quitter qu'elle en avait elle-même le désir. J'étais écœuré par la profession de foi de Mme X*** qui, en voyant s'écrouler sa fortune et celle de ses maîtres, se démasquait tout à coup devant moi.

Malgré son intelligence, son énergie, Mme X*** m'apparaissait telle que je n'aurais pas voulu la voir : une femme cynique. Son absence de cœur n'était remplacée que par ses appétits. Elle ne voyait dans la définition des devoirs les plus élémentaires qu'un abus de mots à l'usage des niais, afin de les faire agir au gré des habiles.

Alors mon parti était fixé. Le jour même où Paris connaissait la défaite de Sedan, je quittai la préfecture, non pas pour l'abandonner déguisé en cuisinier, comme mon préfet, mais pour me rendre à l'invitation de M. Thiers. Cette invitation, renouvelée au moment de la déchéance de l'Empire, je l'avais moi-même provoquée, vingt ans auparavant, en me rendant jadis chez cet homme d'Etat, la veille du coup d'Etat !

CHAPITRE III

SEDAN

La guerre avait tout à fait désorganisé mon service; en revanche, la Révolution qui s'organisait contre l'Empire, paralysait mes agents contre les adversaires de l'autorité.

On sentait partout la chute finale. Elle devait arriver avec le désastre de Sedan.

On se rappelle que j'avais laissé à Verdun l'escorte de soldats policiers accompagnant le train et l'équipement de Sa Majesté.

Grâce à cette escorte, ce fut moi qui connus un des premiers la débâcle de notre armée.

Les bureaux de la préfecture étaient tellement en désarroi, à cette époque, depuis le départ d'une partie de mon personnel, que je fus obligé d'agir de mon autorité privée pour faire fonctionner, au dedans comme au dehors, tous les postes de police.

Mes chefs n'étaient plus occupés que d'eux-mêmes.

A la veille du quatre septembre, je me vis presque seul dans les bureaux du secrétaire du préfet de police; il me fallut surveiller jusqu'à la correspondance, pour continuer entre la préfecture et le ministère de l'intérieur des relations administratives qui n'étaient pas du ressort d'un modeste chef de la sûreté.

Mais à la veille du quatre septembre, personne n'était plus à son poste, et je puis le dire, personne n'y attendit l'heure de la déchéance.

Comme dans la campagne de France, la police jouait un très grand rôle, j'étais renseigné jour par jour par Bagasse et par mes agents, de ce qui se passait sur la Meuse, dans les Ardennes et jusque sur les bords du Rhin.

J'étais aussi bien instruit des choses de la guerre que le ministre lui-même. Je n'avais pas de peine, hélas! à me rendre compte des mensongères nouvelles dont on leurrait les Parisiens pour maintenir, au nom de leur patriotisme, l'impératrice régente aux Tuileries.

Je fus donc le premier à connaître le désastre de Sedan, par Bagasse et Requin qui, depuis Verdun, chefs des équipages de Sa Majesté, ne cessèrent d'accompagner Napoléon III de Metz à Châlons où j'avais quitté le souverain, au moment où il jouait sa dernière partie sur la Meuse.

Lorsque Bagasse et ses soldats repartirent de Verdun pour Mézières avec les voitures dorées, les officiers de service, les sténographes, les cuisiniers et les batteries de cuisine de Sa Majesté, ils eurent à essuyer des dangers tout aussi sérieux que celui que je connus avec eux à Forbach.

Cette fois ce n'était plus contre les ennemis que mes anciens agents avaient à se défendre, mais contre des Français.

En voyant repartir le train impérial avec le souverain fuyard, les soldats de Wissembourg, n'écoutant que leur rage et leur douleur, couchèrent en joue l'empereur. Bagasse m'écrivit à ce sujet :

« Sans un officier, qui faisait partie du train et qui s'élança la poitrine en avant, contre les canons de fusils dirigés sur Napoléon III, c'en était fait de lui.

— « Soldats : — s'était écrié l'officier à ces vaincus de Reischoffen et de Wissembourg — vous êtes malheureux, ne soyez pas assassins! »

Dix jours après cette lettre de Bagasse, j'en recevais une autre. Elle était datée de Sedan.

Elle m'annoncait une nouvelle retraite de l'armée, elle m'annoncait aussi que les cinquante voitures de Sa Majesté étaient rentrées sans trop de dommages dans Sedan. Quant à son armée, elle n'avait pas eu le même sort.

A Sedan comme à Forbach, on a pu mépriser par l'impéritie de certains généraux le souverain qui les a commandés, on n'a pu mépriser un seul instant le soldat de la France.

L'armée française s'est aussi bien fait vénérer dans la défaite qu'autrefois dans la victoire, car l'armée française a une gloire à elle, une vie à elle qui a traversé, splendide et sans tâche, les dynasties et les républiques sous lesquelles elle a toujours combattu.

Le soldat français tient cette vie de l'amour du sol et de l'honneur du drapeau. Elle l'a prouvé à Forbach, elle l'a prouvé à Sedan, malgré l'incapacité du maréchal Lebœuf ou la duplicité de son état-major.

Les cuirassiers de Reischoffen valent les chasseurs de Sedan !

En dépit du manque de plan, de l'indécision de l'empereur, de l'incapacité du maréchal Lebœuf, des rivalités mesquines et de l'ignorance ridicule de certains généraux, les soldats de Wissembourg et les soldats de Sedan ont tous bien mérité de la patrie.

La défaite n'a été honteuse que pour certains chefs, la défaite a été glorieuse pour les soldats.

A Wissembourg, la charge des 8e et 9e cuirassiers restera légendaire. Ces hommes de fer, ces géants campés sur leurs chevaux solides pour se faire broyer dans une armée sans fin, ces cuirassiers qui plongent, chargent, se reforment, toujours harcelés, toujours décimés dans une mer humaine dont chaque flot porte la mort, ces braves qui tuent tant qu'ils peuvent tuer, avant d'être achevés, pulvérisés par le nombre, tout cela sent la sublime horreur des batailles si énergiquement rendue par le pinceau de Salvator Rosa? c'est la dernière expression du soldat attaché à l'amour de la patrie et à l'honneur du drapeau !

A Sedan, c'est le même héroïsme du soldat, placé à côté du mépris de l'honneur exprimé par l'homme qui les menait à la mort.

A Forbach, quand je conduisais les équipages de
Sa Majesté, j'ai vu un général en chef n'arriver que
le soir de la défaite sur le lieu du combat, juste au
moment de commander, en calèche, à son armée
son mouvement de retraite sur Metz.

A Sedan, lorsque le général Wimpffen essayai
par la vigueur héroïque de notre armée, à contenir
les Bavarois sur la Meuse, l'empereur jetait à l'honneur de la France le plus sanglant démenti! Il faisait hisser le drapeau parlementaire, il rendait à la
Prusse son épée de Solférino! Triste épée qui n'avait
dégainé jadis que par les promps secours de ses généraux.

A l'aide de nombreuses correspondances de mes
agents dans l'armée de Sedan, j'ai pu recueillir sur
cette dernière et triste campagne du second empire
des détails sublimes dont l'héroïsme rappelle les époques les plus chevaleresques de notre histoire.

Au moment où devant Sedan, l'ennemi était
victorieux sur toute la ligne, le général Margueritte,
commandant de la première division de cavalerie de
réserve, se portait en avant pour essayer de balayer
ce qui était devant lui, pour rabattre à droite, prendre en flanc la ligne ennemie qui menaçait d'envelopper Sedan.

Le général Margueritte n'était pas de l'école des
généraux de salon. Avant d'engager sa cavalerie,
il se porte en avant pour reconnaitre le terrain sur
lequel il va conduire ses cavaliers dans une charge
décisive.

Il s'avance avec son état-major.

Une balle lui traverse les deux joues, lui coupe la

langue ; une pluie de mitraille décime les officiers qui l'entourent.

Mais le général ne tombe pas ; il fait signe de la main à deux maréchaux des logis ; ils accourent pour le soutenir sur son cheval, que deux balles dans l'encolure ont rendu aussi furieux que son maître est impassible.

Les yeux vitrés par la mort, sa tête vacillante, horriblement coupée en deux, la barbe teinte de sang, les jambes étreignant pour la dernière fois les flancs de sa monture, le général Margueritte a encore le temps et la force de transférer son commandement au plus jeune des généraux, le seul survivant de sa division ; le général Galiffet.

On donne l'ordre de charger, le général prend la tête des cinq régiments de réserve. Il crie :

« En avant ! »

Les escadrons s'ébranlent.

« Au galop ! »

Répètent deux cents voix.

Les trompettes sonnent la charge.

Cette fois ce sont les vieux chasseurs d'Afrique dont les chevrons se comptent par autant de victoires, qui courent à la mort que leur a déjà montrée le général Margueritte remplacé par de Galiffet.

Comme les cuirassiers de Reischoffen, les vieux chasseurs d'Afrique, n'espèrent pas vaincre, ils espèrent par leurs cadavres faire une trouée ; ils veulent encore charger pour l'honneur des armes.

Ils chargent tant qu'il reste un cavalier.

Et, devant eux, autour d'eux, contre eux, se précipite une avalanche de Prussiens et de canons.

Pendant que la charge passe, le général l'uniforme en lambeaux, couvert de sang, de sueur et de fumée, ne traine déjà plus après lui que des tronçons de bataillons, alors l'infanterie s'avance la bayonnette en avant!

Malgré le nombre des morts, malgré l'héroïsme des survivants, la charge des chasseurs n'a pas plus de succès que le combat à la bayonnette des fantassins.

Chevaux, cavaliers et fantassins, se brisent contre des murailles de feu, qui protègent les bataillons impassibles des Allemands.

Escadrons et bataillons sont engagés avec une telle furie qu'ils sont fusillés, à bout portant.

Ils tombent sur les premières lignes ennemies, surprises de tant d'audace, rompues un moment mais pour se reformer aussitôt.

C'est une tuerie générale.

Le colonel Clicquot, du 1er chasseurs d'Afrique, Gantès, du 1er hussards, de Linières, du 3e chasseurs, d'Afrique, Ramond, du 1er chasseurs, tous trois lieutenant-colonels sont mortellement frappés ; le colonel de Bauffremont, horriblement contusionné, a trois chevaux tués sous lui. Quant aux officiers et cavaliers, on compte ceux qui restent, on ne compte plus ceux qui tombent!

Et le roi Guillaume, qui des hauteurs du champ de bataille assiste à cette hécatombe, laisse échapper cet éloge du soldat français, par cette exclamation recueillie par l'histoire.

« Oh ! Les braves gens ! Les braves gens ! »

Les héros de Reischoffen et les héros de Sedan nous consolent de l'attitude piteuse du souverain qui les commandait encore.

Durant ce combat, Napoléon III était sur une hauteur ; il contemplait d'un œil morne, ce sublime et horrible tableau.

Comme à Metz, il se sentait encore une fois perdu. Il n'était sensible qu'au résultat de cette défaite. Et lorsqu'un capitaine fut tué non loin de lui, au plus fort de l'action, l'empereur s'empressa de retourner à Sedan !

Il rentra dans la ville suivi par plusieurs généraux qui ne songeaient plus qu'à marchander la rançon au vainqueur dès qu'ils n'espéraient plus avec l'empereur partager les profits de la victoire !

L'empereur était suivi d'une bande de fuyards, soldats d'infanterie qui n'avaient osé imiter les chasseurs et les hussards.

A cheval, sur un cheval blanc, il tournait machinalement la tête vers ces soldats qui offraient l'image du plus lamentable désordre ; il leur disait comme s'il se croyait encore sur le champ de bataille :

— Courage, mes enfants, tout va bien !

Il était affolé, hébété.

Un zouave eut honte de lui.

Passant derrière un détachement de mobiles, il glissa une cartouche dans son chassepot, il visa Napoléon.

D'un revers de bras, un sous-officier releva le canon du fusil, la balle alla trouer l'angle d'une maison.

On se battait encore à Bazeilles.

De tout un régiment, il était revenu à peu près sept cents hommes.

La plupart avaient leurs fusils tordus par les

balles. Un long bâton brisé en trois endroits, retenu par des mouchoirs, laissait voir à son extrémité une loque effilochée, un morceau de toile bleue troué comme une écumoire.

C'était le drapeau de la France. Les Bavarois l'avaient déchiqueté de leurs projectiles, sans pouvoir l'anéantir. Il était soutenu par un officier qui avait un bandeau sur le front ensanglanté ; sa capote était aussi trouée que sa loque sublime.

L'empereur ôta son képi devant ce qui était encore un étendard français.

L'officier détourna la tête, la rougeur au front, pour ne pas voir celui qui déshonorait son drapeau et la France.

L'empereur passa.

Il ressemblait à un spectre se promenant au milieu d'ombres vengeresses.

Devant un détachement de cuirassiers, un colonel salua de son épée ce fantôme d'empereur.

Mais au cri de : *Vive l'empereur !* de cet officier, un cuirassier empoigna fébrilement son casque par la crinière ; il le fit tournoyer de toutes ses forces dans sa main, avant de le lancer contre Napoléon !

Le casque alla raser la bouche de son cheval blanc qui se cabra.

L'empereur courba la tête ; il n'osa plus affronter le mépris de son armée en ruine ; il s'achemina vers la sous-préfecture.

Les obus sifflaient sur la ville et sur ses habitants.

L'empereur, toujours à cheval, regarda d'un air effaré autour de lui.

Indifférent à ce qui se produisait depuis que la mort le respectait impitoyablement pour lui faire subir tous les mépris de son armée, Napoléon ne savait plus s'il devait vivre ou mourir.

Le vide était autour de lui, la mort en face de lui, les obus tombaient et éclataient aux pieds de son cheval qui se cabrait follement.

Le cheval avait peur, le cavalier n'avait même plus la conscience de lui-même.

Des généraux coururent à son secours. Ils sortirent de la sous-préfecture pour accourir au-devant de Napoléon III, dont le cheval, par une ironie du sort, s'arrêta juste à la statue de Turenne !

Lorsque l'empereur tomba entre les mains de ses généraux, il était évanoui.

Deux gardes l'enlevèrent de selle, le prirent dans leurs bras et le portèrent sur le perron de la sous-préfecture.

Un général lui apporta une chaise. On l'assit.

C'était presque un cadavre que l'on transportait.

Cependant il n'avait aucune blessure. Lorsqu'il rouvrit les yeux, il demanda une cigarette qu'un de ses lieutenants s'empressa de lui rouler. Il la fuma ou plutôt la mâchonna machinalement.

Remis de son émotion et de la syncope qu'il éprouvait presque périodiquement, causée par la maladie qui devait l'emporter, l'empereur se remit à monter le perron.

Il s'assit contre le balcon.

Des files de soldats blessés, en guenilles, passaient.

Quelques-uns criaient encore :

— Vive l'empereur !

La plupart criaient ce que l'on devait entendre aussi à Paris comme à Sedan, comme partout :

— Lâcheté ! trahison !

Et l'empereur hébété, mais fidèle encore à son caractère, murmurait tout bas, comme si ses victimes eussent pu l'entendre :

— Tout va bien ! Tout va bien !

Les généraux qui l'entouraient, ceux-là surtout qui n'avaient été au feu que pour l'éteindre, l'entraînèrent loin du balcon.

Il y eut entre eux une conférence intime, à la suite de laquelle un aide de camp de Sa Majesté fut envoyé au quartier général du roi de Prusse, avec une lettre apprenant à l'armée allemande la présence de Napoléon III à Sedan.

Cette lettre disait :

« N'ayant pu mourir à la tête de mes troupes, je dépose mon épée aux pieds de Votre Majesté. »

Le soir, à trois heures, après le départ de son aide de camp, Napoléon faisait hisser le drapeau blanc sur l'hôpital militaire.

C'était à l'heure où le brave général Wimpffen, qui se battait toujours à Bazeilles, pressait l'empereur, par une lettre, de revenir sur le champ de bataille pour vaincre ou mourir avec les débris de son armée !

Et l'empereur, pour punir Wimpffen d'avoir voulu se défendre malgré ses ordres, le força à signer le premier la capitulation, il le chargea d'en traiter les conditions avec ses vainqueurs.

Le général Mac-Mahon, blessé à Sedan dès le

commencement de la bataille, eut du moins la chance de ne pas avoir eu jusqu'au bout, comme Wimpffen, le commandement de l'armée vaincue. Il aurait eu aussi le triste honneur, comme son remplaçant, de traiter avec ceux qu'il aurait voulu vaincre au péril de sa vie.

Lorsque les chasseurs qui s'étaient battus depuis le matin revinrent à Sedan, lorsqu'ils aperçurent l'odieuse loque révélant la capitulation de l'empereur et de son armée, ils ne se possédèrent pas de rage.

Ils l'abattirent dans un feu de peloton. Mais Napoléon n'était pas moins rendu ; l'armée n'était pas moins prisonnière.

Le soir, la ville affamée, la ville honteuse d'elle-même était remplie de soldats qui brisaient leurs armes pour allumer du feu avec leurs débris. Il pleuvait, il faisait froid, on avait faim, des militaires qui n'avaient pas mangé depuis cinq heures du matin, lardaient à coups de baïonnettes des chevaux blessés pour en faire cuire la chair à la flamme entretenue par leurs armes inutiles.

Pendant ce temps-là, les bagages de l'empereur, restés dans les rues de Sedan sous la garde de Bagasse, étaient rentrés dans les bâtiments de la sous-préfecture.

Au retour de l'aide de camp de l'empereur, mon ancien agent recevait l'ordre de faire filer en Allemagne les cinquante voitures de Sa Majesté.

Peu de temps après, une calèche à la Daumont traversait la ville pleine de blessés et de débris sanglants. L'empereur ne craignait pas de se faire voir dans la voiture, revêtu du grand cordon de la Légion d'honneur!

Pas un muscle ne remuait sur son visage pâle et livide. Il roulait froidement une cigarette entre ses doigts. Trois officiers à côté de lui causaient à voix basse. Ils causaient des clauses de la capitulation.

Comme aux courses de Longchamps, un piqueur à la livrée verte, des écuyers chamarrés d'or étaient devant et derrière la calèche.

L'empereur allait porter à Guillaume le tribut de sa défaite sur un monceau de cadavres.

Avant de sortir de la ville, le piqueur, pour ne pas déranger l'équipage qui emportait l'empire, fit tirer par les pieds un cadavre étendu au milieu de la rue.

Hélas! ce cadavre, c'était l'image de la France que Napoléon III entraînait avec lui.

A la même heure, le roi Guillaume passait à cheval sur le champ de bataille de Sedan, les deux souverains se croisaient sur des morts.

Voilà ce que j'appris par la correspondance de mon agent, en même temps que les derniers soutiens du gouvernement de la régence. Pendant deux jours, Paris espéra encore en un retour de fortune, parce que des hommes retinrent entre leurs mains cette terrible vérité : la capitulation de Sedan, la captivité de celui qui n'était plus empereur que de nom !

CHAPITRE IV

LES REVENANTS POLITIQUES

Lorsque je recevais la lettre d'invitation de M. Thiers, ce qui me valut peut-être, de la part de la soupçonneuse Mme X***, les récriminations que j'ai signalées précédemment, je recevais aussi la lettre de Bagasse.

J'étais instruit en même temps de la défaite de Sedan et de la nouvelle attitude des serviteurs *quand même* de l'empire, lorsque la France était sur le point de connaître son épouvantable désastre !

J'avoue qu'en apprenant, dans ses moindres détails, l'effrayante catastrophe, j'eus le vertige. L'espèce de solitude et d'isolement dans laquelle me laissaient mes chefs à la préfecture, me traça nettement mon devoir.

Pour les serviteurs de l'empire, la France n'entrait qu'en seconde ligne à cette heure suprême qui sonnait le glas de la dynastie impériale.

Je connaissais trop les justes griefs de l'opposition, le patriotisme de la population parisienne pour ne pas être définitivement du côté de la patrie outragée. Je me décidai donc à aller trouver M. Thiers.

Pour la première fois dans l'histoire, soixante mille Français avaient été obligés, contre leur gré, à déposer les armes. Un souverain, méconnaissant notre patriotisme, s'était refusé à . suivre l'exemple que lui avaient donné certains généraux fidèles au drapeau ; il avait remis son épée au vainqueur sans l'avoir tirée du fourreau !

Lorsque je recevais la nouvelle de la défaite de Sedan, lorsque la France était tout à fait vaincue, les journaux de Bruxelles rédigés par des reporters officieux du prisonnier du roi de Prusse, envoyaient encore les dépêches suivantes :

« Un combat a commencé à Bazeilles à neuf heures.

« Les Français auraient pris trente pièces de canon.

« Des Français sont campés à Givonne.

« Aucun résultat positif n'est encore connu !

C'était la seconde répétition de la funeste plaisanterie du boursier Jeannot qui, lors de la défaite de Forbach, annonçait, monté dans une calèche, en face du péristyle de la Bourse, la grande victoire de Mac-Mahon faisant prisonniers trente mille Allemands, le prince royal compris !

J'étais exaspéré comme devait l'être, à cet affreux réveil, toute la population parisienne. Elle s'était contentée, la première fois, d'abattre, après la plaisanterie d'un Jeannot, le ministère Ollivier ; la seconde fois, outrée des leurres successifs de ses ministres, elle devait abattre aussi Palikao. Elle devait crier avant le Corps législatif : Déchéance ! déchéance !

Cette déchéance, l'histoire le sait, n'est pas l'œuvre, comme le prétendent les anciens complaisants de l'empire, de la camarilla du 4 septembre ; elle s'est produite au nom du patriotisme, par l'indignation publique, indignation peut-être irréfléchie, comme le sont tous les mouvements de conscience du peuple français, dont est incapable l'étranger qui, en 1870, en a tant abusé pour mieux le jouer et le perdre !

Je me rappelle comme aujourd'hui la courte entrevue que j'eus avec M. Thiers, lorsqu'il me fit demander au moment où je recevais la nouvelle du désastre.

Était-il aussi instruit que moi, je l'ignore, mais l'agitation extrême dans laquelle je trouvai le chef de l'opposition me le fit supposer.

J'entrai à l'hôtel de la rue Saint-Georges, dont les carreaux brisés étaient à peine remis, depuis la manifestation *patriotique* des amis de l'empire contre les adversaires de la guerre.

Je n'eus pas dit mon nom que M. Thiers, la figure pâle, les traits bouleversés, vint vivement à moi ; il m'entraîna dans son cabinet.

— Mon cher Claude, me dit-il d'une voix saccadée, claire et vibrante, je vous avais écrit hier sous l'impression des graves événements qui mettent la France en danger. Aujourd'hui, depuis que je vous ai écrit, les événements sont si terribles que je n'ai plus la tête à moi. Nous avons séance de nuit, à la Chambre. Je ne sais ce qui va se passer, je n'ose même y songer ! Comme nous nous connaissons depuis longtemps, comme je connais surtout votre patriotisme, votre loyauté, je voulais, je veux encore vous demander si, dans l'horrible catastrophe qui se prépare, vous serez du côté de l'empereur ou du côté de la France.

— Ma réponse, lui dis-je solennellement, est toute faite, monsieur Thiers, du moment que vous me voyez auprès de vous.

— Merci ! fit-il en me serrant chaudement la main, vous êtes un bon Français.

— Et maintenant, ajoutai-je, que dois-je faire ?

— Rester à votre poste, ajouta-t-il, y attendre les événements.

— Mais, lui objectai-je, si la révolution m'y déloge ?

— Elle ne vous y délogera pas.

— Si mes chefs m'obligeaient encore à agir contre vous-même ?

— Vos chefs n'oseront vous donner cet ordre contre moi, je vous en réponds, si toutefois demain vous avez encore les mêmes chefs !

— Alors quelle sera ma situation ?

— Celle d'attendre votre nouveau préfet ?

— Mais, m'écriai-je d'un air assez surpris, mais vous savez donc tout, monsieur Thiers?

— Tout? me répondit-il en écartant le bras d'un air désespéré, en essuyant sous ses lunettes quelques larmes qui roulaient dans ses yeux, tandis que sa voix ne pouvait plus contenir ses sanglots, tout, hélas!

Le diplomate avait disparu, je ne voyais plus que le patriote ébranlé, ému devant les malheurs de la patrie.

— Allons! termina-t-il en me poussant vivement par les épaules; au revoir, mon pauvre ami, je compte sur vous pour faire maintenir l'ordre dans Paris quand ceux qui ont perdu la patrie l'auront abandonnée sur l'abîme où ils l'ont entraînée!

Cette entrevue entre moi et M. Thiers se passait le soir du 3 septembre, lorsque le ministre de la guerre, après la nouvelle de la captivité de Napoléon III, transmise par l'impératrice, convoquait enfin le Corps législatif pour lui apprendre que l'armée avait capitulé et que l'empereur était fait prisonnier.

On sait ce qui se passa à l'annonce de cette terrible nouvelle. Jules Favre répondit au comte de Palikao en déclarant que :

« Louis-Napoléon Bonaparte et sa dynastie étaient déchus des pouvoirs que lui avait conférés la constitution ! »

Jules Favre terminait en disant d'une voix lente aux complaisants de l'empire qui l'écoutaient comme des coupables qui entendent un arrêt de mort :

« — Demain, ou plutôt aujourd'hui dimanche, à

midi, nous aurons l'honneur de vous dire la raison impérieuse, absolue qui commande à tout patriote son adoption. »

Napoléon III tombait dans la même nuit qui l'avait élevé jadis :[dans une nuit de représailles, et il laissait derrière lui ce que nous ont légué les deux Napoléons : l'invasion !

Lorsque je quittai, ce soir-là, M. Thiers, je m'aperçus que Paris, travaillé depuis longtemps par la révolution et ses meneurs en permanence, était déjà au courant de l'horrible nouvelle.

Une foule énorme circulait sur la ligne des boulevards, des groupes chuchotaient à chaque carrefour.

Partout c'était la manifestation de la douleur unie à une sourde colère.

Il me semblait que, comme en 1848, comme aux journées de Juin, le peuple attendait un mot d'ordre que les chefs de la révolution n'osaient donner encore dans le deuil de la patrie.

J'entendais de tous les groupes des voix qui répondaient aux meneurs furieux; ces voix attristées s'écriaient :

— Du calme, pas cette nuit. A demain ! Nous verrons !

Pas un seul sergent de ville ne se montrait alors dans la rue, sur les places, ni sur les boulevards. Ils étaient consignés, barricadés dans leurs postes.

Lorsque je retournai à la préfecture, je fus immédiatement appelé par le chef de la division politique.

Ce fut la dernière fois que je le vis.

Il me reçut dans la pièce antichambre de son bureau. Il était vêtu comme un voyageur qui se prépare à prendre le chemin de fer. Il me dit :

— Monsieur Claude, vous savez ce qui arrive ? A minuit, il y a séance extraordinaire à la Chambre pour annoncer la captivité de Sa Majesté ; M. le préfet, sur l'avis du ministre de l'intérieur, a pris les précautions nécessaires pour que l'ordre ne soit pas troublé. Ni le préfet, ni le ministre, ni moi-même nous ne pouvons avoir aucune action sur la population; car aujourd'hui ou demain, je le sais, Paris tout entier sera hors la loi! les gens comme nous, fidèles au malheur, seront tous des suspects. Il ne nous reste plus qu'à nous grouper aux Tuileries, avec le général Trochu, autour de l'impératrice-régente. Au nom de l'ordre, agissez, vous, Monsieur Claude, *vous qui n'avez rien à craindre*, comme j'agirai moi-même, dans l'intérêt de la population. Faites que l'ordre règne à Paris. Mettez-y tous vos soins, puisque les nôtres ne feraient ici qu'aggraver la situation.

Avant que j'eusse prononcé un mot pour répondre au chef de la division politique, il m'avait quitté. Par cette grave responsabilité qui pesait tout à coup sur moi, je voulus m'en référer à mes supérieurs. Je montai aux bureaux de la direction générale de la préfecture. Je trouvai aussi les bureaux déserts.

Il était une heure du matin.

La séance de nuit de la Chambre commençait. Elle débutait par la déchéance de l'empire proclamée par Jules Favre.

Les ministres, quelques rares et hauts fonctionnaires étaient réunis aux Tuileries pour se régler sur l'attitude de l'impératrice en face du défi écrasant jeté par Jules Favre, au nom de la France, contre un souverain qui n'avait pas su respecter l'honneur de la France !

On connaît l'expression énergique et flétrissante de l'impératrice en apprenant de quelle façon Napoléon III avait rendu son épée au roi Guillaume ; on connaît aussi la réponse faite au projet de gouvernement proposé le lendemain matin par l'impératrice Eugénie, et dans lequel le général Montauban se faisait nommer lieutenant-général de l'empire.

La signature d'une femme au bas d'une pareille motion, lue par le comte de Palikao qui, jusqu'à la dernière heure, avait caché à la France la navrante vérité, tout cela irrita le peuple comme l'Assemblée. C'était l'affront après le désastre, c'était trop !

Dans le mouvement d'indignation qui se produisit à Paris de minuit à midi, et qui, sans une goutte de sang répandu, transforma la France impériale en France républicaine, je ne quittai pas la préfecture.

Confiant à la fois en la promesse de M. Thiers et fidèle aux recommandations de mon ancien supérieur, je restai à mon poste, attendant les événements, pour parer à toutes les violences, de quelque côté qu'elles puissent se produire.

Je dois le dire à l'honneur du parti vaincu comme à l'honneur du parti triomphant, je n'eus qu'à continuer, sous le nouveau pouvoir, le service qui m'avait été imposé par le dernier représentant du régime impérial.

Dès la séance de jour de la dernière assemblée de l'empire qui se termina en assemblée républicaine, je reçus un billet anonyme ; je reconnus parfaitement son écriture; ce billet m'annonçait l'arrivée du nouveau préfet sous les ordres duquel j'avais à obéir.

C'était le comte de Kératry qui, dans l'Assemblée, venait d'interpeller le pouvoir déchu sur les dispositions militaires prises contre le peuple, interpellation qui força le général Trochu à prendre le chemin de l'Hôtel-de-Ville pour oublier son poste au palais des Tuileries.

Comme récompense de l'interpellation de M. de Kératry, le gouvernement mixte improvisé dans les bureaux du Corps législatif le nommait, séance tenante, préfet de police.

En attendant que je reçusse, à défaut de mes chefs qui étaient partis, les nouveaux ordres du nouveau préfet improvisé par le gouvernement de la République, ou, comme l'on disait encore, de la Défense nationale, je continuai à exécuter les ordres de mes anciens patrons.

Tout en envoyant, sous la conduite d'officiers de paix, près de huit cents sergents de ville pour garder les abords du Palais législatif, j'eus soin de ne donner à ces hommes que des chefs qui n'appartenaient pas à l'ancienne brigade politique. Je veillai pour qu'en apparence, les abords de la préfecture eussent un aspect tranquille, comme si rien d'anormal ne se passait dans Paris.

Ostensiblement, je fis sortir sur la place Dauphine le concierge du palais, après lui avoir conseillé de fumer tranquillement sa pipe, les mains dans les poches, pendant que les sergents de ville se mettaient en rang, prenaient le quai, prêts à se diriger d'un pas ferme et résolu vers le Corps législatif.

J'étais averti que toute la garde nationale était convoquée par les membres de la gauche.

Par l'absence complète de mes chefs, il m'était facile de deviner que l'évolution du nouveau gouvernement était faite, qu'il ne s'agissait plus que de le protéger contre ses adeptes trop ardents, plus à craindre déjà que l'empire tombé.

J'avais trop l'expérience des révolutions pour ne pas agir dans le sens indiqué par le billet mystérieux émané de l'Assemblée transformée.

En ce moment terrible, l'Assemblée faisait appel à tous les revenants de la révolution de 1848. Jules Favre, Thiers, Crémieux, Etienne Arago devenaient, contre les impatients de Belleville, une tutélaire et temporisatrice puissance.

Aux jeunes, aux Gambetta, aux Rochefort, etc., on donnait des rôles secondaires. Maintenant il s'agissait, de la part de l'armée par Trochu, de la police par Kératry, de la garde nationale, de s'unir, au nom d'une fraternité mili-tante, contre tous les soldats de Flourens et de Blanqui, contre les républicains de Belleville et de La Villette !

Ce fut à ce prix que la révolution du 4 septembre s'effectua sans échanger un coup de fusil, parce que l'ordre le plus parfait ne cessa de régner entre le peuple, surpris par l'effroyable défaite, et tous les membres du Corps législatif.

Les sergents de ville envoyés par l'ordre de mes anciens chefs et les citoyens dépêchés par le commandement de leur *centurion*, se mesurèrent bien un peu du regard; mais lorsqu'ils apprirent que la garde nationale allait descendre pour protéger la révolution; lorsqu'ils ne virent avancer entre lenr double haie que les députés qui avaient voté contre la guerre, toute la foule se calma.

Elle resta calme, parce que pas un ministre, pas un membre trop connu de la majorité impérialiste n'osa se montrer sur la place de la Concorde. Lorsque la garde nationale y arriva, elle était précédée d'une calèche remplie de trois députés en uniforme, afin d'encourager la garde civique à fraterniser avec l'armée... commandée par le général Trochu.

Alors le palais des Tuileries était désert, quand la place de la Concorde et les marches du Palais-Bourbon étaient noires de monde, bondées à perte de vue d'uniformes et de baïonnettes !

Un moment on crut qu'il y aurait lutte entre les gardes nationaux et l'escadron des gardes de Paris gardant encore le Palais-Bourbon à l'extrémité du pont.

L'officier qui commandait sembla hésiter un instant.

Vingt mille regards étaient fixés sur lui.

Il y eut un instant de suspension terrible.

Mais l'officier ayant dirigé tout à coup ses yeux vers le dôme des Tuileries, s'aperçut que le drapeau n'y flottait plus.

Il cria à ses cavaliers :

— Sabre au fourreau !

Ce fut au tour de la garde nationale à garder le Palais-Bourbon et à protéger le nouveau gouvernement qui s'y formait.

Pendant ce temps-là, la préfecture n'était pas oubliée.

Moi qui ne l'avais pas quittée de la nuit, je ne tardai pas à voir venir une compagnie du troisième arrondissement.

Elle était conduite par le comte de Kératry ; mon nouveau préfet venait prendre possession de son poste, comme autrefois, au Mexique, lorsqu'il commandait ses contre-guérillas.

Ce fut moi qui eus l'honneur de le recevoir. Il m'accueillit avec une grande cordialité dont j'avais le secret depuis mon entrevue de la veille avec M. Thiers.

Il était environ trois heures.

Deux heures auparavant je causais encore avec un chef de division du gouvernement déchu, et qui devait prendre le chemin de fer pendant que son préfet l'avait devancé sous un costume qui ne permît pas de le faire reconnaître de la population parisienne.

Dès que mon nouveau préfet eut pris possession de la préfecture, son premier soin fut d'apposer les scellés dans les bureaux de l'ancien préfet et du chef de la division politique en fuite.

Aussitôt que les scellés furent levés, je fus frappé comme tout le monde du désordre qui régnait dans leurs cabinets privés, désordre qui expliquait pourquoi, depuis deux jours, la haute administration de la préfecture ne recevait personne dans ses bureaux; pourquoi, depuis deux jours, toutes les cheminées de la préfecture fumaient.

Des traces de destruction ou d'enlèvement de pièces étaient partout visibles. Les armoires, les bibliothèques, les tiroirs des meubles de travail, tout était vide.

On découvrit, sur des rayons, une cinquantaine de cartons dont les documents avaient été soustraits. Sur les tables gisaient pêle-mêle des registres où les feuillets avaient été arrachés. Les bouches des poêles, les foyers des cheminées regorgeaient de papiers réduits en cendres ou noircis par le feu.

En partant, mes chefs, depuis plusieurs jours, avaient détruit tout ce qui pouvait compromettre tous les serviteurs de l'empire.

Dès que j'eus salué mon nouveau préfet, je reçus l'ordre de me rendre aux Tuileries d'où venait de partir l'impératrice. Elle en était partie comme sont parties toutes les majestés de ce palais, au moment où elle s'y attendait le moins; lorsque, voulant résister à la révolution, elle ne voyait autour d'elle que des gens qui, du premier au dernier, avaient tous perdu la tête.

Maintenant, j'envisageais de sang-froid la situation nouvelle du gouvernement que j'avais à servir.

L'ordre que je recevais de me rendre aux Tuileries envahies m'indiquait le rôle que je devais y jouer. Il fallait contenir l'arrière-garde de la révolution.

M. Thiers jouait-il en ce moment, en 1870, le rôle qu'avait joué Lamartine en 1848?

En tous cas, moi, l'ancien serviteur de l'Empire, j'avais grandi d'importance en quelques heures, uniquement parce que je devenais le garde du corps des tribuns improvisés au 4 septembre.

Et les révolutionnaires qui, avec Flourens, Blanqui et Rochefort, avaient le plus contribué à la chute du gouvernement, restaient au second plan.

Le comte de Kératry me dépêchait aux Tuileries en compagnie d'hommes résolus, anciens soldats du dernier règne, pour que les amis de Flourens et de Blanqui ne régnassent pas à leur tour aux Tuileries et à l'Hôtel-de-Ville, comme ils régnaient déjà au Palais-Bourbon.

Le Paris bourgeois avait raison d'avoir peur de la révolution, un acte de justice après tout, parce qu'il y avait derrière le spectre rouge, et derrière le spectre rouge, le casque prussien !

Et qu'étaient-ils ces hommes qui se mettaient à la tête du grand et héroïque mouvement de Paris provoqué par son patriotisme ? Des revenants de la révolution de 1848.

Qu'étais-je moi-même, dans ce grand mouvement populaire ?

Un serviteur fidèle, un patriote sincère, soit, mais qui, en raison de mon âge, de mon passé, de mes convictions, était lancé dans une voie étrangère à mon caractère et à mes convictions.

Hélas ! cette révolution, qui avait fait évanouir une ombre de pouvoir, n'était faite que par des fantômes ! Pendant ce temps-là, le Prussien s'avançait toujours !

CHAPITRE V

SA MAJESTÉ CENDRILLON

Lorsque j'arrivai aux Tuileries, en compagnie de plusieurs agents, je n'eus pas la peine de faire la police pour protéger le palais contre ses nouveaux envahisseurs.

Un auteur dramatique, S***, s'était chargé de ma besogne.

Quand je parvins dans le jardin, rempli d'une foule immense, j'entendis, mêlés aux cris de : *Vive la République !* les cris de : *Vive S*** !*

J'avoue que, dans la gravité des événements, dans la situation terrible où se trouvait la France, l'apparition de cet auteur dramatique me paraissait un peu hétéroclite ; elle me donnait un triste témoignage de la légèreté du Parisien, qui mêle partout le burlesque au drame.

Car le Parisien s'amuse et s'amusera toujours, eût-il les pieds dans le sang.

Ne dansait-il pas autour de la guillotine de 93 ?

Ne donnait-il pas des concerts dans le palais des Tuileries la veille du jour où la Commune l'incendiait sous les obus de ceux qu'elle appelait, en 1871, les *Prussiens* de Versailles ?

La foule applaudissait l'auteur dramatique qui, disait-on, avait entraîné, poitrine découverte et tête nue, la garde nationale contre la troupe; elle l'applaudissait, probablement parce que le profil de cet auteur était encore le masque du Bonaparte des grands jours, au moment où le peuple chassait des Tuileries l'homme qui n'en fut que la caricature !

Cependant l'initiative de S***, en occupant les Tuileries sitôt le départ de l'Impératrice, avait du bon ; cet auteur dramatique, qui n'aspirait pas à être du gouvernement, ne s'était peut-être imposé ce rôle de héros de barricades que dans le même but que moi : défendre les Tuileries contre les pillards et les incendiaires.

L'initiative de S*** a été, je le suppose, un nouveau truc de cet homme d'esprit, une scène de vaudeville qu'il a jugé opportun et utile d'intercaler dans le grand drame de Paris.

S*** se transforma, pour la circonstance, en paratonnerre.

Sa présence suffit pour dissiper la foudre menaçant le vieux palais des rois. L'incendie des Tuileries fut remis à huit mois !

Lorsque je pénétrai dans les appartements du palais, gardés déjà par la garde nationale, je les retrouvai tels que les avait laissés l'ex-régente, une heure auparavant.

Comme le roi Louis-Philippe, l'impératrice n'abandonna les Tuileries que forcée par son entourage.

Comme l'ex-roi, elle s'enfuit à l'heure de son déjeuner, lorsque la régence n'était plus possible !

J'aperçus sur la table que l'ex-régente venait de quitter le coquetier renversé qui contenait l'un des œufs à la coque composant son modeste repas. Son couvert était dans la même disposition que lorsqu'elle s'était levée pour suivre un dernier serviteur, M. Trannois, la pressant de fuir par le Louvre, afin d'éviter l'envahissement des Tuileries et la colère du peuple.

Je pus distinguer sur la nappe froissée, tamponnée, la trace de ses doigts crispés pendant la lutte que se livra probablement la fougueuse impératrice avant de céder à la force, elle qui n'eut jamais la résignation placide de son auguste époux.

Lorsque je pénétrai dans les appartements de l'impératrice, qui devaient être bientôt ceux du commandant de l'état-major de Paris, je reconnus, dans les moindres objets, les excentricités et les contradictions de l'esprit de notre ex-souveraine.

Dans sa bibliothèque, on voyait les œuvres de Proudhon, qu'elle avait la prétention de. lire, à côté des romans badins des auteurs du XVIIIᵉ siècle et des ouvrages mystiques des librairies religieuses.

Tout, autour d'elle, sentait l'ultra-mondain et l'ultra-clérical. Des os de saints, des reliques s'étalaient sur les murailles tapissées des tentures des Gobelins où voltigeaient des Amours bouffis. Partout des reliquaires dans le goût des Médicis se heurtaient à des médaillons dans le goût de Boucher.

A côté des tableaux de vierges raides et béates comme des saintes du Pérugin, souriaient des bustes de femmes qui rappelaient les bacchantes de Clodion. Ou sentait je ne sais quel mélange d'encens et de poudre de riz ; il caractérisait bien cette piété espagnole et cette coquetterie parisienne qui formaient le fond de l'esprit de notre capricieuse souveraine.

Dans sa superstition, on devinait qu'elle cherchait à imiter Marie-Antoinette, qu'elle prit toujours pour modèle, par son ameublement et par sa toilette, en attendant, disait-elle, le moment de finir comme elle !

Mais le martyre ne pouvait aller à la taille de cette impératrice de fantaisie. Car elle n'eut ni l'esprit altier, ni la grandeur de l'épouse de Louis XVI, ni même les goûts désordonnés de l'impératrice Joséphine dont elle était bien plutôt la copie.

Aussi quitta-t-elle les Tuileries non pour monter en charrette et finir sur la place de la Révolution, mais simplement en fiacre, n'ayant pour sauveur que... son dentiste !

Par ses infortunes comme fille, comme femme, comme mère, l'impératrice n'a rien à envier à Marie-Antoinette ni à Joséphine.

La grande duchesse qui empoisonna ses jours et qui, jusque sur les marches du trône, lui marchanda sa puissance en lui opposant sa beauté plus attractive, la grande duchesse ne l'appelait autrement que Sa Majesté *Cendrillon*.

Cette rivale, en la qualifiant ainsi, faisait allusion d'abord à la couleur de ses cheveux d'un blond cendré. Elle résumait encore de cette façon les phases accidentées de sa vie.

Le début de l'impératrice et sa chute ne sont-ils pas, en effet, le commencement et la fin d'un conte de fée? Ils en ont toute la moralité.

Moi-même, en me rendant aux Tuileries où, six mois auparavant, l'impératrice avait repris son pouvoir si marchandé par ses rivales, je ne pus m'empêcher de me rappeler sa grandeur et sa décadence!

La duchesse avait eu raison de surnommer l'impératrice **Sa Majesté Cendrillon.**

Sa fuite, en 1870, ne rappelait-elle pas encore la fuite de Cendrillon, quand l'impératrice descendait de sa grandeur pour errer par la ville comme une aventurière, frappant à toutes les portes, demandant partout un asile, après avoir abrité aux Tuileries tous les potentats de l'Europe, agenouillés naguère devant sa beauté et sa puissance.

J'appris, le lendemain de mon inspection, que la malheureuse impératrice avait fait arrêter son fiacre devant seize maisons avant d'avoir pu trouver un gîte!

Et ce ne fut qu'à la tombée du jour qu'elle en trouva un chez son dentiste. Il la fit partir la nuit pour gagner Deauville.

Là, un yacht la prit à son bord, après la marée basse, en compagnie de sa dame d'honneur, Mme Le Breton. Pour arriver à ce yacht, les deux femmes durent faire une demi-lieue à pied, à travers des flaques d'eau. Elles furent transportées sous les éclats d'une tempête qui les retint vingt-six heures en mer.

L'épouse errante de Napoléon III, prisonnier, faillit échouer avec son empire !

Lorsque l'impératrice et sa dame d'honneur arrivèrent à Hastings, les jupes détrempées, sales et collées sur leur corps grelottant, on refusa de les recevoir à l'hôtel ; on leur cria, partout où elles se présentaient :

« Hors d'ici, mendiantes ! »

Elles purent trouver grâce à l'hôtel de la Marine, où on les relégua dans une chambre sous les combles. Et pendant leur sommeil, un sommeil que tant d'épreuves avaient fait lourd comme un cauchemar, une domestique nettoya et fit sécher leurs robes que les exilées, n'en ayant pas d'autres, avaient dû donner à laver !

Ne croit-on pas reconnaître encore, en cette triste et héroïque circonstance, l'épisode de Cendrillon qui, au milieu de la fête donnée par le prince Charmant, oublie l'heure assignée par sa fée, lorsqu'elle voit se changer en citrouille son carrosse, ne laissant d'autre trace de sa grandeur, sous ses habits de mendiante, que... sa pantoufle !

Dans la réalité, il y avait longtemps que Sa Majesté Eugénie avait perdu cette pantoufle. Il ne lui restait plus, en quittant son palais, que ses habits de mendiante !

Au mois de septembre 1870, le beau rêve de Sa Majesté Cendrillon était fini ! Il ne lui restait qu'à subir la moralité du conte dont elle avait voulu faire à son profit une réalité par dépit, par orgueil, par ambition.

Voilà ce que je me disais en 1870, lorsque, en quittant les Tuileries, j'appris dans mon entourage, resté fidèle aux malheurs de nos ex-souverains, les tristes péripéties de la fuite de l'impératrice.

Je vais me permettre à ce sujet une digression, avant de suivre le cours des événements tout aussi fantaisistes du 4 septembre ; je vais compléter ici, en résumé, les principaux épisodes de la carrière trop mouvementée de notre ex-impératrice.

La souveraine avait une mère qui, après lui avoir donné le rôle de Cendrillon, ne songea à l'établir qu'après avoir marié sa sœur au prince aimé par sa sœur rivale.

On sait le désespoir qu'en éprouva Eugénie de Montijo. Elle s'empoisonna. Elle ne fut sauvée de la mort, elle ne consentit à revenir à la vie qu'à la condition d'être à l'homme qui serait le maître d'une république ou d'un empire, dès qu'elle ne pouvait plus être à celui qui régnait sur son cœur.

Alors sa mère prit le rôle de la fée Cendrillon. Elle la produisit dans toutes les cours, dans toutes les réunions aristocratiques, pour lui faire réaliser son rêve, pour la consoler aussi de son immense chagrin.

Mlle de Montijo n'eut qu'un tort, celui d'écouter les conseils de sa mère qui, après avoir méconnu son amour, flatta son orgueil.

Et l'orgueil de la jeune fille était grand, Il était surexcité encore par sa passion et son amour-pro-pre blessés.

Eugénie n'avait qu'un but : humilier sa sœur qui lui avait pris un objet aimé.

Cela se passait à la veille de la présidence de

Louis-Napoléon. Mme de Montijo mère vit dans l'a-
vènement du prince une occasion de réaliser les
rêves de sa fille. Elle mit tout en œuvre pour faire
du prince Napoléon, au moral bien entendu, le
prince Charmant du conte.

Elle y réussit.

Mme de Montijo possédait ce grand fonds d'intri-
gues qui caractérise, surtout, à une échelle moins
élevée, les mères d'actrices désirant caser leur fille
dans le meilleur des demi-mondes. Le monde du
prince était d'autant plus accessible à cette seconde
Mme Mère, qu'il était ouvert à la bohème aristocra-
tique, la nouvelle couche du futur empire.

J'ai indiqué, au début de ces Mémoires, que ce
ne fut pas sans peine que la mère de l'impératrice
eut à lutter contre la famille du prince pour arriver à ses fins, pour écarter les rivales et les ri-
vaux se plaçant en travers de l'ambition de sa fille!

Les visées de Mme de Montijo réussirent, non sans
désespoirs, non sans drames, de la part des jeunes
compatriotes captivés aussi par la beauté de Mlle de
Montijo, devenue, depuis le mariage de sa sœur,
une fiancée d'outre-tombe!

Ce qu'il fallait à Mlle de Montijo, c'était un trône
pour la consoler de la perte de son premier amour.

Peut-être n'eût-elle pas été assez habile pour
le trouver; elle le trouva grâce à l'imagination de
sa mère expérimentee.

J'ai donné un aperçu de l'ingéniosité de Mme de
Montijo, habileté dont je faillis être victime comme
le fut mon collègue Griscelli par le cavalier servant
de cette très avisée dame,

La mère de l'impératrice devint, après le mariage du duc d'Albe, la fée bienfaisante de sa fille. En épousant le prince qui lui donna un trône digne de sa beauté, Sa Majesté Cendrillon fut-elle heureuse?

Non! les nombreuses infidélités de son époux, dont elle eut tant à se plaindre, dont elle se vengea parfois, à la façon espagnole, prouvent ses déceptions et ses amertumes, bien avant la fin tragique de son beau rêve!

Loin de moi de vouloir prendre ici le rôle de pamphlétaire; je raconte ce que je sais, rien de plus. Je laisse de côté des épisodes dramatiques qui ont été racontés par des plumes plus ou moins sincères et passionnées.

Je ne veux qu'indiquer le point de départ de la fortune de cette souveraine parvenue, unie à un prince qui ne renoua, avec la future *de son choix*, des projets d'union que lorsque que tous les princes de l'Europe se refusèrent à le faire entrer dans leur auguste famille.

La guerre de Crimée, l'abaissement de l'Autriche n'eurent d'autre cause que cet humiliant refus des potentats à l'empereur parvenu.

Quant à la guerre de Prusse, on en connaît l'origine! Elle fut provoquée par une guerre de femmes. Elle fut le résultat de cette guerre constante entre la grande duchesse et l'impératrice.

La grande duchesse fit payer cher à sa rivale son dernier exil!

Elle le lui rendit bien, en la faisant chasser par la Prusse, et par son peuple, des Tuileries qui n'appartenaient plus à son impérial époux!

Telles sont les coulisses de l'histoire ou de ce conte de fée qui se termine à l'exil de l'impératrice à Hastings et à l'exil de l'empereur à Wilhems-hoche. Double appendice au conte de Cendrillon, dont la moralité est la même : la punition de l'orgueil ou la condamnation de l'ambition.

La fable des ailes d'Icare ou de Prométhée sera éternelle : Il est moins difficile d'escalader le ciel que de s'y maintenir.

Pour prouver que je n'exagère rien à l'adresse de l'ex-impératrice si respectable aujourd'hui par ses infortunes, infortunes qui ont dépassé son ancienne splendeur, je signalerai l'entrevue qu'elle eut dans sa jeunesse avec une femme de génie, George Sand.

Lorsqu'elle n'était encore que Mlle de Montijo, l'ex-impératrice vint trouver à Nohant l'illustre bas bleu, ancienne Égérie de Ledru-Rollin.

Mlle de Montijo comptait déjà, dans le cortège de ses soupirants, le prince Louis Bonaparte, qu'elle traînait à sa suite, vêtue le plus souvent en amazone.

Le prince qui, toute sa vie, mena de front les conspirations et l'amour, était vis-à-vis d'elle ce qu'il fut vis-à-vis de toutes les femmes, l'esclave absolu de celles qui lui résistaient.

George Sand ne fut pas sans s'étonner de voir l'héritier du nom le plus glorieux, le plus populaire de France, se faire le complaisant obséquieux et servile d'une amazone inconnue qui le traitait... en véritable amazone des rives du Thermodon !

L'illustre auteur du *Champi* vit non sans peine partir le prince sur un ordre de la fière cavalière, à propos d'un désir et d'un caprice le plus futile ; elle lui en fit des reproches.

Mlle de Montijo lui répondit :

— Madame, je connais le prince. Il n'aime que ce qui le malmène. Mon entêtement à le gouailler, à l'humilier ne fera que provoquer son désir de m'épouser.

— Vous l'aimez donc... en coquette ? lui demanda George Sand.

— En ambitieuse, vous voulez dire ! Je n'aimerai que celui qui me donnera un trône. Présidente d'une république ou reine, voilà mon rêve, parce que mon cœur est aussi vide que ma tête est pleine.

— Prenez garde, répondit l'ancienne Egérie de Ledru-Rollin, aujourd'hui toutes les têtes qui s'élèvent tombent !

— Qu'importe ! si elles font parler d'elles ! Le prince me fera reine, présidente, ou je ne l'épouserai pas ! Une fois son épouse, peu m'importe de tomber avec lui, si je tombe devant l'histoire !

Je tiens ces paroles de George Sand, lorsque, après l'avènement de l'empire, cette femme de génie était tracassée par les autorités impériales de sa localité. Cet écrivain était venu à Paris pour solliciter de l'empereur et de l'impératrice la faveur de n'être plus inquiétée par la police de sa contrée, et je fus mis en rapport avec Sand pour intimer l'ordre au commissaire central de la laisser désormais en repos.

En reconnaissance des services que je lui rendis sur les désirs de Leurs Majestés, Sand me raconta l'entrevue qu'elle avait eue autrefois avec l'impératrice, très désireuse à cette époque de la connaître, ce fut alors qu'elle me cita les paroles de la souveraine, exprimant ses souhaits et ses désirs si miraculeusement réalisés depuis.

Hélas! ses désirs, quoique satisfaits, ne la firen: jamais grande!

Celui qui l'éleva ne put que la mettre à sa taille.

Cendrillon, au foyer maternel, resta Cendrillon jusque sur le trône.

Dans sa jeunesse, comme dans sa maturité, elle n'occupa, comme Cendrillon, que le second plan.

Jeune et obscure, elle fut supplantée par sa sœur qui avait plus de vertus qu'elle. Femme mûre et souveraine, elle fut supplantée par une maîtresse qui avait plus de mérites qu'elle et naturellement plus de pouvoir sur l'esprit affaibli de son impérial époux.

La grande duchesse la traita toujours en Cendrillon, elle ne lui rendit sa place de souveraine que pour lui faire connaître le regret de la perdre.

Ce n'est qu'à cette époque que la situation de l'impératrice devient intéressante, parce qu'elle est vraie, non plus comme épouse, non plus comme souveraine, mais comme mère!

Il était trop tard pour reconquérir cette sympathie publique qu'elle chercha toujours et qu'elle n'obtint jamais, parce que ce fut seulement au 4 septembre qu'elle fut sincère, voulant comme mère un trône qu'elle n'avait acquis que par ambition.

Et la Providence lui fit expier plus tard cruellement, trop cruellement, ses calculs intéressés ; elle la priva non seulement d'un trône, mais d'un fils qui l'avait rendue femme en lui rendant l'amour, et l'amour le plus sacré, le plus divin, l'amour maternel !

Dieu, en lui brisant cet amour, accomplit ses anciens vœux de souveraine; il la rendit grande dans la désolation, grande dans la majesté du malheur !

Aujourd'hui Cendrillon pleure et traîne sa vie loin du foyer de notre patrie qui, pour venger ses enfants perdus, lui a repris son enfant. Dieu est juste pour les petits comme pour les grands de la terre !

Mais l'infortune de l'ex-impératrice m'a éloigné des événements du 4 septembre et de l'installation de ses pouvoirs. J'y reviens.

CHAPITRE VI

Lorsque l'impératrice sortit des Tuileries, il était trois heures et demie. Elle était entourée d'abord de quelques fidèles, et de deux ambassadeurs étrangers : le prince de Metternich et le chevalier de Nigra. Elle ne se décida à laisser la place *au peuple* que lorsque le chef de la police politique, qui avait aussi abandonné son poste, vint l'avertir *qu'il était temps de fuir!*

Ce fut seulement sur l'avis de la préfecture qu'elle se résigna à suivre M. Trennois, en s'écriant :

« — Décidément, il ne faut pas être malheureuse en France : tout le monde vous abandonne. »

Sa Majesté faisait allusion au gouverneur militaire de Paris déjà installé à l'Hôtel-de-Ville après avoir passé à côté des Tuileries !

M. Chevreau, un des fidèles de l'impératrice, répondit à sa plainte en s'écriant d'une voix émue :

« — Madame, mon frère et moi, nous vous prouverons qu'il y a des gens que le malheur attache plus encore que la toute-puissance. N'importe où, mon frère et moi, nous vous suivrons. »

Et l'impératrice partit au moment où les gardes nationaux conduits par Sardou pénétraient aux Tuileries, malgré les efforts du général Mellinet essayant à modérer sinon à repousser les envahisseurs.

L'impératrice, à sa sortie du palais, put se convaincre, comme on l'a vu, de la justesse de ses paroles pleines d'amertume : *Il ne faut pas être malheureuse où tout le monde vous abandonne.*

Alors M. Chevreau reprenait la route de son *ancien* ministère de l'intérieur. Il se rappelait qu'il avait oublié des papiers importants et tout à fait personnels. Il tenait à les reprendre avant de gagner, lui aussi, le chemin de fer du Nord.

Son successeur était déjà trouvé et installé, c'était M. Gambetta, nommé ou plutôt improvisé ministre de l'intérieur par la volonté de la camarilla républicaine siégeant à l'Hôtel de Ville.

Lorsque l'ex-ministre de l'intérieur du matin revint place Beauveau, la cour du ministère était déjà un vrai champ de foire ; les amis du nouveau pouvoir fraternisaient. On y abattait les aigles à coups de fusil, on buvait déjà... à pleins tonneaux.

C'était la nouvelle garde civique de Gambetta qui, de l'Hôtel de Ville au ministère, venait d'effectuer la marche triomphale de l'ancien tribun, improvisé ministre.

A l'aspect de la queue interminable de la nouvelle Excellence, les gens de la maison s'étaient enfuis comme des volées d'oiseau.

L'ex-ministre du matin, en rentrant à son ministère occupé, ne trouva qu'une figure de connaissance, son ancien concierge ; il faisait ses malles.

« — N'entrez pas, dit-il vivement à l'ex-ministre, ils sont tous là.

— Qui cela, tous ? demanda M. Chevreau.

— Mais le nouveau gouvernement : Jules Ferry, Léon Gambetta, Ernest Picard, Laurier, que sais-je encore ?

— Eh bien ! reprit-il d'un grand sang-froid, présentez-moi... au nouveau gouvernement.

On annonça le citoyen Chevreau.

— Qu'il entre ! prononça la voix tonnante de Gambetta.

Le prédécesseur du citoyen ministre entra assez brusquement en disant à son *usurpateur*, à la façon Morny :

— Monsieur Gambetta, j'ai oublié ici des objets personnels, je voudrais les reprendre, me refuserez-vous l'accès de mon bureau ?

— Mais comment donc ! exclama le nouveau ministre de son sourire le plus gracieux, entrez... entrez chez vous.

Le *chez lui* de M. Chevreau, c'était précisément le cabinet occupé par Gambetta, et il était assis dans le fauteuil encore chaud de l'ex-ministre. Dans un autre fauteuil, à côté, s'étendait Ernest Picard ; M. Laurier, en costume de garde national, était sur une chaise, pendant que se tenait debout contre la cheminée, dans une attitude solennelle, le citoyen Cavalier, dit Pipe-en-Bois. Sa tenue rappelait celle de l'acteur Hyacinthe dont il était tout le portrait.

M. Chevreau, après avoir enlevé les objets convoités devant ceux qui, du coin de l'œil, ne le perdaient pas de vue, ne put s'empêcher, avant de partir, de remercier des gens qui pourtant lui avaient pris sa place.

Et Gambetta lui dit en bon prince... démocratique :

— Monsieur Chevreau, je ne vous connaissais pas. Le peu que je vous vois me donne le regret de vous quitter.

Est-ce que vous voudriez, lui répondit en souriant M. Chevreau, me rendre ma place ?

— Oh ! non, riposta Gambetta sur le même ton, elle serait trop dangereuse pour vous. Mais où allez-vous ?

— Rejoindre l'impératrice.

— Pourquoi retourner à l'étranger ? se récria l'ex-tribun redevenu bonhomme. Restez, vous nous aiderez, nous en avons bien besoin !

— Je pars, répondit M. Chevreau d'un air digne, presque de défi, parce que vous êtes, vous, ici !

— Tenez, monsieur Chevreau, reprit Gambetta qui s'était levé brusquement comme si ce défi lui eût produit l'effet d'un coup de fouet, je ne vous connaissais guère, mais ce langage vous honore. Vous avez raison, partez, mais... votre main ?

Gambetta ouvre sa large main qu'il présente à M. Chevreau. Celui-ci lui donne sa main ?

Après M. Gambetta, c'est au tour de M. Ernest Picard qui se lève :

— Monsieur Chevreau, répète-t-il, c'est bien, c'est très bien !... Votre main ?

La main donnée à M. Picard, M. Chevreau fait mine de se retirer ; M. Laurier saute tout à coup de sa chaise et s'avance ; il s'écrie :

— Monsieur Chevreau, c'est beau ! c'est noble ! c'est d'un honnête homme ! Votre main !..-

L'ex-ministre croyait en finir avec cette scène de sentiment, lorsque, pour la compléter, Pipe-en-Bois développe l'envergure de ses longs bras au bout desquels s'épattent des mains d'une ampleur fantastique. Elles enlacent celles de M. Chevreau, puis de sa voix fêlée il lui crie :

— C'est beau ! c'est noble ! c'est d'un honnête homme ! Citoyen, votre main ?

Mais M. Chevreau s'échappe des bras de Pipe-en-Bois comme des tentacules de l'hydre ; il s'en va, il court encore.

L'installation des nouveaux pouvoirs du 4 septembre se fit d'une façon aussi pacifique, aussi amicale à la préfecture de police ; M. le comte de Kératry, qui y remplaça M. Pietri, n'y entra, ainsi que je l'ai indiqué, qu'accompagné d'un huissier qui mit les scellés sur les papiers de son prédécesseur.

La journée du 4 septembre fut la journée des poignées de main. Je ne dis pas pour cela qu'elle ne fut pas la *journée des dupes*, car la future Commune qui l'avait préparée, le parti impérialiste qui l'avait tant redoutée, ne songèrent-ils pas, dès ce jour-là, à une revanche sur ce qu'ils appelaient une *surprise*, une *usurpation de pouvoir ?*

En tous les cas, la révolution du 4 septembre a été, sur un théâtre autrement sinistre, la même surprise que celle de février 1848 ; elle n'a fait qu'ajourner une révolution terrible. Les journées de juin ont eu pour pendant la semaine sanglante !

Jules Favre, qui prononça la déchéance de l'Empire, n'installa pas à l'Hôtel de Ville les représentants du nouveau pouvoir sans qu'il n'y eût parmi eux bien des arrière-pensées ; elles se revélèrent sous le siège, jusque sous la Commune.

Il y avait loin de la république du général Trochu et de M. de Kératry à la république radicale de Gambetta et de Blanqui !

En ce moment, il fallait aller au plus pressé.

De même que tous les sujets de l'Empire étaient devenus d'une heure à l'autre, après Sedan, des citoyens de la République, de même tous les chefs républicains de la veille avaient droit aux mêmes honneurs, malgré leur divergence d'opinions, au nom de la patrie en danger !

Mais les nuages ne devaient pas tarder à s'amonceler dans le ciel encore serein de la nouvelle République acclamée par le peuple français envahi par le peuple prussien ! M. Thiers, que je revis après le 4 septembre, fut pour moi la vivante démonstration de ce que je redoutais.

N'importe, la journée du 4 septembre fut pour le peuple un vrai jour de fête. Il oublia, dans la joie de reconquérir sa liberté, l'ennemi qui lui marchandait jusqu'à la patrie.

Il fraternisait avec les gardes nationaux qui étaient entrés à la Chambre sans tirer un coup de fusil, il fraternisait avec les gardes de Paris qui rentraient gaiement à la caserne depuis que leur colonel avait fait mettre le sabre au fourreau.

La foule ne cessait d'applaudir les fournisseurs de LL. ex-MM. l'empereur et l'impératrice, qui s'empressaient de faire descendre de partout leurs écussons aux armes de Napoléon, de détacher de leurs devantures leurs médailles d'exposition à l'effigie de S. M. Napoléon III.

Tout le peuple de Paris, après avoir assisté, sur la place de la Concorde, à l'entrée de la garde civique à la Chambre, s'était portée en masse à l'Hôtel de-Ville, avide de contempler Henri Rochefort qui, comme les autres prisonniers de l'empire, était porté en triomphe à l'Hôtel de Ville, où tous les députés de Paris, Rochefort compris, faisaient partie du nouveau gouvernement.

Pour la révolution parlementaire, Jules Favre était l'incarnation de la revanche de Décembre ; pour la révolution démocratique, Rochefort et Gambetta étaient les gens de la revanche sociale.

Je le répète, il y avait loin du gouvernement de Jules Favre, de Picard, de Trochu et de Thiers, au gouvernement des derniers élus de l'opposition.

La distance qu'il y avait entre eux était celle qui séparait le Capitole de la roche Tarpéienne. Et la révolution de Paris, au moment de l'invasion, devenait un nouvel atout dans les mains de Bismark !

Je connaissais trop les soutiens intéressés de l'empire pour croire à leur complet évanouissement.

L'ouragan du 4 septembre ne les avait tout à coup balayés de Paris que pour leur permettre, à l'étranger, sur la frontière de France, de se concerter, d'attendre le moment de revenir à Paris.

J'avais trop connu le ressort secret des émeutes de juin, l'appui de l'Angleterre au profit du prince prétendant, pour ne pas redouter, en haine de la France, que la Prusse n'opérât pour son prisonnier une volte-face en sa faveur ; n'était-ce pas, pour la Prusse, un moyen d'avoir facilement raison de ceux qui préféraient encore la lutte à outrance à une paix dégradante ?

Voilà ce que je me disais au 4 septembre en me rappelant les paroles amères de Mme X***, et son départ si précipité pour Ville-d'Avray, au moment de l'occupation des Allemands.

Ce qui me consolait des malheurs de la patrie et de la joie intempestive des Parisiens, c'était l'importance que j'avais prise dans la situation tout à fait originale que me faisait la révolution du 4 septembre, révolution temporisatrice dont le ciel serein, mais chaud et lourd, n'était que l'indice d'une double tempête : le siège et la Commune.

N'importe, dans ce calme de l'orage, moi qui touchais aux deux pôles, à celui descendu par mes anciens chefs, à celui gravi par mes nouveaux directeurs, j'avais grandi de cent coudées.

Ma vieille expérience, mes antécédents, mes luttes contre l'administration occulte de l'Empire, étaient autant de titres qui me recommandaient au nouveau pouvoir.

La plupart de ses membres, M. de Kératry tout le premier, n'ignoraient pas quel lien puissant m'attachait à M. Thiers, qui avait mené à fond de train la révolution depuis le ministère Ollivier.

Et dès l'installation de mon nouveau préfet, je fis tout ce qui était en moi pour lui prouver que je ne donnais aucun regret au régime déchu, tombé bien plus par le mépris public que par les adversaires de l'Empire.

Dès que mon nouveau préfet eut reçu l'ordre de l'Hôtel de Ville de mettre en liberté les prisonniers politiques faits récemment par la haute cour de justice, je m'empressai d'exécuter les ordres du gouvernement de la Défense, qui n'était pas encore le gouvernement de la Défense de la République.

Il était curieux, pour moi et mes anciens agents qui avions aidé les officiers civils à incarcérer des Mégy, Paschal Grousset, Razoua, Trinquet et Rochefort, il était étrange de nous voir ouvrir les portes de leur prison, nous qui les avions fermées sur eux quelques mois auparavant!

Singulier retour des choses politiques qui ne m'atteignait et ne m'élevait que pour rendre ma chute plus terrible!

Il était dit que je devais être jusqu'au bout le jouet du flux et du reflux des révolutions, et qu'elles ne devaient m'épargner aucune de leurs secousses imprimées par leurs violents remous.

Dieu sait pourtant si j'ai été jamais un homme politique, si je n'ai jamais eu d'autre haine que celle qui m'animait contre des criminels de la pire espèce. Car mon mérite, mon seul mérite a été de discerner du premier coup un coquin par l'aversion qu'il m'inspirait, fût-il le dernier des goujats ou le premier des princes.

Le lendemain du 4 septembre, où rien n'avait été changé, à part qu'il y avait dans le cabinet de Pietri un républicain au lieu d'un serviteur des Tuileries, je fus mandé par l'actif et infatigable M. Thiers.

Je me rendis de nouveau à l'hôtel de la place Saint-Georges. Je pensais à la chance de M. Thiers et de ses amis qui, comme la mienne, hélas! s'augmentait en raison inverse de la fortune de la France.

Cependant je fus bien surpris de voir M. Thiers aussi grincheux, aussi atrabilaire que je l'avais trouvé chagrin et larmoyant à la veille de la déchéance.

A ma vue, ses sourcils se froncèrent, il se croisa les bras sur la poitrine, il s'avança contre moi, il me dit de sa voix la plus stridente et la plus flûtée :

— Ah! Monsieur Claude, vous en faites de belles!

Je restai ébahi, la bouche ouverte. Un moment je ne sus que répondre.

Ce que voyant, il reprit en souriant avec amertume :

— Pardon, mon cher ami, ce n'est pas vous que j'incrimine, ce sont vos chefs. Vous, vous n'êtes que l'instrument du nouveau pouvoir.

— Mais, lui répondis-je assez surpris, est-ce qu'ici je ne suis pas chez le chef du nouveau gouvernement?

— Oh! exclama-t-il en haussant les épaules, en arpentant de toute la vivacité de ses petites jambes

son grand cabinet d'études où il m'avait introduit,
oh ! si j'étais le chef de ces étournaux, ce n'est pas
moi qui vous aurais ordonné de délivrer les prisonniers politiques condamnés par l'Empire ! Au
moment où Paris n'a pas quinze jours d'avance pour
se préparer à recevoir les Prussiens, Paris avait
autre chose à faire qu'à songer aux martyrs de la
liberté et à caresser tous les préjugés démocratiques !

J'avoue qu'à ces mots, j'ouvris une plus large
bouche.

Les propos de M. Thiers m'étourdissaient bien
plus encore que sa brutale réception.

Je commençais à comprendre la mauvaise humeur de mon illustre patron. Il m'en avouait la
cause dès qu'il m'annonçait qu'il n'était plus maître du mouvement qu'il avait provoqué.

Car M. Thiers, durant toute sa vie, n'eut qu'une
préoccupation : gouverner et se sentir le maître de
tout le monde. Ses nombreuses déceptions, en 1848,
en 1851, comme celles qu'il éprouvait en ce moment, après avoir tout fait pour prendre le pouvoir,
n'ont jamais été causées que par son envie démesu-
rée de gouverner. Il eût gouverné sur un volcan; et
ce fut parce qu'il ne put agir à sa guise au-dessus
du cratère ouvert par la camarilla de Gambetta,
qu'il gouverna plus tard à Bordeaux sur le volcan
de l'invasion, à Versailles sur le volcan de la Commune !

— Ainsi, monsieur Thiers, lui demandai-je, vous
me condamnez parce que j'ai ouvert la porte de la
prison à Rochefort, à Mégy, à...?

— Je ne vous condamne pas, vous, monsieur Claude, m'interrompit-il avec un geste négatif et en reprenant son air de bonhomie. Je condamne ceux qui vous ont fait exécuter de pareils ordres. Vous êtes un bras, vous n'êtes pas une tête! Lorsque l'on veut, comme vos chefs, être la tête d'une nation, surtout au moment critique où nous vivons, il faut avoir de la cervelle. Et tous vos chefs sont des écervelés!

Cette fois, j'avais le mot de la situation.

L'illustre homme d'État, qui avait servi de cheval de renfort aux républicains de l'Empire, était déjà suspect à la nouvelle révolution.

Les hommes de 1848, comme les anciens *cinq* du Palais législatif, se méfiaient, en ce moment, de l'ancien ministre de Louis-Philippe, de l'ancien chef du comité de la rue de Poitiers, de l'auteur éconduit de la première constitution napoléonienne!

Voilà pourquoi M. Thiers n'était pas à l'Hôtel de Ville, d'où partaient les décrets qui faisaient agir l'administration sous l'impulsion d'un pouvoir bien plus fort que celui qui était inscrit au bas de tous les actes du nouveau gouvernement.

— Oui, continua M. Thiers, sans plus me voir, en reprenant sa pétulance habituelle, oui, ce sont tous des écervelés! En ce moment, écoutez ce qui se crie sous mes fenêtres : *Vive la République!* Est-ce donc la République qui intéresse tant notre malheureuse nation? Non, c'est son existence, plutôt que la forme du gouvernement que préfèrent M. Jules Favre et M. Gambetta : forme qui n'a rien d'agréable pour l'armée, déjà trop malheureuse!

Elle n'a pas besoin, elle, d'être lancée contre le peuple, après avoir été broyée par l'étranger! Et je ne vois dans le nouveau gouvernement, que des avocats, lorsqu'il faudrait des hommes de guerre! des gens de robe, lorsqu'il faudrait des gens d'épée. Trochu est aussi larmoyant que Favre. Quant aux jeunes, ce sont des robins; ils croient, eux, qu'on tient une épée comme on tient un couteau à papier. Je ne vois, dans tous ces avocats qui se croient des généraux, et dans tous ces généraux qui parlent comme des avocats, pas un diplomate! Et nous sommes en face d'un Bismark doublé d'un de Moltke! Quant à Rochefort et aux autres, je n'en parle pas; ce ne sont que des joueurs de flûte! Ils ne se doutent pas, en parodiant les hommes de la Convention, qu'ils froissent le passé, qu'ils compromettent l'avenir. Et vous m'avouerez, mon cher Claude, que ce n'est pas au moment où la nation est envahie, qu'il faille en faire un théâtre de foire! L'Empire était tombé sous le mépris public; cela suffisait. Mes collègues ne m'ont pas écouté lorsque je leur ai proposé de gouverner, vu la vacance du pouvoir, non par la République, mais par l'obligation d'offrir une résistance compacte à l'Allemagne. Ils ont préféré se donner une cocarde qui divise la France devant l'Allemagne bien unie pour la tuer! Que la faute retombe sur eux! Si je n'étais Français, je m'en laverais les mains! mais je suis Français. Or, me voilà forcé, à soixante-dix ans, de quitter la France, de parcourir toutes les cours de l'Europe, pour les apitoyer sur notre malheureuse destinée!

— Comment! monsieur Thiers, m'écriai-je d'un air profondément affecté, vous quittez la patrie lorsqu'elle a tant besoin de vos lumières et de votre expérience?

— C'est pour les mettre encore, mon cher ami, au service de la patrie que je la quitte, que je vais me faire, par toute l'Europe, le colporteur de la diplomatie étrangère, le Juif-Errant politique de notre malheureuse France, pour lui rendre, au nom de son glorieux passé, le prestige que lui fait perdre son piteux présent! Ah! je m'attends à l'étranger à bien des déceptions! Mais j'ai ma part de punition. Fils de la Révolution, moi aussi je suis dévoré par cette marâtre! Et quand je pense qu'elle est encore ici... une idole! Enfin, n'en parlons plus! Il s'agit pour moi de sauver la France par l'Europe; pour cela, je suis décidé à courir le monde, ce qui est dur, bien dur à mon âge et à mon patriotisme! Mais que voulez-vous? je n'ai confiance qu'en moi, et l'on verra si mon patriotisme, si ma vieille expérience ont tort contre les illusions de ces fous qui croient qu'il suffit, pour avoir raison d'un million d'hommes, de s'enivrer des traditions de la première République comme Napoléon III s'enivra des traditions du premier Empire! Maintenant, mon cher Claude, voici ce que j'attends de vous, de votre patriotisme pendant mon absence.

Ici je dressai l'oreille; je savais que M. Thiers était personnel, jamais je n'aurais cru qu'il poussât aussi loin l'amour de la personnalité, au point de combattre tout ce qui n'émanait point de son système ou de son autorité.

Cependant j'admirais encore le patriotisme de ce petit vieillard dont l'esprit lucide était aussi chaud qu'à trente ans. J'attendais avec une vive curiosité ce qu'il allait me demander, décidé à exécuter ce qu'il s'était tracé dans son programme de diplomate.

Je me contentais d'abord d'incliner la tête sans l'interrompre; il reprit, en me sachant gré de ne point l'avoir interrompu :

— Pendant que je serai hors de France, j'ai besoin de savoir tout ce qui se fera ici. Puis-je compter sur vous ?

— Oui, monsieur Thiers, s'il ne s'agit pas de dénonciations personnelles.

— Mais il s'agit de la France, de la France à sauver, et pas d'autre chose! se récria-t-il d'un air impatienté.

— Alors, m'empressai-je de lui dire, je suis votre homme.

— Je le savais bien, fit-il sur un ton plus radouci; vous êtes, comme moi, un brave homme et un bon Français. Maintenant, au revoir, mon cher Claude, je compte sur vos notes journalières, concernant les fautes que vont commettre nos nouveaux dictateurs, notes journalières, c'est bien convenu,

— Comme il est convenu, lui répondis-je, que je ne mettrai pas de noms au bas de ces notes ?

— Vous ferez comme vous l'entendrez, me dit-il, en me souriant d'un air narquois. Tant pis pour vous si je trouve des noms à mettre au bas de vos révélations quotidiennes.

— Ce sera votre affaire... de diplomate, lui répondis-je en souriant de la même façon ?

— Seulement, vous me donnerez plus de travail, moi qui en ai déjà trop par la faute des autres! Et je devrai ce surcroît de besogne à vos scrupules d'honnête homme. Dieu que les honnêtes gens sont gênants !

Il me salua, et je quittai M. Thiers qui, dès ce jour, connut par moi tout ce qui se passait dans un gouvernement qu'il avait fait et dont il n'était pas !

Mes notes durent le servir plus tard pour réparer les fautes du gouvernement du 4 septembre qui, au nom de la République, posséda les mêmes travers que M. Thiers : l'amour de la dictature.

Les événements le prouvèrent; en changeant la forme du gouvernement, les hommes du 4 septembre employèrent le même système que l'ancien. Les Cousin-Montauban de l'empire valurent, avec le patriotisme en plus dans leurs proclamations, les Cousin-Montauban de la République.

Une révolution ne change pas le tempérament d'un peuple; et le peuple français aime par-dessus tout à se repaître d'illusions!

CHAPITRE VII

LE TABLEAU DE PARIS SOUS LE SIÈGE
ET MES DEUX SPECTRES

Il serait impossible de dépeindre ici ma stupeur et mon effroi, lorsque, après l'installation du gouvernement du 4 septembre, je trouvai dans l'ancien bureau de M. Lagrange, qui ?

Raoul Rigault !

Lorsque je l'aperçus, je reculai comme pétrifié.

Je me rappelais les menaces que ce jeune citoyen m'avait faites quelques mois auparavant, en compagnie de son ami Ferré, ainsi que l'épouvantable prophétie de la dame de Londres.

La violente émotion que je ressentis à son aspect n'échappa pas à Rigault. Il me fixa longtemps des yeux à travers son éternel binocle. Il me fit un sourire de reconnaissance en me montrant toutes ses dents qui ressortaient sous l'épaisseur de sa barbe.

On eût dit un loup qui riait en sentant la chair fraîche.

Mon émotion, mon embarras, ma frayeur étaient si grands à la vue de celui que je considérais comme mon ennemi intime, qu'il ne put s'empêcher d'y répondre.

Relevant la tête au-dessus du bureau où il était assis, les coudes sur la table en se frottant les mains l'une dans l'autre, il me dit :

— Eh bien! cher monsieur Claude, qu'est-ce que je vous avais prédit, il y a six mois? Que le moment viendrait où je serais, moi aussi, de la préfecture! M'y voilà, et j'y suis pour surveiller ceux qui m'ont fait arrêter, qui sont tous ici trop dévoués à l'Empire. Oh! ne tremblez pas, monsieur Claude! vous, êtes un *honnête* homme, vous, quoique badinguiste-orléaniste! Vos nouveaux chefs sont encore pour vous autant que pour *moi*. Or, en dépit du jeu de bascule opéré par la révolution, nos pôles respectifs sont séparés par un abîme. Vous ne pouvez rien contre moi, je ne puis rien contre vous! Rassurez-vous, puisque vous m'avez fait sortir de prison par ordre, comme vous m'y aviez mis par ordre. J'ai mes attributions à la *politique* comme vous avez les vôtres à la *sûreté*. Nous sommes sous le même toit, tâchons de faire bon ménage ; oubliez le passé, si vous ne voulez, cher collègue, en revenant à vos rancunes, que je fasse retomber un jour le toit de la préfecture sur votre tête vénérable!

Rigault, en finissant ces paroles, l'avait pris sur un ton aigre-doux qui me rappelait la haine sourde qu'il me vouait.

Sous le coup de ses menaces, la colère dans la voix, la colère dans les yeux, je lui répondis :

— Monsieur, je ne suis pas votre dupe. Vos amis de l'*intérieur* ne vous ont placé ici que pour me surveiller, avant de me renvoyer aux prisons que nous vous avons ouvertes.

— Peut-être! fit Rigault de son sourire le plus aigre et en se frottant les mains avec acharnement.

— C'est bien, monsieur, lui dis-je en relevant fièrement le front, je sais ce qu'il me reste à faire.

Et je le saluai sans que Rigault, ricanant toujours, la tête penchée sur ses papiers, prît la peine, cette fois, de me rendre mon salut.

Tout troublé par cette apparition, je m'empressai de monter au bureau de mon nouveau préfet, pour l'avertir du dangereux chef de la division politique que le ministre de l'intérieur avait choisi dans la personne de Rigault, un martyr de l'empire, un séide de Blanqui.

Avant de parler à M. de Kératry, j'avisai à l'antichambre un vieil huissier de la préfecture; je lui contai ma mésaventure, ma rencontre avec mon ancien prisonnier d'autrefois, devenu, du jour au lendemain du 4 septembre, presque mon supérieur.

Ce vieil huissier, depuis 1847 à la préfecture de police, était très sceptique; il ne put s'empêcher de sourire, lorsque je lui fis part de mes appréhensions.

— Oh! me dit-il, j'en ai vu bien d'autres depuis que je suis ici! Ce qui m'étonne, c'est que vous vous alarmiez pour si peu. Laissez tranquille ce citoyen! monsieur, et croyez-moi, cet enragé fera comme les autres. Dès qu'il est en place et qu'il a ce qu il ambitionne, il ne tracassera plus personne. C'est parce que moi j'ai vu passer ici des préfets de tous les régimes, sans m'inquiéter d'où ils venaient et ëe ce qu'ils étaient, que je suis resté dans ma place! Dieu merci, j'en ai vu pourtant des préfets de toutes les couleurs! depuis M. Delessert jusqu'aux citoyens Caussidière et Sobrier; depuis le rouge écarlate jusqu'au blanc le plus pur. Me voilà à mon dix-huitième préfet! Je ne désespère pas d'arriver au vingtième. Car, monsieur Claude, je ne veux pas vous imiter, moi! Tracasser, comme vous voulez le faire, des nouveaux venus, qui sont ici d'abord pour nous dévorer et qui, une fois en place, nous mangent tous de caresses! Croyez-moi, laissez-bien tranquille ce Rigault, vous l'obligerez, et vous ne mettrez pas dans l'embarras M. le comte de Kératry qui, dans l'intérêt de tout le monde, est obligé de caresser la chèvre et le chou! Imitez tout le monde! Voyez, nous étions tous pour l'empire; aujourd'hui nous sommes pour la République. Eh bien! en vous plaignant de Rigautt à M. le préfet, j'ai peur que vous ne jouiez le rôle de ce bourreau qui se pendit à Londres avec la corde de son propre pendu. Croyez-en ma vieille expérience, monsieur Claude, retournez à votre bureau, sans voir M. *le comte.*

Tout en reconnaissant la justesse des appréciations de ce vieil et expérimenté subalterne, je n'écoutai pas ses conseils. Sans lui dire pourquoi je tenais à la destitution de ce Rigault qui, depuis six mois, était pour moi une épée de Damoclès, je le priai de m'annoncer à M. de Kératry.

En le quittant, j'avais si bien répondu au défi de Rigault que, dès le lendemain, il ne faisait plus partie de l'administration.

Mais il devait y revenir, accompagné du citoyen Ferré, pour faire justice de tous ses dénonciateurs?

Avant que je subisse jusqu'au bout les terribles effets de leur vengeance, M. de Kératry, le premier, paya la démission de Rigault par le comité Blanqui, comité réorganisé dès l'avènement du nouveau gouvernement.

Dénoncé à l'Hôtel de Ville par les amis de Rigault comme un ancien bonapartiste resté attaché à l'ex-impératrice et au pape, le comte de Kératry fut obligé de céder sa place de préfet à M. Edmond Adam.

Visé par le comité de la République *fermée* qui faisait agir les hommes du Gouvernement de la Défense nationale, gens plus ou moins attachés à la République ouverte, M. de Kératry tomba sous le coup de la vengeance de Rigault et de ses amis de la République fermée.

Mon tour devait venir. Il ne serait pas venu si j'eusse écouté les conseils du vieil huissier; pouvais-je les suivre, quand j'avais toujours présentes à l'esprit les menaces de mon ancienne voleuse de Londres, l'amie de mes ennemis? Bref, j'avais peur; et la peur ne raisonne pas.

Le tableau de Paris, avant, pendant et après le siège, m'a permis de constater, en dehors de l'horrible sort qui m'était destiné, l'influence plus ou moins ostensible de la Commune sur les hommes élevés ou renversés par elle.

Placé comme je l'étais à la préfecture pour voir mieux que personne l'envers de ce tableau, j'ai pu expliquer ce qui était inexplicable aux yeux des patriotes sincères : la position étrange du gouverneur militaire de Paris.

Le général Trochu, et ce fut peut-être le seul plan de ce larmoyant adversaire des Prussiens, se mit plus en garde contre la garde nationale de Montmartre et de Belleville que contre les ennemis du dehors.

La Commune, sous le ministère Ollivier, avait déterminé la chute de l'Empire ; elle avait mis sur le pavois Thiers, Jules Favre, Gambetta et Rochefort, des chefs de parti qui ne portaient pas de la même façon leur bonnet phrygien.

Sitôt la révolution faite, le gouvernement nouveau se hâta de se dispenser de ses hommages en s'abritant sous le sabre du général Trochu. Celui-ci, d'accord avec les anciens généraux de l'empire, se méfia trop des soldats de la guerre à outrance, parce qu'il ne voyait en eux que des défenseurs de la République à outrance.

Cette défiance de part et d'autre paralysa l'héroïsme de la population, Du reste l'état-major de Trochu ne pouvait aimer un gouvernement qui, à peine intronisé, s'était hâté d'aller vider les prisons des démocrates que, quelques-mois auparavant, cet état-major était prêt à sabrer !

Et cette situation aiguë, dont je fus à même de constater l'anomalie, par la présence de Raoul Rigault à la préfecture, cette situation amenant bientôt la Commune, n'échappa pas à M. Thiers.

Ce n'était pas sans raison qu'il redoutait plus

les conséquences de l'avènement du gouvernement du 4 septembre que la chute de l'empire, résultat de la défaite de Sedan. A cette époque, on l'a vu, il s'en ouvrit avec moi ; il était si sincère dans ce qu'il me dit que dès le gouvernement installé, il quitta Paris pour servir à l'étranger, et à sa manière, la patrie envahie. Ne croyant pas plus à cette epoque au triomphe de la République qu'au triomphe des Parisiens, M. Thiers sortit de la capitale au moment où y rentrait Victor Hugo, le dernier proscrit de Décembre.

Cependant la fraternité universelle de Paris, en présence de l'ennemi qui s'avançait à pas comptés, ne faisait pas encore présager ces tiraillements mystérieux.

La proclamation de la République à l'Hôtel-de-Ville n'avait pas empêché les bataillons bretons d'accourir à Paris, la croix blanche au chapeau, suivis de leurs recteurs. Les Bourguignons, en blouses bleues, avec une croix rouge sur la manche, les rudes gars d'Auvergne, avec leur large chapeau, accoururent aussi en foule pour se mêler aux Parisiens qui demandaient partout des armes pour combattre et vaincre les Allemands.

Huit jours après le 4 septembre, nul n'eût osé sortir sans uniforme, sinon sans képi. Paris tout entier était disposé à la lutte quand nulle part, dans les mairies, dans les bureaux de la guerre, on ne pouvait fournir des armes et répondre à ce souffle de patriotisme qui courait dans l'air, parcourait la capitale, enflammait les visages en faisant battre tous les cœurs !

Pourquoi la guerre civile gâta-t-elle, à la nouvelle de nos revers successifs, ce grand enthousiasme provoqué par la patrie de plus en plus en danger? Pourquoi Paris, qui voulait souffrir pour vaincre, se tourna-t-il sitôt contre lui-même?

Parce que les Prussiens, qui s'avançaient d'une manière lente et sûre, continuaient dans Paris en temps de guerre ce qu'ils n'avaient cessé de faire en temps de paix.

Des émissaires de la chancellerie, déguisés en mobiles, faux Alsaciens ou faux Polonais, avaient l'art d'entretenir de continuelles divisions entre les anciens soldats de l'Empire et les nouveaux soldats de la Défense nationale.

Plus les Allemands approchaient, plus les traîtres se glissaient dans les rangs des soldats de la guerre à outrance et les rangs des soldats du général Vinoy qui, en se sauvant de Sedan, avait emmené bien des espions vendus à Bismark et à de Moltke.

Aussi n'était-ce pas sans raison que Bismark disait plus tard, au retour de ces espions : « Nous n'aurons pas besoin de prendre Paris, nous n'aurons qu'à le laisser *cuire dans son jus.* »

En ce moment critique où la capitale allait se condamner, par patriotisme, à tous les sacrifices, à toutes les souffrances, la préfecture de police fit bien son devoir. Elle exécuta avec une fiévreuse activité toute les mesures préservatrices que lui ordonnait de prendre les ministres de l'intérieur et de la guerre. J'étais spécialement chargé de régler l'approvisionnement de Paris, d'organiser les nouvelles boucheries et boulangeries qui, hélas ! ne devaient bientôt plus donner à la population que de la viande de cheval et du pain de son ; en outre, j'avais pour mission de veiller à l'extérieur sur tous les convois de chemins de fer qui, depuis le 4 septembre, étaient de plus en plus circonscrits par la marche des Prussiens.

Le 11, les Prussiens arrivaient presque en même temps à La Ferté et à Château-Thierry. Le lendemain ils partaient pour Lagny, coupant les télégraphes. Le 12, les uhlans annonçaient à Provins vingt mille Bavarois que l'invasion portait en avant depuis le commencement de la campagne de France.

Le 14 septembre, mes agents redevenus soldats et remplissant l'office de tirailleurs, m'annonçaient qu'un train de voyageurs avait été assailli par les Prussiens aux environs de Senlis.

Du 17 septembre au 19 septembre, les Allemands arrivaient par trois côtés à la fois devant la capitale ; les réseaux de chemins de fer continuaient à être coupés sur toutes leurs lignes.

Comme à Forbach, secondé par mes agents soldats, j'étais chargé, par mesure de sûreté, de me rendre sur les lignes interrompues, afin de ramener tous nos wagons en gare.

Souvent ce fut au milieu de la fusillade et des canonnades engagées çà et là, que je faisais rétrograder les wagons sur leurs lignes interceptées de Meudon à Versaillés, puis de Gonesse à Saint-Denis.

Enfin le réseau télégraphique de l'Ouest, le dernier qui permît de transmettre et de recevoir les dépêches de la province, fut coupé.

Le 18 septembre, la garde républicaine, en rentrant à Paris, annonçait que les trois ponts de Saint-Cloud, Sèvres et Billancourt venaient de sauter; les Bavarois, les Wurtembergeois, le corps saxon et quatre corps de l'armée prussienne s'établissaient devant les forts. Paris n'était plus en communication avec la France ; la tête était séparée du tronc ! La France était décapitée. La capitale, supprimée du reste du monde, était investie. L'ennemi, entourant son enceinte, semblait crier à son million d'hommes emprisonnés dans un cercle de fer : Malheur aux vaincus !

Paris, la ville des plaisirs, se résigna stoïquement à son isolement; Capoue devint Sparte. Superbe dans son malheur, la grande ville si frivole ne vécut plus que pour se retremper dans le devoir. Plus de spectacles, une ordonnance de la préfecture en exigea la fermeture.

Plus de gaz pour éclairer Paris la nuit ; le jour, plus d'affaires que celles de former des bataillons de marche pour aller aux remparts ou aux bastions ! Plus de fêtes que celles qui s'improvisaient aux bastions, où riche et pauvre, devant l'ennemi, faisaient disparaître leur inégalité sociale dans l'ardent amour de la patrie !

Avec cet amour-là, ce million d'hommes ne connut plus qu'une haine, la haine de l'étranger. Il eût pu vaincre si le Prussien n'eût pas su, par ses espions, faire diversion à cette haine légitime en l'égarant ou en l'excitant outre mesure.

Ce fut avec une habileté machiavélique que l'espionnage prussien provoqua encore la fièvre de notre patriotisme pour l'énerver avant d'agir.

L'espion prussien s'arrangea si bien, qu'il lassa jusqu'au patriotisme du Parisien ; il lui fit voir partout des traîtres.

Une fois la nuit venue, une lumière apparaissait-elle au haut d'une mansarde, qu'un passant voyait aussitôt dans cette lumière un signal donné à l'ennemi ; et un piquet de garde nationale était requis pour monter aux renseignements.

Il fallut un ordre du gouverneur de Paris, mis au courant de ces manèges, pour faire cesser ces troubles en quelque sorte cérébraux qui exténuaient la population, avant la lutte. Une fausse arrestation, entre mille, éclaira les habitants de Paris. Pour ma part, je constatai dans ce jeu à l'espion, qui tendait à violer le domicile privé, la haine de l'étranger et la haine des adversaires du gouvernement du 4 septembre.

Voici à quel propos.

Un prêtre de l'église des Batignolles avait été dénoncé à la garde nationale comme entretenant des intelligences avec les Allemands.

Un citoyen avait signalé à la préfecture aussi bien qu'aux passants la connivence de ce prêtre avec l'ennemi. Il avait appuyé sa dénonciation verbale et écrite par la lumière brillant constamment dans les appartements du prêtre depuis la nuit jusqu'au petit jour.

La garde nationale, sur la dénonciation de ce citoyen, s'était rendue au domicile de l'incriminé, elle n'avait pas tardé à mettre à néant cette accusation.

Si le prêtre gardait, en effet, durant toute la nuit,

une lampe allumée, c'était pour mieux soigner à son chevet un sien neveu, sous-officier blessé, revenu de Sedan à Paris, tant bien que mal, avec le corps d'armée du général Vinoy.

C'était à cette époque que Bagasse était aussi parvenu, après avoir vaillamment fait son devoir à Sedan, à échapper aux Prussiens et à revenir à Paris.

Blessé à Sedan, mon Marseillais avait été déposé dans la même voiture d'ambulance avec le neveu du prêtre, devenu son compagnon d'armes et d'infortune.

Ce jeune soldat de Mac-Mahon avait traversé les lignes prussiennes, au péril de sa vie, pour apporter à Metz une dépêche destinée au maréchal Bazaine; c'était dans ce trajet périlleux, plein d'embûches et de périls, qu'il avait reçu une grave blessure.

C'était juste au moment où Bagasse, revenu à Paris, avait repris son service sous mes ordres, parce que j'avais besoin de son courage pour faire rentrer dans la capitale le matériel des gares cernées par l'ennemi.

Mon Marseillais était précisément dans les environs des Batignolles lorsqu'il apprit la mésaventure du prêtre accusé de trahison quand, loin de trahir la patrie, il soignait un héros, le nouvel ami de Bagasse.

En apprenant l'accusation qui pesait sur le prêtre, sur le parent de son ami, l'indignation de mon agent n'eut pas de bornes. Il voulut à tout prix connaître l'auteur de cette injuste accusation; il n'eut pas de cesse tant qu'il n'eut pas découvert le dénonciateur pour le livrer à la justice.

Précisément, M. de Kératry venait de signaler à la magistrature les délateurs des soi-disant complices des Prussiens, pour qu'ils fussent recherchés et punis aux termes de la loi.

Malheureusement Bagasse, qui n'était jamais heureux dans ses pistes, le fut trop ce jour-là.

Il avait tellement à cœur de venger son ami qu'il interrogea tous les gardes nationaux les uns après les autres.

Après avoir payé à boire à plusieurs d'entre eux, il apprit par un camarade du dénonciateur que l'accusation portée sur le prêtre des Batignolles n'était qu'une bonne farce jouée par un républicain qui, comme lui, du reste, avait horreur de toute la sacrée boutique du cléricalisme!

« Alors, ajouta-t-il à Bagasse qui, pour faire parler ce citoyen, avait caressé ses opinions, alors mon ami, qui a été dans le temps enfant de chœur dans *cette boîte à bon Dieu*, et qui, personnellement, a eu jadis à se plaindre de son *radichon*, n'a pas trouvé mieux, en voyant son quinquet allumé, que de le dénoncer comme donnant des signaux à l'ennemi. C'était une manière comme une autre de se débarrasser du calotin! Mais la police et le prêtre, ça se tient! Mon ami Ferré en sera pour ses frais. Patience! On n'aura pas toujours, dans la République, de la cléricaille bretonnante et de la graine de général jésuite. Quant au citoyen Ferré, je le connais, le paroissien n'a pas froid aux yeux; il est homme à prendre sa revanche. Je plains alors le radichon et la police *badingouine !*

Au seul nom de Ferré, Bagasse tressaillit de joie.

Il se rappela la chasse qu'il lui avait faite et les insultes dont il l'avait abreuvé !

Comme Bagasse nourrissait contre tous les républicains en général, contre Ferré en particulier, une haine profonde due à son état d'ancien gendarme, il ne fit ni une ni deux : il envoya séance tenante un rapport foudroyant contre Ferré, il demanda aux termes de la nouvelle circulaire du gouverneur de Paris, que Ferré soit réintégré à Mazas, comme un ennemi dangereux de la société.

Il le fit enlever de nouveau de son domicile et traîner à la préfecture.

Les agents qu'il requit étaient des hommes de son acabit et qui ne laissèrent à Ferré ni le temps de se reconnaître ni de se recommander de ses amis.

Cette fois ce fut avec une grâce parfaite que Ferré se laissa conduire par la brigade de Bagasse à la préfecture.

Lorsque Bagasse le devança pour m'annoncer avec joie l'importante capture qu'il venait de faire, je fis un soubresaut, je faillis tomber en syncope.

Quoi ! après Rigault qui était venu me menacer jusque dans mon domaine, c'était le tour de Ferré ?

N'était-ce pas une ironie du sort, une éternelle menace du destin !

Il fallait Bagasse, l'homme le plus maladroit de la terre, pour m'annoncer une nouvelle aussi terrible dans la situation délicate où elle plaçait le gouvernement hybride du 4 septembre.

Je vis le petit Ferré, l'allure dégagée, le binocle sur le nez, s'avancer vers moi entre deux agents dont l'un était le fâcheux Bagasse, très stupéfait de ne pas me voir partager sa joie à la vue de son importante capture.

— Tiens! me dit Ferré, vous êtes encore en fonctions, monsieur Claude? Je croyais trouver ici mon ami Rigault? C'est donc l'empire qui règne et gouverne encore à la préfecture de police?

— Trève de plaisanteries, monsieur, lui répondis-je, votre ami Rigault n'est venu ici que par surprise. Dieu merci, le gouvernement peut se moquer de vos fanfaronnades de journaliste et d'anarchiste. Vous êtes accusé d'avoir fait contre un prêtre un faux témoignage, et, d'après le rapport que je reçois...

— Mais ce sont vos argousins de l'empire, m'interrompit-il, qui l'ont fait, ce rapport, pour se venger, en République, d'un républicain! Eh bien! citoyen Claude, jouissez de votre reste! Flanquez-moi en prison. Je vous préviens que j'y resterai moins longtemps cette fois que la première; et je vous préviens aussi que tout cela vous sera compté, quand viendra notre tour!

L'assurance de Ferré me troubla de plus en plus. Je jetai un coup d'œil sévère sur Bagasse qui, cette fois, me comprit et qui s'écarta aussitôt de l'incriminé.

Je dis au jeune homme :

— Après tout, votre cas n'est pas pendable. Vous avez cru, en accusant un honorable ecclésiastique, agir pour le salut de la patrie. J'apprécie votre zèle et je blâme celui de mes agents. Retirez-vous, vous êtes libre.

— Oui, répondit Ferré avec un sourire grimaçant et en me jetant des regards de haine que je surpris derrière son binocle, je suis libre, parce que vous ne pouvez faire autrement que de laisser libre un citoyen qui a fait la République dont vous vivez, vous, comme vous avez vécu de l'empire ? Patience. La roue a tourné, elle tournera encore ; et lorsqu'elle sera arrivée au cran voulu, vous qui m'épargnez, je vous le jure, je ne vous épargnerai pas, moi !

Et il partit, laissant Bagasse confondu de son audace autant que de ma magnanimité.

C'est que Bagasse ne connaissait pas la puissance occulte de cet homme, ni la prophétie dont j'étais menacé par la présence de ces deux spectres : Ferré et Rigault, dont les noms revenaient dans mon esprit troublé, comme une double sentence de mort.

CHAPITRE VIII

EN BALLON

Paris a conquis, pendant la durée du siège de 1870-71, des droits incontestables à l'estime de l'histoire.

Il a été à la hauteur de sa crise suprême ; grand, superbe, héroïque.

Si l'empire la raya des rangs des cités, en lui retirant ses franchises municipales, il s'en vengea à la face de l'Europe en devenant la plus vaillante de toutes les cités.

Il a été digne de l'admiration universelle, il a effacé Sedan.

Par ses désastres, par ses douleurs, par son courage stoïque, par son ardent patriotisme, Paris a rendu l'honneur à la France.

Tous ceux qui ont vécu comme moi dans la capitale assiégée, doivent être fiers d'avoir porté le deuil de la grande ville, vierge d'Allemands, quand

la mer de l'invasion battait ses remparts et couvrait
le nord et l'est de la nation.

Paris est resté debout, quand tout autour de lui
était dévasté, Paris bouillonnait dans sa cuve qui
fondait des canons, des obus, quand ses campagnes
étaient ravagées, quand ses châteaux, ses villas
étaient brûlés, quand la pioche des Allemands, le
canon du Mont-Valérien réduisaient tout à néant.
Et lorsque les fortunes, les existences de ses enfants
étaient en jeu, Paris travaillait encore pour la
France.

La capitale demandait à périr pour sauver la
nation !

C'est parce que le général Trochu n'a pas cru en
son dévouement à la patrie que Paris engendra la
Commune en s'incendiant lui-même.

Paris-Géant se sentait la force de vaincre ; ce
fut parce que ses chefs ne crurent pas assez en sa
force, qu'il la tourna au 31 octobre, au 21 janvier,
puis au 18 mars, contre des chefs qui l'avaient tant
dédaignée devant l'étranger.

Peut-être l'événement de la Commune et la défense
des canons de Montmartre tiennent-ils à ce patriotisme dévoyé qui provoqua la plus horrible des
guerres civiles, et un second siège de Paris entre
Français sous les yeux des Prussiens ?

Un mois après l'investissement de l'ennemi,
Paris plein de confiance, quoique travaillé déjà
par les émissaires de Blanqui, n'était pas encore
partagé entre deux camps, les rancuniers du
4 septembre et les rancuniers de l'empire ; tous
n'étaient animés que du souffle patriotique! tous

étaient préparés à périr et ne s'en souciaient guère.

Ce qui préoccupait le Parisien qui ne peut se résoudre à l'inactivité de l'esprit et à l'apaissement de ses instincts, c'était l'isolement qui l'entourait. Le pain commençait à manquer, la viande aussi ; mais ce qui lui manquait davantage, c'était l'absence de nouvelles. Il ne pouvait se faire à la séparation de la province par l'armée de fer qui le séparait du reste du monde.

Il s'en affranchit.

Paris envoya par ballon sa parole à la province.

La province lui répondit par ses pigeons voyageurs! Ballons et pigeons se croisèrent dans l'air à la barbe des investisseurs et bien au-dessus de leurs fusils.

Une science nouvelle, avec ses multiples applications, surgit en pleine guerre, en plein blocus pour protester contre l'isolement et la mort de la capitale investie.

Alors, les Prussiens qui ne pouvaient atteindre ces pigeons voyageurs portant au loin comme le battement du cœur de Paris, en revinrent aux procédés du moyen âge. Les hoberaux, dignes de leur nom, firent dresser des faucons pour faire la chasse aux pigeons.

Si les faucons étaient rares, les pigeons étaient nombreux.

Ils venaient s'abattre en masse sur nos toits pour nous tendre leurs ailes où dans un mince tuyau lié longitudinalement à une plume de la queue, étaient disposées les dépêches contenant un petit carré de 40 millimètres sur 30 millimètres.

Les dépêches photographiées étaient, dès leur arrivée, aussitôt projetées sur un mur, à l'aide d'un appareil électrique grossissant pour être réimprimées et distribuées à domicile.

Et les marins partis des côtes pour accourir à la défense de la capitale, s'improvisaient en aéronautes. Ils montaient des ballons qui les jetaient à l'aventure. Ils essayaient de la conquête de l'air, ne pouvant plus jouer avec les périls de l'Océan ; ils affrontaient les terribles caprices des vents et les fusillades non moins dangereuses de l'ennemi.

Et Paris renaissait à la vie !

La tête n'était plus aussi séparée des membres de la nation. Paris vivait encore intellectuellement, quand les vivres se faisaient plus rares, l'alimentation et le chauffage plus difficiles, quand l'hiver, le plus rude que l'on connut, allait commencer.

Dans les moments difficiles, le personnel de la préfecture sous la direction du maire de Paris, Etienne Arago, à qui Jules Ferry succéda également, fut à la hauteur de sa tâche.

Avec le changement du maire arriva le changement du préfet de police.

Edmond Adam succéda à de Kératry, j'ai expliqué la cause de ce changement. Je ne tardai pas à le sentir dans mon administration.

Un mouvement de réaction me fit craindre le retour de mes ennemis, parce que, moi, comme le nouveau préfet, comme le nouveau maire, nous étions menacés de supporter le désespoir des souffrants et la vengeance des réactions.

Déjà la viande de boucherie manquait, on mangeait de l'âne, du mulet, des chats, des chiens. En novembre l'âne et le mulet coûtaient 8 francs, l'oie 30 francs comme une paire de lapins ; le boisseau de pommes de terre enlevés sous le feu de l'ennemi, 6 francs ; et ces denrées menaçaient d'être plus chères encore, jusqu'au moment de la disette, de la terrible famine !

Durant ces temps d'épreuves, je me multipliais pour réglementer l'administration des comités de subsistances, j'improvisai dans chaque quartier des contrôleurs et des inspecteurs chargés spécialement de la distribution des vivres.

Le gouvernement, qui se sentait menacé par les classes pauvres, faisait tout ce qu'il pouvait pour les maintenir dans les sentiments du devoir. Plus que les classes riches, elles étaient favorisées dans la répartition des denrées. Les ouvriers qui étaient le plus en défiance contre le gouvernement attaqué par les journaux : *Le Vengeur*, *Le Combat*, *La Patrie en danger*, était surtout l'objet de la sollicitude du gouvernement.

C'était pour les classes des pauvres que pleuvaient les bons de pain et les bons de boucherie. En ce temps de calamités, il était plus facile au portier d'un millionnaire de se procurer des vivres qu'au millionnaire lui-même.

Avant tout il fallait apaiser le minotaure prêt à dévorer le gouvernement qui le faisait vivre.

Tandis que les commissions militaires s'occupaient des campagnes de marche pour les sorties, tandis que les compagnies sédentaires allaient aux remparts, les vétérans surveillaient *les queues* des boucheries et des boulangeries.

Il fallait attendre d'interminables heures pour recevoir à la porte des bouchers et des boulangers un peu de pain noir et de viande de cheval distribués par les municipalités.

Les commissions des vivres étaient présidées par des gens dont la profession ne répondait guère à leur nouvelle attribution, imposée par la circonstance. Un littérateur, président de la Société des gens de lettres, était affecté à la commission du poisson où le poisson brillait par son absence. Un peintre, membre de l'Institut, présidait la commission de la viande de boucherie remplacée, par de la viande appartenant à la race canine.

Malgré les déceptions causées par la famine, la résignation était sublime.

Chacun attendait la fin de l'accumulation de ses maux dans l'espoir de la résistance et de la victoire suprême !

Les femmes, surtout, étaient admirables, levées avant le jour, elles attendaient, les pieds dans la boue, le morceau de pain noir ou de viande de cheval pour les reporter religieusement au père et aux enfants.

« — Ils en ont, disaient-elles, plus besoin que nous, car il faut que nos maris et nos enfants aient du cœur au ventre pour en finir avec le Prussien ! »

En finir avec le Prussien était l'unique désir de la population !

Le général Trochu, en contenant l'impatience du patriotisme, faisait plus souffrir le moral de la population parisienne que les tortures physiques causées par l'insuffisance des rations.

Je donne ici à titre de renseignement et de souvenir les cartes de boucherie et de boulangerie distribuées par les mairies à chaque citoyen rationné :

CARTE DE BOUCHERIE

<table>
<tr><td rowspan="3">Carte n° 50.
Boucherié n° 40.
Nom. . . . . .
Domicile.
Signature.</td><td>N° 10
VIANDE
portions</td><td>2</td></tr>
<tr><td>N° 11
VIANDE
portions</td><td>2</td></tr>
<tr><td>N° 12
VIANDE
portions</td><td>2</td></tr>
</table>

CARTE DE BOULANGERIE

Demeurant rue   n°

a droit à trois rations de pain à prendre chez le boulanger **M.**

demeurant rue

Mairie
du
République
française.

CARTE DE BOULANGERIE

Avis. — Toutes rations non réclamées aux jours indiqués ci-dessous seront périmées.

Du 10 au 16	Samedi. Nov.	Jeudi. Nov.	Mardi. Nov.	Mercredi. Nov.	Lundi. Nov.	Dimanche. Nov.	Samedi. Nov.	Lundi. Nov.

Malgré l'admirable abnégation de la population, je n'étais pas sans m'inquiéter de l'attitude menaçante de certaines mégères, citoyennes de *centurion* qui, dans la longue file des queues, répétaient ce qui se disait dans les *clubs*, avant l'investissement de l'Hôtel de Ville, au 31 octobre, c'est-à-dire avant la capitulation de Metz.

Dans la foule, les mots de *traîtres*, de *vendus* circulaient déjà à l'adresse de Trochu et des anciens généraux de l'empire.

Pour contenir l'irritation de la population, je m'empressai de faire garder toutes les queues par d'anciens sergents de ville, rangés dans la catégorie des vétérans.

Il ne me fut pas difficile de prévoir qu'à la suite de nos nouveaux désastres, les comités révolutionnaires ne manqueraient pas de s'emparer de l'esprit parisien où tout est spontané : le mal comme le bien.

Mes vétérans, au nombre desquels se comptaient Bagasse et plusieurs de ses compagnons d'armes de Gravelotte et de Sedan, eurent pour mission de surveiller les queues et de me renseigner sur leur caractère ; en même temps, je recommandai bien à ces vétérans d'être aussi fermes que polis vis-à-vis du public dont ils avaient à prévenir et non à réprimer les écarts.

A cette époque, il ne fallait pas heurter l'esprit populaire ni irriter l'opinion des masses souveraines.

Je ne fut pas longtemps sans me convaincre que plus le général Trochu mettait de lenteur à organiser la défense, plus il perdait de popularité.

Le gouvernement était placé entre deux feux ; entre le parti bonapartiste qui ne pardonnait pas aux hommes du 4 septembre et le parti extrême qui en voulait autant aux tribuns de la nouvelle république, qu'aux officiers de l'empire groupés autour de la Défense nationale, aussi bien pour la défendre que pour la combattre !

On peut juger de la gravité de ma situation à la préfecture depuis le départ de M. Thiers de Paris et du comte de Kératry.

Quoique conservant encore ma position, elle était sourdement battue en brèche par mes anciens collègues restés fidèles au précédent régime, et par les républicains qui me considéraient toujours comme un bonapartiste.

En voyant s'élever de plus en plus les hommes des dernières recrues de la révolution, je voyais revenir à la préfecture les lieutenants de Blanqui, dont quelques-uns avaient juré ma mort.

Je voyais le danger, je le sentais.

Tourmenté par un secret pressentiment que je combattais souvent comme une lâcheté, l'idée me vint de m'exiler.

Pour éviter les représailles de ceux qui me faisaient un reproche de n'avoir écouté que mon amour pour l'ordre, mon dévouement à tous ceux qui se dévouaient à la patrie, je n'avais plus qu'un moyen à prendre : fuir comme l'on pouvait, fuir de Paris en ballon !

C'était à l'époque où Gambetta, de par la volonté du gouvernement de Paris, allait être dépêché à Tours afin d'organiser dans toute la France ce qui s'organisait dans la capitale, après l'entrevue de Ferrières, la guerre nationale, la guerre à outrance contre l'ennemi implacable.

Alors Gambetta se disposait à partir en ballon pour aller rejoindre à Tours ses collègues, Crémieux et Glais-Bizoin, respectables vieillards qui ne pouvaient supporter la lourde tâche que s'imposait le nouveau dictateur : l'invasion à repousser et la République à fonder !

Lorsque je me présentais à l'hôtel du ministre de l'intérieur pour faire part de ma résolution, j'appris que Gambetta se préparait déjà à partir.

Ne voulant pas, en cette circonstance, laisser une lettre compromettante au sujet de mon désir de le suivre, lettre qui aurait pu être mal interprétée par mes ennemis de la veille et par mes ennemis du lendemain, je résolus d'aller trouver personnellement le citoyen Gambetta.

Il était à Montmartre, suivi de son ami Laurier et de son éternel Pipe-en-Bois, pour accomplir sa dangereuse ascension au-dessus des lignes prussiennes.

Il était donc trop tard pour solliciter du ministre la faveur de l'accompagner.

Malgré l'époque exceptionnelle où l'on vivait, il n'était ni convenable ni respectueux de m'adresser à cette Excellence pour la suivre dans les airs au moment où elle se préparait à monter en nacelle !

Faisant contre fortune bon cœur, je ne voulus cependant pas perdre tout à fait ma journée.

Je me dirigeai vers les buttes Montmartre, sur la place Saint-Pierre, lorsque Nadar, redevenu l'aéronaute du *Géant*, faisait à son frère en politique l'honneur de son ballon, pour porter dans les nuages le nouveau sauveur.

J'arrivai juste quand Nadar, ce grand diable d'homme roux, vêtu comme un officier de marine, tirait la corde au puissant homme brun qui, de la nacelle, saluait toute la population.

Jamais plus grand enthousiasme n'accueillit un roi, un empereur que l'enthousiasme qui accompagna Gambetta, dont l'ascension était pour tout Paris la rédemption de son funeste passé.

L'homme qui ne craignait pas de s'élever dans les airs pour aller planer sur les légions ennemies, avant de les dépasser et de les combattre, était devenu pour le Parisien un être surhumain.

C'était plus que César, plus qu'un Dieu ! c'était la France entière attachée à la fortune de cet ardent patriote et de cet ardent républicain !

Je ne sais si cet avocat qui allait prendre à Tours un rôle de général, quand le général Trochu à Paris prenait un rôle d'avocat, je ne sais si Gambetta avait en lui la foi de ceux qui l'acclamaient ; mais ce que je sais, c'est que Nadar cria avec un élan inspiré :

« Lâchez tout ! »

Tout Paris frémit d'orgueil et d'ivresse !

En tous les cas, Gambetta avec Thiers ont été les deux hommes sur lesquels la France compta le plus pour la tirer de l'abîme.

Thiers par son bon sens, Gambetta par son énergie ; Thiers par son expérience, Gambetta par ses furieuses inconséquences, ont plus fait de mal à nos ennemis que nos armées impuissantes et mal organisées.

Thiers tenta le possible à l'étranger pour sauver la patrie ; Gambetta, en France, tenta l'impossible ; tous les deux furent bien près de réussir.

Ils auraient réussi si la nation, trop divisée, les eût suivis et si ces deux sauveurs n'eussent pas été aussi personnels que l'empire qu'ils combattaient tout en défendant la patrie !

J'avoue que dans le curieux et émouvant spectacle que m'offrit Gambetta en ballon, retenu par la corde de Nadar, j'oubliai mes craintes ; je ne songeai plus à l'objet de ma démarche.

Toute ma pensée se reporta sur les deux acteurs de cette scène de patriotisme que Nadar, le photographe, jouait en aéronaute, et que Gambetta, l'avocat, jouait en futur général d'armée.

Je songeai à ces deux hommes d'esprit dont l'un, depuis quinze ans, l'autre depuis trente ans, ne cessent de dominer la foule, par l'originalité du caracrère et par la fougue du tempérament.

Il y a des êtres prédestinés qui personnifieront toujours leur génération, parce qu'ils en sont pour ainsi dire la peinture et la synthèse.

Gambetta, c'est la parole qui se substitue à l'action, et qui ne donne que ce que peut donner la parole : des espérances. Nadar, c'est le caricaturiste, le photographe, l'aéronaute qui ne dépasse pas les limites de la fantaisiste et qui remplace l'action réfléchie, concentrée, par le mouvement sans but, par la force d'expansion sans moteur. Tous les deux sont ce que sont les originaux de notre époque, des effets et non des causes.

Gambetta est parti en ballon pour expulser les

Prussiens, et il n'a abouti qu'à se retirer, après la guerre, à Saint-Gratien ; Nadar, photographe, écrivain, aéronaute, a voulu aussi tout conquérir, jusqu'à l'air? et il est retombé comme Icare !

La France n'émeut aujourd'hui le monde que par la chute de ses ambitieux, qui tendent cependant à la relever et qui ne le peuvent, parce qu'il manque à la France ce qui fait les nations viriles : des penseurs qui ne sont remplacés que par des gens d'esprit !

Au moment où Nadar saluait de la main et de la casquette le nouveau sauveur qu'il lançait aux hasards des vents et de la tempête, je me rappelai l'aéronaute du *Géant* recevant jadis l'empereur au Champ-de-Mars.

A cette époque, Sa Majesté croyait se devoir à tous ceux qui faisaient parler d'eux sous son règne. Elle était allée voir l'intrépide aéronaute ; elle tenait à saluer Nadar avant son départ, quoiqu'il fût républicain.

Mais la camarilla de Nadar s'était tout à coup interposée entre lui et le souverain.

Ne pouvant défendre à l'aéronaute du *Géant* de recevoir Sa Majesté venant le visiter au Champ-de-Mars, la camarilla lui avait intimé l'ordre de ne qualifier l'empereur que du nom de *monsieur*. C'était pour lui l'occasion d'une nouvelle protestation, en remplaçant par le mot de monsieur celui de majesté octroyé à l'homme du 2 décembre.

Mais l'empereur était aussi un gouailleur à sa manière. Il apprend cette particularité par sa police.

Rien ne lui paraît plus original, plus piquant que

d'interpeller personnellement Nadar pour l'embar-
rasser.

Il désire savoir, en l'accablant de compliments
pour son héroïque initiative, comment il s'en tirera
entre la volonté inspirée par ses frères et son désir
de rester un homme bien élevé vis-à-vis de son souverain.

Au moment où Nadar va monter en ballon, l'empereur s'avance vers l'aéronaute ; Nadar comprend
le danger, il recule.

Les frères et amis du démocrate lui font de loin
des signes significatifs pour qu'il accueille Sa Majesté par le mot de : monsieur !

Nadar regarde d'un côté ses frères et amis, de
l'autre Sa Majesté qui s'avance.

Il recule et se tait toujours.

Il ne veut pas dire majesté, pour ne pas paraître
un renégat. Il ne veut pas dire monsieur, parce
qu'il est trop bien élevé pour insulter son hôte, sur
le théâtre de ses exploits.

Son embarras s'accroît à mesure que Sa Majesté,
qui lit dans sa pensée, s'avance toujours.

Nadar n'est pas impunément un homme d'esprit.

Lorsque l'empereur n'est qu'à quelques pas de lui,
en lui souriant sous son épaisse moustache, Nadar
n'hésite plus.

A force de reculer respectueusement devant Napoléon railleur, Nadar est acculé contre sa nacelle.
Il ne fait ni une ni deux, il saute dans la nacelle, y
plonge, puis disparaît dans le fond aux yeux de
l'empereur ébahi !

C'est Nadar qui a le dernier mot, en ne prononçant devant Sa Majesté, ni devant les républicains le mot *monsieur*, pas plus que le mot *majesté!* Et ce sont tous ses mystificateurs qui sont... mystifiés.

Cette anecdote, m'avait été contée autrefois par un de mes agents ; elle me revenait à l'esprit dans un moment autrement critique?

La présence de Nadar, en face d'un autre souverain de la démocratie, me l'avait remise en mémoire, malgré les événements qui changeaient terriblement le caractère du spirituel aéronaute.

Hélas! notre faiblesse humaine est ainsi faite ; dans les situations les plus solennelles de la vie, une idée burlesque vient traverser notre esprit et jeter comme un défi à notre volonté.

Pourquoi, dans le deuil de la patrie, pensai-je encore à cet épisode? Je ne puis le dire.

En tous les cas , cet épisode, comme la présence de Nadar devant Gambetta en ballon, changea toutes mes résolutions.

Je songeai que je n'avais pas, comme ce dictateur de motif plausible pour m'exiler de Paris. Je réfléchis que ma place, au contraire, était de rester à la préfecture, dans ce Paris menacé, qu'un membre du gouvernement n'abandonnait que pour voler à d'autres dangers !

Bref, je ne voulus pas partir en ballon, pour ne plus me faire honte à moi-même. Je revins à la préfecture, attendant à mon tour l'heure de l'expiation et du martyre. Elle devait bientôt sonner pour moi?

CHAPITRE IX

BRULÉE VIVE !

On comprendra mon vif désir de quitter Paris, après l'installation du gouvernement de septembre. Dès le départ de M. Thiers courant l'Europe à travers les cours étrangères pour mendier des alliés à la France, j'étais isolé, suspecté à la préfecture comme sous les derniers jours de l'empire.

Mes subordonnés, qui n'avaient pas été changés avec la transformation du gouvernement, étaient restés attachés à un pouvoir qui les avait faits ce qu'ils étaient. Tous me considéraient plus ou moins comme un rénégat, à mesure que les fidèles de l'empire se remettaient des coups que leur avait portés la révolution *pacifique* du 4 septembre.

Mes nouveaux chefs, d'un autre côté qui, depuis le départ du M. Thiers, avaient supprimé l'étiquette du gouvernement provisoire de la Défense pour la remplacer par l'étiquette républicaine ne me considéraient de leur côté que comme un bonapartiste déguisé.

Les amis de Blanqui, que j'étais parvenu d'abord à déloger, sous l'administration du comte de Kératry, ne se privèrent pas, sous l'administration de M. Edmond Adam, de me harceler et de me dépeindre sous les couleurs les plus défavorables.

Je commençais à ressentir, dans mon administration, les effets des rancunes et des sourdes menées du jeune parti de la révolution.

Ferré et Rigault venaient de nouveau me troubler.

Dans les convulsions de Paris, du 8 et 30 octobre, qui furent funestes à mes deux préfets, à Kératry comme à Edmond Adam, je me sentais de plus en plus visé par mes ennemis.

Sans la honte qui me retint, je serai parti en ballon au commencement d'octobre avec mon ancien ministre de l'intérieur, comme j'étais parti à la fin de l'empire, en effectuant mon voyage à Londres qui n'aboutit qu'à me faire connaître mes plus dangereux adversaires.

Si je ne me rendis pas à Tours, ce fut, je dois le dire, parce que mes devoirs parlèrent plus haut que mes appréhensions.

Plus le siège s'avançait, plus je courais de dangers. J'étais continuellement entre deux feux : entre la colère de mes subordonnés de l'ancien régime et le mépris des républicains qui, à la préfecture, me renvoyaient à mes anciens collègues me considérant comme un traître.

Après l'insurrection du 30 octobre causée par la reddition de Metz ; ce qui faillit renverser, à l'Hôtel de Ville, Trochu et son gouvernement pour leur substituer Blanqui et son comité, je n'étais plus sûr de moi.

Je me sentais de plus en plus faible et isolé, mes adversaires s'acharnaient à revenir à la charge, prêts à envahir mon poste et à m'y déloger.

Alors je pris un parti extrême, je me formai par l'appui de mes agents les plus dévoués une sorte de garde militante et protectrice ; j'en fis en quelque sorte mes janissaires.

Ils ne cessaient de m'entourer et de me suivre, ils ne me quittaient plus d'une semelle à tour de rôle.

C'étaient Bagasse, Requin, OEil-de-Lynx qui, de Forback à Metz, avaient protégé sous mes ordres les fourgons de l'empereur, puis plusieurs autres qui me connaissaient de longue date et qui avaient été avec moi à l'affaire de Panche à Faulquemont.

Le baptême du feu que nous avions tous reçu à Metz m'en avait fait des serviteurs très dévoués ; ils étaient tous décidés à vendre leur vie pour moi, sans se demander si je partageais leurs regrets pour l'empire.

Afin de consolider le renfort de cette garde personnelle qui m'était attachée comme les Olivier le Daim à Louis XI, je l'avais renforcée comme je l'ai dit de quelques agents, non moins courageux, non moins fidèles.

C'étaient aussi d'anciens militaires attachés précédemment au régiment de Vinoy et à l'armée de Mac-Mahon. Les uns comme les autres, grâce à leur métier à la préfecture, avaient rendu par leur sang-froid, par leur courage, par leur adresse, de grands services à l'état-major.

Les uns étaient parvenus à traverser les lignes prussiennes pour envoyer de l'armée du Rhin à l'armée de Metz des dépêches au maréchal Bazaine. Les autres avaient réussi à guider l'armée de Vinoy et à gagner Paris pour éviter la captivité qui les attendait à Sedan.

Avec de pareils hommes, je défiai tous les amis de Blanqui qui, depuis le 31 octobre, ne cessaient d'avoir les yeux fixés sur la préfecture comme sur l'Hôtel de Ville.

En dehors des services que ces agents soldats rendaient journellement à la sûreté, ces agents, loin de la préfecture, devenaient de vigilantes et redoutables recrues pour notre armée, lors de ses sorties trop rares contre les Prussiens.

Tous ces vieux soldats de l'empire mirent à profit la longue période d'attente et de préparation imposée par le gouvernement de Paris pour combiner la sortie de fin novembre, quand cette sortie ne pouvait plus donner, hélas, aucun résultat.

Ces vieux soldats ne cessaient, quand leur service ne les réclamait pas à la préfecture, de harceler par des escarmouches les Prussiens prenant trop facilement position devant les remparts.

Quelques-uns furent les compagnons d'armes du célèbre sergent Hoff. Celui-ci ne se doutait pas qu'il était si bien servi dans ses excursions contre l'ennemi, par des auxiliaires isolés dont la ruse était due à leur double métier de militaire et d'inspecteur.

« Accompagné d'un ou plusieurs soldats, disait, au mois de novembre, *le rapport militaire*, Hoff s'est approché à vingt pas d'une sentinelle prussienne, l'a tuée et a également tué un soldat ennemi accouru au secours de son camarade. Le sergent Hoff a déjà tué environ trente Prussiens et a reçu la croix de la Légion d'honneur, en raison de ses nombreux actes de conrage. »

Souvent Bagasse, Requin, quelques autres de mes fidèles, revenaient à la préfecture de leurs expéditions autour de Paris, après avoir tué sur place plus d'un Prussien à la façon de Hoff, à Petit-Bry et d'OEil de Lynx à Faulquemont.

A cette époque, il aurait été nécessaire que ces escarmouches eussent lieu partout à la fois pour entraver les travaux de l'ennemi.

Mais à l'Hôtel de Ville, aux Tuileries, le gouvernement militaire était aussi divisé que la préfecture était tiraillée par tout les maires de Paris.

Les généraux Vinoy et Ducrot n'avaient pas plus confiance aux soldats de la garde nationale, soldats de la *guerre à outrance*, que ces gardes nationaux n'avaient confiance en ces anciens officiers de l'empire.

Trochu lassait par ses hésitations, par son charlatanisme d'avocat en épaulettes, la patience des Parisiens. Les assiégés voulaient bien souffrir et mourir pour vaincre, ils ne voulaient pas être abusés dans leur inutile héroïsme. Leur courage méritait mieux que des gasconnades bretonnes !

Alors Paris était enveloppé par une ceinture de fer et de feu.

L'irritation des Parisiens égalait, par des explosions de colère contre son gouvernement trop timide, le déchaînement des obus !

En dehors comme au dedans c'était tonnerre contre tonnerre.

L'air de la capitale était surchargé pour ainsi dire de détonations et de poudre.

Les habitants de Paris qui ne pouvaient, par le peu de confiance de leurs chefs militaires, dépenser leur salpêtre pour pulvériser l'ennemi, se retournaient contre Trochu et son état-major qui avaient si peur de leur impatience !

L'excuse des émeutes des Parisiens sous le feu de l'ennemi, l'excuse de la Commune se trouve, je le répète, dans l'état d'irritation où les ont mis les chefs militaires pour n'avoir pas voulu de leur courage, pour avoir trop méconnu leur résignation, leur abnégation au service de la patrie !

Le 19 octobre, après la déroute de Châtillon, où les Parisiens se montrèrent sous le feu *aussi solides que les vieilles troupes*, après le combat de Bagneux où le brave Dampierre succomba en attendant du renfort qui ne venait jamais, le palais de Saint-Cloud brûlait !

Les obus du Mont-Valérien incendiaient le château qui servait d'observatoire à l'état-major ennemi.

En six heures de temps, les flammes passant à travers toutes les fenêtres du palais, éclairaient l'immense coteau boisé des rives de la Seine, elles consumaient le château.

Le palais de Saint-Cloud, la maison du frère du roi, sous les Bourbons, et d'où sortit le 18 brumaire, d'où sortit aussi la déclaration de la guerre contre la Prusse et d'où partit l'impératrice, au lendemain de Forbach, le palais de Saint-Cloud n'existait plus !

Le 14, le lendemain du combat de Châtillon et de l'incendie de Saint-Cloud, les Prussiens avaient perdu tant de monde qu'ils demandèrent un armistice pour enlever et enterrer leurs morts.

Durant ces combats désespérés, j'étais très inquiet.

Je savais que Mme X*** n'avait pas quitté Ville-d'Avray, lorsque que se livraient ces combats pleins de rage et de furie.

Hélas, je devais apprendre par Bagasse la terrible fin de cette folle qui, par son esprit, par son cynisme, par ses débauches, ne le cédait en rien à mon sénateur L***.

L'horrible fin de Mme X***, dans cette épouvantable guerre vaut celle de mon excentrique protecteur !

Elle devait aussi mourir comme elle avait vécu et être châtiée selon ses œuvres.

J'avais appris sa mort par Bagasse qui, au moment de l'incendie de Saint-Cloud, se battait comme un lion aux environs de Sèvres.

On peut en juger par cet épisode.

Bagasse, aux abords de Ville-d'Avray, remarque sur la route de Sèvres une excavation qui ressemble à une fosse.

Il s'y blottit avec quatre francs-tireurs pour

essayer de prendre une redoute prussienne qui protège Saint-Cloud et Ville d'Avray.

Une balle ennemie abat un franc-tireur à ses côtés, un second accourt pour prendre sa place, car la place est bonne.

Le second franc-tireur met le cadavre de son camarade, encore chaud, sur le bord du trou.

Il devient pour lui un rempart, il tire de nouveau comme à coup sûr sur la redoute ennemie ; mais le rempart humain n'est pas encore assez haut ; trente Allemands le visent à la fois. Il tombe sur le premier cadavre.

Cet abîme de sang a maintenant deux corps pour bastions ; il attire Bagasse et le reste de ses hommes.

Ils ne voient pas la mort, ils ne voient que l'avantage des deux corps qui protègent l'avant-poste d'où ils pourront tuer à leur tour leurs ennemis.

Mieux protégés par les deux cadavres qui les couvrent, Bagasse et les deux autres francs-tireurs restés debout tirent de nouveau et plus longtemps que ceux qui les ont précédés. Ils tirent tant qu'ils ne tombent pas !

Enfin Bagasse reste seul.

Il a pour redoute quatre cadavres qui le masquent complètement.

Abrité derrière cette barrière de morts, il tire, il tire toujours.

Il appuie son fusil sur les quatre cadavres qui l'abritent.

Il tire tant qu'il a des cartouches, tant que l'incendie d'une maison voisine, attenant au parc de

Sèvres ne menace pas de l'envelopper aussi de ses flammes.

Mais Bagasse n'eût pas manqué d'augmenter le nombre des cadavres formant cette redoute humaine, si les Allemands n'eussent été menacés, devant eux, par les balles de ces héros, derrière eux, par la maison voisine qui brûlait.

Quelle était cette maison ?

C'était précisément la maison de Mme X***. Elle avait espéré trouver dans sa propriété, au prix de la trahison, un refuge très efficace auprès de nos vainqueurs.

Et Bagasse, au prix de sa vie, d'après mes ordres, avait eu pour but, en s'avançant jusqu'à Saint-Cloud, de reconnaître et la position de l'ennemi et la position de Mme X***.

Ce fut lui qui, le premier, m'apprit, hélas ! à la suite de son acte de sublime énergie, le sort de ma plus vieille amie !

La nouvelle qu'il me rapporta était à la hauteur des horribles tableaux qui formaient le sinistre panorama de Paris assiégé. Son tableau intime valait le gigantesque et épouvantable cadre.

J'appris par Bagasse, le dernier survivant des cinq héros qui s'étaient les plus rapproché de la propriété de Mme X***, que sa maison n'était plus, ou du moins que ce n'était plus qu'une ruine calcinée comme le palais de Saint-Cloud.

Quant à Mme X***, je sus à l'armistice ce qu'elle était devenue par Bagasse qui revit les lieux où il avait laissé ses quatre compagnons, et qu'il enterra dans le parc à côté de leurs ennemis.

Voici ce que devint Mme X*** qui, un mois auparavant, me quittait, pleine de confiance dans l'appui des Prussiens pour venger l'empire contre ses adversaires du 4 septembre.

Mme X*** expira dans les flammes de sa maison.

Ceux qui y mirent le feu furent précisément les Allemands qu'elle servait contre la France !

Au moment où brûlait le palais de Saint-Cloud, dont l'incendie avait été commencé par les obus du général Trochu, les officiers d'état-major du prince Hohenzollern s'étaient empressés de quitter ce palais devenu leur observatoire.

Ils étaient allés demander un refuge à Mme X***, une des plus riches propriétaires des environs, dont ils croyaient être sûrs.

C'était une bonapartiste enragée. Depuis la captivité de Napoléon III, elle ne cessait, comme tous les bonapartistes, dans le genre de Bazaine, de se bercer de chimères en pensant que les Prussiens, en haine de la République, travailleraient avec eux à la restauration bonapartiste.

L'état-major du prince avait l'oreille de Bismark pour entretenir cette illusion divisant encore ses ennemis. Il n'hésita pas, dès l'incendie de Saint-Cloud, à aller demander l'hospitalité à celle dont il caressait les coupables illusions !

Mme X***, toute fière de donner l'hospitalité à des gentilshommes prussiens, s'empressa d'offrir à ses amis, nos ennemis, un splendide souper au moment où Saint-Cloud brûlait, où Paris mourait de faim et succombait sous les obus !

Mme X*** fut bien punie de son odieuse pensée, de

son crime de lèse-patrie et de lèse-humanité !

On n'ignore pas que Mme X*** avait précisément pour sœur en police, et en police prussienne, sa dangereuse rivale, Mme C***, que j'avais rencontrée à Forbach.

Mme C*** ne pardonnait pas à Mme X*** la mort de son colonel prussien.

Pour le malheur de Mme X***, Mme C*** était revenue à Ville-d'Avray, dans sa propriété voisine de sa mortelle ennemie, dès que les Prussiens s'étaient rapprochés de Paris !

Elle aussi, à Ville-d'Avray, servait les Prussiens dans le but d'une restauration napoléonienne !

Rivale haineuse de Mme X*** qui lui avait tué son beau colonel, elle attendait également une occasion de se venger d'elle d'une façon implacable.

Elle la saisit lors de l'incendie de Saint-Cloud.

Elle raconta à un officier du prince Hohenzollern qui avait connu son colonel, le rôle qu'avait joué vis-à-vis de lui, dans son dernier souper, sa meurtrière, Mme X***.

L'officier étranger, qui se méfiait de tout ce qui n'était pas de sa patrie, dit à la belle Mme C***, possédant cependant sa confiance illimitée :

— Alors si Mme X*** est restée notre ennemie, il devient très imprudent à nous d'accepter son souper ?

— N'en doutez pas, s'empressa de répondre Mme C***, et si vous connaissez notre théâtre et notre littérature, vous risquez fort d'y jouer le rôle des convives de la duchesse de Ferrare, dans la pièce de *Lucrèce Borgia*.

— Parfait ! s'écria le hobereau avec un rire atroce. Et pour ne pas avoir le sort du colonel ni des convives de Ferrare, nous vengerons mon compatriote en rendant à son empoisonneuse le dernier festin qu'elle lui a si généreusement offert.

L'Allemand tint parole.

Dans le grand tableau plein d'horreur qui se passa devant Saint-Cloud, cette scène intime et atroce, inspirée par la vengeance d'une femme, passa inaperçue.

Voici pourtant ce qui eut lieu, ce que j'ai recueilli par Bagasse et les rares habitants logeant encore, lors du siège, aux environs de Ville-d'Avray, saccagé comme Sèvres et Saint-Cloud.

Sur la fin du repas offert à l'état major prussien par Mme X***, lorsque la flamme était la plus intense au palais, les convives, avertis par l'amant de Mme C***, portèrent, un verre de champagne à la main, un toast à la destruction du palais de Saint-Claud d'où était sortie la déclaration de guerre de Napoléon III à la Prusse.

Ils burent ensuite à la destruction de Paris, en jurant de n'y laisser pas plus de vestiges que les Parisiens n'en avaient laissé à Saint-Cloud.

Ils voulurent obliger Mme X*** à trinquer avec eux, et à répéter le même toast.

Cette fois elle s'y refusa, en sa qualité de Parisienne et de Française.

Elle voulait bien pactiser avec l'Allemagne au profit de son empereur ; elle ne voulait à aucun prix, disait-elle, « la destruction de la capitale, elle une de ses filles! Elle ne voulait pas insulter la mère patrie comme l'insultaient ses vainqueurs! »

C'était là où l'attendaient les Prussiens, pour déguiser, en dignes élèves de Bismark, le but de leur vengeance contre Mme X*** qui, autrefois, avait tué un des leurs!

Ils firent aussitôt venir des soldats armés de torches et qui, à Saint-Cloud, avaient activé, pour le compte de la Prusse, la besogne des obus français.

Pendant que les hobereaux achevaient de boire le champagne, ils ordonnèrent à leurs soldats de mettre le feu à la maison de Mme X*** puis de la brûler avec elle.

Mme X*** poussa un cri d'horreur!

Elle parut d'autant plus frappée de cette sentence inattendue et cruelle, qu'elle se rappela l'arrêt qu'elle avait dicté de la même façon, devant l'un des compatriotes de ces nobles et rancuniers étrangers.

A peine la sentence prononcée, les convives disparurent.

Il ne resta autour **de la** maison que les soldats allemands armés de torches.

En moins de quelques secondes, les soldats s'effacèrent à leur tour derrière un vaste rideau de flammes.

Il se rapprocha de plus en plus de la malheureuse victime!

Ce foyer d'incendie n'était cependant qu'une étincelle à côté de la fournaise qui flamboyait sur l'immense plateau du palais!

Mais cette étincelle-là dévorait toute une existence

Pendant que les flammes pénétraient dans les di-
verses pièces de la maison de Mme X***, elle courait,
elle courait éperdue, affolée, pour éviter les lan-
gues de feu qui la léchaient de toute part.

Et Bagasse était là, à deux pas, séparé par une
redoute prussienne, placée en face ed sa redoute humaine !

Il visait les mêmes Prussiens qui, après avoir mis
le feu à la propriété de Mme X***, tuaient à bout
portant les francs-tireurs dont les cadavres servaient de rempart à Bagasse.

Voilà les horreurs de la guerre !

Ces hasards sanglants, qu'elle provoque par ses
hideuses et infernales péripéties, dépasseront toujours l'imagination des romanciers.

Honte aux conquérants ! honte à la guerre !

Il fallut la guerre d'Allemagne pour que Mme X***
trouvât un châtiment à la hauteur de ses crimi-
nelles excentricités.

Pendant qu'elle succombait dans les flammes, un
de mes agents était dépêché par moi auprès d'elle
pour la secourir. Mais elle ne pût se douter du secours infructueux qui lui arrivait en laissant quatre
cadavres devant elle, cadavres qu'on ne put retrouver plus tard sous les décombres de sa maison
incendiée !

Après la guerre, on respecta longtemps, à l'entrée
du parc, le cimetière des Allemands et des Français
morts dans la soirée du 13 octobre, au moment de

l'incendie de la maison de Mme X***, une morte restée inconnue!

Je suis allé souvent à cette place. J'ai prié bien
souvent autour de ce cimetière improvisé où étaient
entassés pêle-mêle Mme X***, des soldats français et
allemands, amis et ennemis, tous dignes de pitié
dans cette hécatombe due encore à l'ineptie de l'empire!

CHAPITRE X

Je n'ai pas à écrire l'histoire du siège de Paris. Je n'ai tout au plus qu'à apporter dans ma modeste sphère que quelques matériaux de plus à l'histoire de 1870-1871.

En cette terrible année, le chancelier de fer a été plus funeste à la France, en entretenant nos divisions intestines, que les canons de de Moltke, qui faisaient tomber une à une nos places fortes.

L'espionnage fut pratiqué, dans la campagne de France, par la chancellerie allemande, avec un art implacable. Par ses ruses diplomatiques, la ville de Metz resta paralysée dans sa défense. Le maréchal Bazaine, leurré dans sa coupable ambition, fut forcé, après avoir été joué par son ennemi, de livrer toute son armée à la Prusse.

Le chancelier usa du même procédé dans sa façon de leurrer les Parisiens qui voulaient la guerre à outrance et ses chefs qui n'avaient qu'une foi très médiocre dans l'ardeur et le patriotisme de leurs soldats improvisés.

Pendant que Bismark flattait Bazaine dans ses projets de régence et de restauration bonapartiste, il faisait sortir de Metz un brave général ; il le renvoyait à l'impératrice par une mystification burlesque, et parce qu'il avait peur de ce général bien plus Français qu'impérialiste.

Et Bismark jouait avec une égale astuce Paris affolé, bloqué et mourant de faim, en le laissant, comme il le disait lui-même, *cuire dans son jus !*

Par des démocrates suspects, le chancelier entretenait dans la capitale, retranchée du reste de la France, une défiance, éclatant plus tard en furie, entre le comité de la garde nationale et l'état-major du gouverneur de Paris.

Il faut avouer que Bismark eut en Bazaine, comme en Jules Favre et dans le général Trochu, des adversaires bien peu dangereux, le premier par sa naïve ambition, les seconds par leur complète ignorance en diplomatie !

Il n'y eut qu'un homme qui, par son bon sens, par son tact, pût lutter avec le génie du chancelier : M. Thiers, qui ne commit pas la faute de souffler la guerre et qui, pourtant, mit tous ses efforts à la faire cesser.

Malgré les justes griefs que les partis peuvent avoir contre M. Thiers, il n'a pas moins donné, en 1871, au service de la patrie l'expérience de sa verte vieillesse, pour réparer des torts que cette fois il n'avait pas commis !

Pour ma part, dans une plus modeste sphère, j'eus à subir toutes les tortures physiques et morales du siège.

Sans ma police armée qui me protégeait dans la préfecture même, je ne sais si j'aurais attendu la Commune pour devenir la victime des amis de Blanqui.

Par trois fois, je fus sur le point d'être leur prisonnier, lorsque, par trois fois, l'Hôtel de Ville fut inquiété par les soldats de Flourens.

Et ces assauts, surtout après la capitulation, finirent par amoindrir tout à fait le gouvernement. On peut en juger par les changements de préfet qui eurent lieu après chaque émeute provoquée par les futurs chefs de la Commune.

Après Kératry, après Edmond Adam, j'eus pour préfet M. Cresson.

A mesure que la population de Paris se montrait hostile au gouvernement qui lui avait tant fait de promesses démenties par les événements, tous mes préfets furent de plus en plus en butte à l'insurrection.

Non seulement, à l'époque de la capitulation, le gouvernement n'agissait plus contre ceux qui lui étaient dénoncés par le préfet de police, mais souvent il intervenait pour les faire mettre en liberté.

Voici ce qu'écrivait M. Cresson, démissionnaire en mars 1870, à la commission d'enquête au sujet du triomphe de la Commune :

« J'ai toujours été en face d'une conspiration qui s'étalait publiquement dans les clubs, tout haut. Cette conspiration avait son programme et ses membres. Tous étaient chefs. Elle se subdivisait en plusieurs comités qui se réunissaient, délibéraient et nommaient des chefs qui se consultaient entre eux. »

Le 22 janvier, après la déroute de Buzenval, où, par un espion prussien, la capitale connut enfin les horreurs de sa situation et vit trop clair dans l'écroulement de ses espérances, la capitale ne s'appartint plus. Elle appartint à ceux qui lui démontraient jusqu'à l'évidence les fautes, les incuries, les faiblesses de ses chefs militaires.

Le peuple, encore ivre du besoin de combattre, ne se posséda plus de honte et de rage lorsque le général Trochu, qui avait dit que *le gouverneur de Paris ne capitulerait jamais*, passa son commandement au général Vinoy pour *capituler pour lui !*

Alors la population se jeta dans le parti extrême de la révolution, parce que, comme l'empire, le gouvernement militaire avait désespéré de la défense du peuple de Paris en taxant de *folie* ce qui n'était que du *devoir !*

A l'armistice qui prépara les élections des députés de Bordeaux, Paris vota contre son gouvernement, quand la province vota contre la continuation de la guerre. Paris donna ainsi une nouvelle force au comité révolutionnaire.

Dès le traité de paix qui cédait cinq milliards et deux provinces à la Prusse, traité signé par le même ministre qui avait dit que la France ne céderait pas *un pouce de son territoire*, pas *une pierre de ses édifices*, la ville de Paris n'hésita pas à se séparer de la province. Elle avait assez de mensonges !

Les députés de Paris donnèrent leur démission ; la garde nationale se laissa gouverner par un comité central. Il dirigea toute la population.

Ce grand comité était composé des comités de vigilance des vingt arrondissements de Paris. Une affiche était apposée sur les murs de la capitale ; elle demandait la mise en accusation du gouvernement de la Défense nationale. Elle était signée : *Le président, Raoul Rigault!*

Lorsque je lus cette affiche sur les murs de Paris, lorsque j'y vis le nom d'un de mes plus implacables ennemis, je crus y lire ma sentence de mort !

Il n'y avait plus à en douter, l'homme ou plutôt les hommes contre lesquels l'empire et le gouvernement de la Défense avaient été obligés de sévir, demandaient à leur tour la mise en accusation de leurs juges ; et moi, humble et militant serviteur de la magistrature, je n'étais plus, pour le comité Blanqui, qu'un gibier de potence.

La prophétie de Londres s'accomplissait ; mes prophètes allaient devenir mes bourreaux !

Mais je n'avais pas besoin de cette affiche pour savoir, à la préfecture, que le pouvoir du comité Blanqui grandissait de jour en jour, en devenant aussi l'état-major de l'Internationale.

Cette dernière association, à l'enterrement de Victor Noir, n'avait pas eu le temps de s'organiser ; maintenant elle était prête.

De plus, elle était armée jusqu'aux dents, par la faute de Jules Favre que l'adroit Bismark lui avait encore fait commettre, en désarmant l'armée et en laissant des armes à ceux qui n'avaient pu, par rancune de leurs chefs, les employer contre les Prussiens !

Non seulement le comité Blanqui fit garder ses armes à la population, mais il s'organisa en comité de surveillance pour reprendre les canons qui n'avaient pas servi contre l'ennemi, et qui allaient servir contre l'armée prisonnière des Allemands revenant défendre Versailles contre Paris !

C'était un nouveau tour du chancelier.

Il savait, tout aussi bien que notre police, ce qui se passait dans la population parisienne, et la Prusse tenait à se venger du long siège de Paris qui venait de relever la France aux yeux de l'Europe.

Le monde, en effet, était émerveillé de tant d'héroïsme de la part de la capitale, devenue Sparte dans le malheur, elle qui avait été Babylone et Sodome au temps des orgies impériales !

La sympathie européenne qui revenait à la France meurtrie, à Paris vaincu par la faim, non par les armes, ne faisait pas le compte de la politique prussienne.

La Prusse ne fut pas assez satisfaite de l'avoir bombardée à la dernière heure, quand la famine et la peste décimaient encore sa population.

Elle voulait, par les effets de son infernale politique, qu'elle se bombardât elle-même, elle voulait que la mère patrie, qui n'avait pu conduire tous ses enfants au feu, se déchirât d'elle-même pour ne plus mériter, aux yeux de l'univers, la pitié accordée aux vaincus !

Dès le commencement de la guerre, et les rapports de mes inspecteurs en font foi, les comités internationalistes, *au nom de la République sociale et universelle*, eurent pour principaux membres des espions allemands. Ils ne cessèrent, au nom d'une fausse fraternité, de pousser Paris à la guerre civile.

Blanqui, lui-même, s'en plaignit à la manifestation de la population parisienne lors de l'enterrement de Victor Noir.

Ce sont les mêmes espions, dont les noms étaient déguisés par des chiffres et des lettres convenus, qui ont formé en 1871, avec un comité bonapartiste dont le président était parent d'un familier de l'empire, le noyau de l'état-major de l'Internationale !

Si Blanqui eût pu, à cette époque, être délivré de sa prison comme le fut Flourens à Mazas, le vieux tribun eût épuré son comité qui devenait la tête du mouvement communaliste avec un Raoul Rigault !

Quant à moi, je savais ce qu'il me restait à faire, dès que les portes de Paris étaient ouvertes, dès que le siège finissait pour entrer dans une nouvelle période révolutionnaire, je n'avais qu'à abandonner la capitale.

Si, à cette occasion, je n'eus pas la chance d'éviter ceux qui en voulaient à ma liberté et à ma vie, je dois ce malheur à mon patriotisme et à mon respect de la hiérarchie.

J'étais chargé du ravitaillement de Paris. Je présidais, aux Halles, à la distribution des denrées qui venaient de Boulogne-sur-Mer.

C'était toute une organisation à régler pour la distribution de cette manne universelle tombant des mains de l'Angleterre dans celles de nos malheureux Parisiens.

J'étais encore enchaîné par devoir, par humanité, à la préfecture, au moment où j'y étais menacé par mes plus implacables ennemis, les maîtres de Paris armé.

Il fallait voir comme, à cette époque, ce Paris-là était fiévreux, colère, humilié de la défaite et de la reddition.

Il s'en consolait tumultueusement sur les places publiques; à la colonne de Juillet, dont il faisait le tour, bannières flottantes, et à la statue de la ville de Strasbourg, recouvertes d'un voile de deuil et d'immenses couronnes d'immortelles.

J'avais l'occasion, à cette époque, de me rendre souvent sur la place de la Bastille.

Le 24 février, au moment de prendre le chemin de fer, qui venait d'être rétabli, pour me rendre à Saint-Mandé où j'avais une modeste propriété, bien dévastée par la guerre, j'eus l'occasion d'assister à la manifestation d'une de ces funèbres cérémonies.

A l'occasion de l'anniversaire du 24 février, bien oublié autrefois, l'Internationale avait imaginé une fête en l'honneur de la liberté. C'était pour elle une occasion de s'affirmer, de jeter un défi aux députés de la province et aux signataires du traité de paix ratifié à Versailles.

Bataillons de la garde nationale, délégations des clubs, comités de l'Internationale et de toutes les sociétés ouvrières, défilaient devant la colonne en jouant la *Marseillaise*. Des tambours, la caisse couverte d'un crêpe, faisaient le tour du monument; des orateurs, à barbe blanche, jetaient à la foule irritée, aigrie et déçue, des paroles enflammées qui achevaient de l'enivrer de fureur!

Pressé pour arriver à mon chemin de fer, je n'avais nulle envie de me mêler à la multitude, ni de suivre les légions pavoisées qui s'exaltaient aux paroles des orateurs désignant d'un air menaçant l'immense drapeau noir du piédestal de la colonne, ornée à son faîte de nombreux drapeaux rouges.

Cependant je fus arrêté moins par la multitude innombrable massée sur la place que par un individu à barbe rouge. Il paraissait noter sur un carnet les numéros des bataillons qui défilaient devant la colonne.

Il me fut facile de deviner, à l'air raide et à la figure fausse, aux yeux bleus et aux cheveux roux de l'individu, que cet homme était un espion allemand.

Sans aucun doute, lorsque, à quelques kilomètres plus loin, les Prussiens fêtaient nos désastres, cet ennemi venait jouir de nos douleurs en considérant comme un grief les manifestations de la patrie en deuil.

N'écoutant que mon patriotisme, sans en peser les conséquences, j'ordonnai à un de mes agents qui m'avaient accompagné, de signaler à la foule l'étranger au calepin, descendu dans Paris pour le trahir.

Sans plus m'inquiéter de ce qu'il arriverait de ma dénonciation, je regagnai le chemin de fer dont le train allait partir au moment où je me présentai au bureau.

Hélas! les journaux devaient m'apprendre ce qu'il

était advenu de mon mouvement provoqué par mon patriotisme.

Lorsque mon agent désigna à la foule l'homme au calepin, en criant : « C'est un Prussien ! » la voix d'un citoyen qui reconnaissait mon agent lui répondit en le signalant à son tour :

— Et vous, vous êtes un sergent de ville déguisé !

Alors, au remous épouvantable des vagues humaines, le Prussien disparut. On ne vit plus que des têtes et des bras menaçants.

Et la multitude, qui n'était plus qu'en présence de son dénonciateur, cria de toutes parts, pour satisfaire ses instincts de fauve :

— A l'eau ! à l'eau le sergent de ville ! Ne le conduisez pas au poste, c'est trop bon pour lui ! A l'eau ! à l'eau !

Cependant quelques baïonnettes cernèrent le malheux qui ne s'attendait pas, pour avoir écouté mes instincts patriotiques, à les payer de sa vie.

Protégé par les baïonnettes bien pensantes, mon agent put encore parvenir au poste du canal.

Mais la foule, exaltée par les orateurs du club de la colonne, se rua comme une avalanche contre lui du côté où on l'avait emmené. Des cris sauvages, comme en font entendre les cannibales ou les oiseaux de proie, retentirent.

Ils demandèrent avec furie le sergent de ville, répétant toujours :

— A l'eau ! à l'eau !

Des forcenés entrèrent dans le poste pour arracher des mains, de ses protecteurs armés, le malheureux agent !

Des bras l'enlevèrent, sans pitié pour ses cris.

Ils le portèrent vers la Seine. Les deux parapets étaient bordés de peuple, et des femmes, des enfants suivaient la victime traînée sur la berge!

Femmes et enfants criaient à la foule impatiente d'assister à ce spectacle :

— Il ne l'a pas volé! A l'eau! à l'eau!

La place de la Bastille comptait près de vingt mille personnes ; quelques centaines d'individus s'acharnaient seulement à la mort de l'agent, les autres laissaient faire.

Les soldats qui avaient appréhendé au collet la victime, en faisant mine d'abord de vouloir exécuter la sentence populaire, tentèrent bien de le sauver.

Quelques-uns dirent dans cette intention à la foule :

« — Voulez-vous que nous le ramenions au poste, voulez-vous que nous lui brûlions la cervelle avec son revolver ?

Les soldats savaient que le poste conduisait à un souterrain donnant sur la berge. Ils espéraient le faire partir à la nuit par ce souterrain.

La foule répondit comme si elle eût connu la pensée de ces généreux soldats :

— Non, non, à l'eau !

Et la multitude arracha des mains de la troupe l'homme qu'elle garrotta. Elle lui lia les bras et les jambes et le lança dans la Seine.

Le courant emporta le corps.

La foule, du parapet, lui lança des pierres.

Un bateau omnibus passa, un des pilotes voulut

sauver la victime qui se noyait, le corps encore meurtri par les pierres lancées de la berge.

La foule menaça à son tour les pilotes du bateau.

L'agonie de l'agent qui se noyait en recevant des coups de pierre, dura deux heures. Le corps ne fut pas retrouvé ?

J'appris à Saint-Mandé cette horrible et épouvantable catastrophe, j'en informai le gouvernement.

M. Thiers était alors à Versailles avec Jules Favre et E. Picard, où ils avaient traités avec M. de Bismarck. Ce triste événement suivit celui de l'inauguration du drapeau rouge sur la colonne de Juillet.

Il acheva de signaler aux chefs du gouvernement l'opinion publique tournée contre les hommes du pacte de Bordeaux. Ils commencèrent à avoir peur comme moi de la fièvre de Paris, fièvre qui, à l'affaire des canons de Montmartre, dégénéra en chaud mal !

Alors je reçus un avis secret de M. Thiers qui, on se le rappelle, avant de quitter Paris, sous le siège, m'avait recommandé de ne rien lui cacher des événements qui se passeraient sous le gouvernement de la Défense.

Ce nouvel avis était de ne m'éloigner qu'au dernier moment de la préfecture pour préparer, en cas d'une révolution prochaine, la retraite à Versailles de tous les commissaires et officiers de paix de Paris.

Quoique M. Thiers, dans un but de conciliation, entre les partis, but politique et personnel de sa part, prétendit que l'ordre ne cessait de régner à Paris, il lui était indispensable de savoir ce qui s'y passait pour contenir ou combattre l'insurrection.

Je devais rester à mon poste jusqu'à nouvel ordre du président du conseil et du futur chef du pouvoir exécutif.

Il peut paraître extraordinaire qu'un simple chef de la sûreté eût des pouvoirs aussi étendus et si en dehors de la hiérarchie administrative.

Il faut tenir compte du temps de trouble où vivait la France, de la position exceptionnelle qu'occupait l'homme éminent qui devenait le personnage le plus important de la situation.

A cette époque, mon nouveau préfet de police, qui recevait mes communications pour M. Thiers, était le général Valentin ; c'était l'homme qui revenait de la Prusse après avoir pu un instant occuper son poste de préfet à Strasbourg, par la protection de mes agents soldats contre les balles françaises et prussiennes.

Si je n'avais plus que des ennemis à Paris, à Versailles je ne comptais que des protecteurs et des amis !

Hélas, trop fidèle à la consigne qu'ils m'avaient donnée, je ne devais les revoir, que lors de l'expiration de la Commune.

Ce fut le 18 mars que M. Thiers, en revenant de Bordeaux, sans avoir eu le temps de se réinstaller à Paris, manda le général Valentin à Versailles pour lui confier la préfecture de police.

En abandonnant Bordeaux pour transporter, après le traité de paix, l'assemblée nationale à Versailles, le nouveau président du pouvoir exécutif n'avait pris avec ses ministres qu'un pied-à-terre dans le chef-lieu de Seine-et-Oise.

Il n'avait eu qu'un objectif : Paris.

Cet infatigable vieillard qui venait de parcourir l'Europe pour sauver la France dévorée par l'aigle prussien, ne la voyait sortir de ses serres que pour la voir encore s'entre-dévorer.

Après l'inutile tentative du général Vinoy pour reprendre les canons de Montmartre, M. Thiers s'était écrié en prenant une voiture et en y laissant monter ses collègues MM. Ernest Picard et Barthélemy Saint-Hilaire :

— Notre devoir est de nous retirer, messieurs, il s'agit de sauver la France, il ne s'agit plus de nous.

Je crois qu'en prononçant ses paroles et en prenant cette initiative, M. Thiers obéissait à un plan dont mes notes quotidiennes lui avaient peut-être suggéré l'idée.

L'affaire des canons de Montmartre qui amena la tragédie sanglante de la rue des Rosiers, où périrent le général Clément Thomas et le général Lecomte, n'était-il pas un horrible pendant à la noyade de mon agent, trois semaines auparavant ?

En prenant à Versailles le général Valentin pour préfet de police, le choix de M. Thiers n'indiquait-il pas qu'il voulait lutter par les armes contre l'armée communaliste, dût-il, dans cette nouvelle lutte, faire recommencer un second siège à Paris insurgé !

Trop politique cependant pour s'en ouvrir à ce sujet parce qu'il savait que la majorité de la nouvelle Chambre était très montée contre les Parisiens révoltés, parce qu'il redoutait autant les conséquences du pacte de Bordeaux que le triomphe de la Commune, M. Thiers avec M. E. Picard partait d'abord, sans prévenir ses autres ministres. Il envoyait à l'amiral Saisset, le nouveau commandant de la garde nationale, des encouragements pour faire garder une attitude défensive à la garde nationale de l'*ordre* contre l'insurrection. Mais l'amiral Saisset perdit la tête, en apprenant la double mort de Clément Thomas, son prédécesseur, et du général Lecomte.

Paris, dès le 18 mars, appartenait à la Commune. Sa surprise remplaçait la surprise du 4 septembre.

Et la capitale était à bout de sacrifices et de longanimité. Le temps n'était plus aux manifestations pacifiques. Celle qui se produisit à la rue de la Paix, le 22 mars, fut reçue à coups de chassepots. La capitale ne pardonnait plus à ceux qui avaient fait entrer les Prussiens autour de l'Arc-de-Triomphe.

De leur côté, nos généraux humiliés de leur captivité, avaient besoin de reporter sur l'insurrection naissante la colère qu'ils éprouvaient d'être vaincus par l'étranger et suspectés par la garde nationale qui leur tuait un des leurs, le général Lecomte.

La révolution, après la guerre, entrait dans une nouvelle phase. C'était le second acte du 4 septembre ; si le sang ne coula pas au prologue, il coula à flots durant la pièce et surtout au dernier acte, dans la semaine de mai !

Aussi fallait-il voir comme les généraux arrivaient en foule, par troupes, pour se grouper autour de

M. Thiers représentant le gouvernement personnel de la république de Versailles.

Pour ma part ce fut le cœur attristé, l'âme désespérée que je reçus une invite, le soir du 18 mars, pour aller reconnaître mon nouveau préfet, M. Valentin.

Lorsque j'arrivai à Versailles, il était déjà venu beaucoup de gens de tous les côtés de la France. Ils allaient tous se mettre à la disposition du gouvernement *légal*, les uns étaient les partisans de l'empire qui tenaient à se venger du 4 septembre sur la Commune ; les autres, le plus grand nombre étaient des officiers rapatriés qui, comme leurs adversaires de Paris, ne demandaient qu'à reprendre la guerre au point où elle avait si mal commencé, dût-elle s'exercer contre des compatriotes.

L'élément civil y était aussi fourni que l'élément militaire. Il se composait de tous les fugitifs que le siège n'avait pu éloigner de Paris, et que les approches d'une révolution terrible avaient arrachés aux boulevards.

Je puis dire que le soir du 18 mars, je retrouvai le tout Paris à Versailles. Il se promenait dans la rue des Réservoirs et dans la rue Saint-Pierre où s'étaient réfugiés le nouveau chef de l'Etat, ses ministres et leurs fonctionnaires.

M. Thiers, en me voyant dans une circonstance aussi critique, ne me dit qu'un mot, mot éloquent car il avait rapport à tout ce que je lui avais conté sur le siège. Il me dit :

— Merci !

Puis il s'adressa au général Valentin à qui il parla bas, avant de se retirer dans son cabinet.

Mon nouveau préfet me reçut d'une façon cordiale ; il ajouta de la part du chef de l'Etat :

— Retournez à Paris, monsieur Claude, nous avons encore besoin de vos renseignements, là-bas. N'y restez pas longtemps, c'est prudent ! Attendez-vous à ce que je vous rappelle avec les derniers fonctionnaires de la préfecture. N'envoyez rien de Paris, voyez, notez toujours avant qu'on vous rappelle à Versailles.

Je saluai mon nouveau préfet. Je partis pour Paris que je ne devais pas quitter, hélas ! malgré la volonté de mes supérieurs.

Avant de retourner à Paris, je voulus passer par Ville-d'Avray.

J'avais un devoir pieux à remplir, je voulais revoir l'endroit où la malheureuse Mme X*** avait succombé sous les ruines fumantes de sa maison, lorsqu'elle était devenue la victime de Mme C***, instrument vengeur de sa dernière et criminelle folie. Je voulais revoir aussi la place où quatre braves soldats, héros sublimes comme Bagasse, avaient succombé pour la patrie.

Ville-d'Avray, comme tous les environs de Paris, était dans le plus misérable état.

Partout des ruines, partout des tombes, partout des terrains noirs et calcinés que les pousses naissantes du printemps recouvraient à peine ! C'était l'image de ruines moins sinistres, moins innombrables qu'à Saint-Cloud ; mais comme à Saint-Cloud, Ville-d'Avray, avec les tombes provisoires où étaient enterrés Allemands et Français, offrait l'image d'une nécropole dévorée par l'incendie.

A côté de ces tombes, je voyais des artilleurs français occupés à relever de gros arbres abattus qui s'étendaient en travers des routes ! C'étaient nos nouveaux prisonniers rendus par l'Allemagne ; ils étaient hâves, blêmes ; ils avaient des uniformes en haillons ; ils revenaient après avoir essuyé le feu de Forbach et de Sedan, pour affronter le feu de leurs concitoyens, dans une lutte plus fratricide encore !

Je fuyai ce lugubre tableau.

En descendant du parc, j'entrevis dans une allée aboutissant au chemin de fer, une jeune femme pimpante et coquette. Elle parlait en minaudant à un officier, bien moins pimpant qu'elle, un revenant d'Allemagne !

Je m'arrêtai court ; je poussai une exclamation de rage et de douleur en reconnaissant cette femme.

A ma voix, elle s'enfuit en entraînant son officier dans un sentier tortueux et profond !

Elle avait reconnu ma voix comme j'avais reconnu son visage ; c'était mon espionne de Forbach, c'était la meurtrière de Mme X***.

Le cœur rempli de deuil, je repris la route de Paris, en proie à un épouvantable pressentiment que je mis sur le compte de l'apparition de cette femme fatale.

En arrivant à Paris, je vis la gare de Versailles gardée à la fois par la garde nationale de l'ordre et par des fédérés.

Je remarquai à un guichet cet avis qui me fit froid ; cet avis disait :

« Ici, l'on entre, on ne sort pas! »

J'entrai dans Paris, le deuil dans l'âme ; il me semblait en pénétrant dans la capitale que j'entrai dans un tombeau.

Involontairement je pensais à Raoul Rigault et à Ferré, j'étais selon moi, dans une prison. Hélas! je ne me trompais pas.

CHAPITRE XI

LA COMMUNE

Lorsque je pénétrai dans Paris, je fus frappé du spectacle nouveau opéré par le transvasement d'un grand nombre de ses habitants à Versailles.

Depuis le départ de M. Thiers et de son gouvernement, le vide se faisait de plus en plus dans les quartiers riches de la capitale ; pendant que tous les trains partant de Paris étaient encombrés, le peuple descendait de Montmartre où il avait établi son arsenal en le marquant du sang de deux généraux du siège.

De tous les coins de Paris, les fédérés ramenaient triomphalement, en chantant la *Marseillaise* et aux cris de : *Mort aux traîtres!* les pièces de canon que le général Vinoy n'avait pu reprendre.

On battait la générale dans les faubourgs, le canon commençait à gronder, des barricades s'élevaient, les fédérés descendaient par bataillon, occupant la Bastille, les Halles, la place Vendôme, les ministères, les casernes, la Préfecture et l'Hôtel de Ville que le gouvernement venait d'évacuer en toute hâte.

En même temps, douze hommes très surpris aussi de la victoire de Montmartre, étaient conduits par leurs soldats plébéiens dans l'intérieur de Paris.

Ces douze hommes, c'était le comité central, très embarrassé de sa conquête, lancé par ses colonnes d'exploration sur tous les points de Paris.

Il se rendait à l'Hôtel de Ville. Il renouvelait contre le gouvernement de M. Thiers et par les mêmes procédés, ce qui s'était produit le 4 septembre par le gouvernement de la Défense nationale.

A mesure que je m'approchai du boulevard du centre de la rue Drouot pour atteindre la rue de Rivoli, je remarquai que la garde nationale n'avait ni la même tenue, ni les mêmes allures. Elle paraissait consternée et irritée. Elle arrêtait les estafettes, les aides de camp du comité central dont les costumes de fantaisie, polonais ou italiens, faisaient l'ébahissement de certains badauds.

Ici, j'étais près de l'état-major de l'amiral Saisset, état-major établi à côté de l'état-major des fédérés de la place Vendôme, presque sous le feu des avant-postes des récents vainqueurs de Montmartre!

Et trois jours après, la rue de la Paix devait avoir ses morts comme la rue des Rosiers.

Une fatalité poussait la capitale vers le carnage. Gardes nationaux et fédérés semblaient atterrés, inquiets et sombres. Le nouveau coup d'Etat de la foule succédait au coup d'Etat d'un despote.

Il commençait de la même façon, par le sang !

La Commune s'implantait quartier par quartier. A chaque nouvelle rue dont s'emparaient les fédérés, ils criaient ironiquement à la garde nationale de l'ordre : *Crosses en l'air !*

Et cette garde nationale qui n'eût pas hésité à mourir, la veille, sous le drapeau tricolore, se reculait à fur à mesure devant le drapeau rouge qui se hissait sur tous les monuments.

Les huit cent mille Allemands qui, du haut des forts regardaient fuir les Parisiens par toutes les routes emcombrées de voitures, de chars à bancs, d'omnibus, de charrettes comme de coupés, riaient d'un rire pantagruélique.

Chose amère et cruelle ! Ils se frottaient les mains, ils applaudissaient à ce nouveau siège auquel allaient se livrer des Français ; ils applaudissaient au suicide de la patrie !

Alors je regardais en observateur attristé, presque désespéré, tout ce qui se passait sous mes yeux. Je me rappelais les paroles de M. Thiers qui, à l'époque du 4 septembre, m'avait prédit ce qui arrivait ! Hélas ! ce n'était pas assez du siège, de la famine, de la défaite, je devais voir la patrie se déchirer sous les yeux de l'étranger !

Et moi qui avais assisté, par le privilège de ma vieillesse, à tous les débuts de nos folies révolutionnaires, je me demandais si la lutte fratricide qui se préparait, n'était pas aussi l'œuvre des hommes chargés maintenant de la réprimer ?

La conciliation entre les enfants *arrivés* de la Révolution et les déshérités de la société, n'était plus possible ; car ces derniers tenaient à s'asseoir à leur tour, fût-ce une heure, au banquet où ils avaient, durant toute leur vie, fait la place aux autres.

La Commune, née de la rage des Parisiens de n'avoir pu user toute leur poudre contre les Allemands, a été pour le prolétariat, la guerre du désespoir !

Elle devait être implacable, car le Prussien était là pour lui vendre ses engins meurtriers ; car le bonapartisme qui n'avait pas eu honte de spéculer sur l'invasion en la rejetant sur la faute de la France, ne devait pas hésiter non plus, comme en juin, à spéculer encore sur la nouvelle Révolution !

Et moi qui connaissais par état tous les bas-fonds de la cité, je voyais les trois cent mille parias inscrits en temps de calme au bureau de bienfaisance, inscrits maintenant sur les contrôles de l'armée internationaliste, bien armée, bien décidée à donner victoire au prolétariat !

C'était la revanche de février, c'était la revanche de juin prise sur les hommes du 4 septembre.

Les inconnus du comité central composaient pour la plupart, l'état-major du vieux Blanqui qui, en 1871, taxaient de traîtres, tous les avocats, bourgeois, prêtres et soldats qui n'avaient cessé, depuis 1830, de travailler à toutes ses défaites !

Dans Paris, livré à la Commune, j'étais encore comme dans une fournaise !

En sachant, par une récente affiche, que Raoul Rigault avec le général Duval était maître de la Préfecture de police, je n'avais plus à m'y présenter.

Je n'avais plus dans Paris révolutionnaire qu'à tout voir, tout observer, tout connaître pour rendre compte de mes observations aux hommes que je considérais comme mes seuls chefs, aux hommes de Versailles.

J'avais par eux et pour eux une mission à remplir.

Vu la gravité qu'avait pris le conflit, je n'avais qu'à obéir à celui que je considérais comme mon véritable préfet, au général Valentin.

Dès que Raoul Rigault se dressait devant moi et contre moi, je devenais naturellement *un agent versaillais*.

Il était nuit, lorsque j'arrivai au boulevard des Capucines, d'ordinaire si brillant, maintenant presque désert.

Les boutiquiers s'informaient à voix basse, avec effroi, des péripéties du drame sanglant de Montmartre.

En voyant quelques soldats de la ligne qui avaient pactisé avec les fédérés, les habitants du quartier regardaient, avec une appréhension mêlée de colère, le grand hôtel où l'amiral Saisset s'apprêtait à faire aussi ses malles pour rejoindre M. Thiers.

Les rues désertes, les boutique fermées, les groupes de passants qui chuchotaient en regardant de loin avec un sentiment mêlé de curiosité et de terreur, les patrouilles envahissantes des fédérés, le bidon en bandouillère, le fusil sur l'épaule, tout me disait que la ville était en partie conquise.

J'enfilai machinalement la rue Neuve-des-Capucines, noire, silencieuse comme un tombeau.

Je m'aventurai à tout hasard vers les Tuileries.

Moi, qui avais assisté, un des premiers, à l'envahissement de ce palais par la garde nationale du 4 septembre, je voulais voir ce qu'il était depuis qu'il était au pouvoir des fédérés de la Commune.

Je fus bien surpris en en me rapprochant de ses abords d'apercevoir les fenêtres de ses deux pavillons et de sa galerie, illuminées comme au beau temps de l'empire.

Les sentinelles qui gardaient le palais avaient des costumes étranges, bizarres ; leurs couleurs écarlates tranchaient pour la plupart sur des habits tyroliens.

J'appris que l'on y attendait le général Garibaldi ; qui, disait-on, devait se mettre à la tête de la Commune.

Singulière anomalie, la Commune qui, à l'Hôtel de Ville, se déclarait en permanence pour faire respecter les droits de la cité, allait chercher pour la commander, qui ? Un général étranger !

Me rappelant mon rôle de policier et la mission dont j'étais chargé par le général Valentin, j'avisai, près du pavillon de Flore, un jeune garibaldien causant le fusil au repos avec une fringante vivandière.

Prenant un air bonhomme qui me réussit dans plus d'un cas, je me dis envoyé de Garibaldi, chargé de rendre compte à un officier d'état-major, d'un message de la part du héros de Caprera.

Au nom de Garibaldi, la sentinelle me laissa passer avec un empressement mêlé de vénération.

Je crois, Dieu me pardonne, qu'il me prit pour

Garibaldi lui-même, ce qui me fit supposer qu'il ne pouvait être, de son côté, qu'un garibaldien de Montmartre.

Toute ma vie, je me rappellerai le spectacle que m'offrit alors l'aspect intérieur des Tuileries :

La Commune y fêtait sa crémaillère. Les orchestres qui étaient restés à leur place, comme au bon temps de l'empire, exécutaient les airs les plus populaires : la *Marseillaise* et le *Seigneur de Fich-Ton-Kan* !

Le théâtre des Tuileries, comme le théâtre de Versailles, était transformé en tribune ; des orateurs barbus y prêchaient la destruction de la propriété, de la famille, du capital, de l'inégalité des salaires !

Une foule bizarre me rappelant celle du Wapping, dont les haillons se dissimulaient sous de longues capotes brunes ou marrons, bouclée de ceintures hérissées de revolvers, applaudissaient en vidant des bidons, en criant, à la fin de chaque discours :

« Vive Blanqui ! nous l'aurons ! nous l'aurons ! »

Blanqui avait remplacé, pour les nouveaux vainqueurs des Tuileries, le Napoléon des journées de juin !

Je me rappelai ce cri déjà prononcé en ces funestes journées : *Vive Napoléon ! nous l'aurons ! nous l'aurons !*

La révolution d'alors les lui avait donné pour conduire les mêmes hommes aux pontons qui, pour des excès plus atroces, devaient recevoir ceux qui devaient encore y survivre !

Partout dans les appartements, dans les galeries des Tuileries, on lisait les devises républicaines qui en décoraient les murs :

« Peuple, c'est ici ta demeure, ne laisse plus y pénétrer les tyrans. »

Ces devises étaient encadrées de triangles ornés de faisceaux surmontés de bonnets phrygiens.

Au besoin, le peuple de la Commune de 1871 n'eut eu qu'à gratter les murs pour y découvrir les mêmes bonnets phrygiens effacés par brumaire et décorant la salle de la Convention, sous Marat et Danton.

Lorsque je pus me faufiler jusque dans la galerie et la salle des maréchaux, je reconnnus d'anciennes figures de déclassés dont un grand nombre figurait sur les dossiers de la préfecture ; gens tarés, journalistes interlopes, agents d'affaires, déserteurs, débiteurs insolvables, chevaliers d'industrie, cochers, concierges, etc., tous fraîchement galonnés, tous majestueusement empanachés ; les galons d'or couraient sur leurs manches, ils reluisaient tapageusement aux lumières, comme les revers rouges de leurs flamboyants habits dorés sur toutes les coutures..

Quant aux femmes, dont les minois égrillards avaient un air plus qu'effronté sous des toilettes tapageuses, elles ne rappelaient, que de fort loin, les dernières princesses du second empire.

Je m'approchai de l'une d'elles ; j'entendis dire d'un accent nasillard à cette nouvelle grande dame parlant à un citoyen, assez beau garçon et très chamarré :

— Général, je remplace ici l'impératrice. La seule différence entre la Badinguette et moi, c'est qu'on me tutoie !

J'appris que cette nouvelle dignitaire était la citoyenne Eudes. Le citoyen général à qui elle parlait était le général Duval, il était déjà à la préfecture de Paris, ce qu'était le général Valentin à la préfecture de Versailles.

Je me hâtai de m'éloigner de leur groupe où déjà des courtisans nombreux s'apprêtaient à courber l'échine en présence des nouvelles majestés de la révolution de la dernière heure.

Partout j'entendais derrière le groupe des entretiens comme ceux-ci : « Comment allez-vous? mon cher général. — Merci, cher docteur ; et vous? — Voilà le président, peut-on lui demander des nouvelles de la présidente ?

Ces nouveaux élus de l'Internationale et du Comité central sous la direction du groupe des *blanquistes*. Ces chefs de clubs prenaient aussi au sérieux leur titre que leur clinquant.

Ce n'était pas sans jeter des regards de complaisance sur leurs galons neufs, que les chefs du Comité central faisaient la roue, prenant les poses les plus gracieuses devant les fauteuils des citoyennes princesses.

« Dans cette soirée, a écrit un étranger présent
« ainsi que moi, aux Tuileries, à cette fête de la
« crémaillère, j'ai cru lire, comme dans un livre
« ouvert, le secret des constantes révolutions de
« la France. Il m'a semblé que, devant la porte
« de toutes ses institutions, il y avait des irré-

« conciliables qui ressemblaient fort aux gens de
« la Commune ; eux aussi, demandant tous les
« matins la destruction de l'édifice social unique-
« ment pour avoir le droit d'y entrer ! »

Quant à moi, je m'empressai, après avoir tout vu,
de quitter les Tuileries ; j'eus peur d'être reconnu
par quelques-uns des invités de la fête où ma
présence les eût fort embarrassés et qui, pour se
débarrasser d'un intrus gênant, eussent demandé,
certainement, mon arrestation au général Duval.

Brisé de fatigue, à bout d'émotion, le cœur attristé,
je rentrai chez moi. A peine eus-je franchi le seuil
de ma maison que je reçus un mot au crayon et que
mon valet de chambre me remit avec discrétion.
Je reconnus l'écriture de Bagasse, il me disait :

« Ne reprenez pas votre emploi à la préfecture.
« Vous êtes signalé ; quittez Paris au plus vite. Un
« laissez passer vous sera remis à la préfecture. Ne
« tardez pas. Brûlez cet écrit lorsque vous l'aurez
« lu. »

Il n'y avait plus à en douter ! Raoul Rigault qui
se partageait avec Duval le pouvoir de la préfecture
de police m'avait dénoncé.

Je ne devais même plus attendre les ordres de
Versailles pour abandonner la capitale.

Je résolus cependant d'aviser jusqu'au lendemain
matin pour suivre les conseils de Bagasse.

Avant de me laisser délivrer un laissez-passer par
les employés qui ne m'abandonnaient pas dans l'infortune, je tenais à bien connaître, jusqu'à la préfecture même, mes ennemis politiques qui m'avaient
remplacé en me dénonçant.

J'avais, du reste, à mettre ordre à mes affaires, à m'assurer du concours que je pouvais trouver encore à Paris, pour la sécurité des miens et pour les services que j'avais à rendre dans la capitale au gouvernement de Versailles

Ce retard me perdit.

Il restait encore la veille, dans Paris, plusieurs commissaires de police qui, tant que les maires ne désespéraient pas de la conciliation entre la Commune et Versailles, n'avaient pas quitté leur poste.

Avant de partir, je désirais les voir pour les conseiller de partir avec moi.

A cette époque, les incidents dramatiques marchaient à pas de géant.

Du jour au lendemain de ma délibération, il ne restait plus à Paris que le commissaire B***.

Le lendemain matin, je lui donnai rendez-vous pour me trouver avec lui à la préfecture.

En attendant que je me rendisse pour la dernière fois à cette préfecture où j'avais commandé en maître, où j'étais considéré comme un suspect, je me promenais de long en large sur le Pont-Neuf.

Autant que possible, je me dissimulai loin des groupes de fédérés qui stationnaient à tous les coins du quai, gardant les carrefours et le terre-plein du Pont-Neuf.

Cédant à mes instincts de policier, malgré ma situation aussi critique qu'originale, puisque, moi, le fileur de tous les scélérats, j'étais devenu le filé, j'avisais un groupe plus inoffensif que les autres.

Dominant ce groupe, j'aperçus, monté sur une table encombrée de livres, un volume à la main, un homme d'assez grande taille.

Il avait les yeux vifs, le front chauve et altier, la barbe bien fournie; je fus frappé de sa tête à la Vélazquez et de son geste à la Talma!

Il criait à la foule, avec des élans et des éclats de voix qui en imposaient à la masse atterrée et confuse.

Le livre qu'il désignait au public portait sur sa couverture les armes de la maison impériale.

Et ce qui me confondait autant que la foule, c'était que cet homme ne fût pas lapidé, haché en morceaux en lui montrant un pareil ouvrage, en pleine Commune, à deux pas de la préfecture!

La figure de cet individu ne m'était pas inconnue.

Lorsque, malgré ma situation aussi perplexe que la sienne, je me rapprochai pour mieux l'entendre, je n'eus pas de peine à le reconnaître dès ses premiers mots.

Désormais je m'étonnais moins de son aplomb, je fis comme la foule, non moins stupéfaite que moi, je l'écoutai s'écrier d'une voix de Stentor, en agitant fébrilement son livre prohibé, son ouvrage maudit :

— Citoyens! C'est moi Pick! Pick de l'Isère, le Gil Blas de la librairie! Si vous me voyez sur cette place avec ce livre, prêt à vous livrer ma tête! c'est que, moi aussi, j'ai mangé comme vous le pain noir du siège, comme vous, j'ai donné mon sang à la patrie, et j'ai besoin maintenant de vivre! Ne re-

gardez pas cet écusson, ne regardez pas ces armes !
Non ! citoyens, regardez plutôt, en consultant ce livre que je ne vends pas, que je donne, regardez
ces gravures, chacune est la représentation vivante
de vos hauts faits ! Ne faites pas attention à son
titre, titre maudit par vous, peut-être ! Mais regardez, en dehors de ce titre, regardez la Patrie ! Ce
livre ne rappelle-t-il pas vos faits d'armes d'Alma,
de Solferino, vos victoires de Crimée et du Mexique ? Quel que soit le nom sous lequel se sont ac-
complies ces victoires, ces victoires françaises ne
sont pas moins des victoires ! Quel que soit l'homme
politique qui vous parle, qui, pendant vingt ans,
fut l'historiographe de vos conquêtes, cet homme
n'est pas moins un travailleur, terrassé, vaincu,
ruiné par sa foi ! Aujourd'hui, c'est le pain qu'il
vous demande, cet homme, en vous donnant pour
rien, pour la valeur de trois sous, un livre dont les
vignettes, le texte, la couverture, la reliure de
luxe valent six francs, prix fort ! Oui, citoyens, vu
la rigueur des temps, je vous donne pour trois sous
ce qui vaut six francs ! Achetez, citoyens, non sur
l'étiquette, mais sur ce qu'elle contient, un volume
dont vous ne rembourserez jamais les frais maté-
riels ! Non seulement vous ferez une bonne affaire,
mais vous ferez une bonne action ! Je suis un travailleur comme vous ! Au nom de la fraternité,
achetez-moi ! sauvez de l'abîme un homme qui,
pour avoir touché à tout par son activité, par son
intelligence, par son bras, par son cœur, par son
âme, a besoin de tout le monde dès que le sort a
trompé ses espérances. Profitez-en ! Je défie le meil-

leur citoyen d'entre vous d'être plus digne que moi de votre intérêt Jugez-en, il n'est pas de métier auquel je n'aie touché. Mon père était un soldat de la grande armée. Il n'était pas riche et avait beaucoup d'enfants. Un soir d'hiver, après le chétif repas, le vent assiégeait de rafales russes la pauvre chaumière du vieux militaire. Tout d'un coup, la porte s'ouvre, un homme enveloppé dans un grand manteau entre avec l'ouragan! C'était un oncle que nous n'avions jamais vu. « Quel est celui de vous qui veut venir avec moi? dit-il. Je l'emmène. » Moi! criai-je en me levant. Son ton résolu, son air fantastique m'avaient magnétisé. Le peu de fortune de mes parents, pour qui j'étais une charge, m'avait décidé. Quelque temps après, j'étais au siège d'Anvers, j'avais huit ans. Puis je fus apprenti bijoutier à Paris, page de la reine d'Etioles, maître d'hôtel à Lyon, voyageur partout. J'ai vendu des oranges sur le boulevard. J'ai appris la déclamation et le chant. Je ne savais pas encore quelle était ma vocation. Enfin je la sentis. Je me fis libraire, sans l'aide de personne, sans argent ; c'est avec une simple brochure, la *Biographie du président de la République*, qu'à force de volonté je parvins à faire imprimer. Elle a été la première de la maison, du monument que j'ai élevé. Je l'ai placée moi-même, cette brochure, dans toute la France, formant, lançant sur le territoire six cents voyageurs pour me remplacer quand je n'avais plus le temps de voyager moi-même. Voilà comment fut fondée ma librairie. Broyant les haines, dédaignant les monstrueuses ingratitudes, les médiocrités jalouses, pour m'ouvrir un chemin à travers les hommes et les choses, j'ai renversé les préjugés, j'ai ouvert ma porte à de faux bonshommes, déjoué d'ignobles projets! J'ai fait grâce à des voleurs qui m'ont volé! Mais c'est assez vous esquisser ma vie; maintenant que vous me connaissez, achetez-moi, achetez mon fonds! Tout à trois sous! A trois sous le volume comme la chanson de l'homme dont je fus l'historiographe, et que je n'ai pas plus le droit de condamner, par reconnaissance, que vous n'avez le droit d'absoudre, par patriotisme! A trois sous l'*Histoire de l'Empire!* A trois sous une histoire qui, sous l'Empire, valait six francs! Ce n'est pas le prix du papier! Il ne faudrait pas avoir trois sous dans sa poche pour s'en priver! A trois sous, trois sous!

Et l'homme se tut, il se croisa tout à coup les bras sur son pardessus de fourrure, regardant bien en face la foule qu'il dominait du regard après l'avoir captée du geste et de la parole..

Je ne doutais pas de son sort, à la mine de quelques fédérés qui avaient failli se ruer contre lui, au début de son long discours.

Quelle ne fut pas ma stupeur, en voyant la masse du public se jeter pourtant sur ses livres!

Après s'être consultés, tous s'étaient dit entre eux :

— Bah! ce n'est pas pour moi, c'est pour les enfants!

Ou bien :

— Il vaut mieux acheter pour trois sous le fonds de ce badinguinsard. Ce qui sera acheté ici, au rabais, n'ira pas aux *chouans* de Versailles?

Ou bien encore :

— Ça vaut le papier! Je m'en ferai des cornets. Ça sera autant de détruit. Je collerai les images dans ma chambre, ça me fera une tapisserie pas cher, je n'aurai qu'à en couper les légendes!

A l'aide de ces accommodements de conscience, toute la foule du Pont-Neuf, groupée autour de l'homme à la grande barbe, lui jeta ses trois sous en échange de ses livres, dorés sur tranche, aux armes de l'Empire.

En moins d'une minute, la table d'où était descendu Pick de l'Isère, tout à l'heure surchargée de livres, devint tout à fait nette.

Les gros sous pleuvaient dans sa sébile, chaque fédéré enfouissait au fond de sa poche le livre maudit, dont les gravures, avec l'éloquence de Pick, du seul Pick de l'Isère, avaient tenté les communards, malgré l'horreur du nom que ce livre leur inspirait.

Je croyais la scène terminée, quand un fédéré, resté sur le terre-plein, après la vente de l'audacieux Pick, s'approcha brusquement de lui. Il lui dit, en lui frappant sur l'épaule :

— Tu es Pick, n'est-ce pas, le libraire bonapartiste? et tu ne crains pas de faire, en pleine Commune, de la propagande versaillaise ?

— Oui, je suis Pick... Pick de l'Isère, lui riposta-t-il, le poing sur la hanche, en le regardant dans les yeux. Eh bien! après, citoyen?

— Eh bien! mon petit père, suis-moi à la préfecture. Nous verrons si ton boniment plaira autant à Raoul Rigault qu'il a plu à ces imbéciles.

— Attendez donc, citoyen! reprit Pick qui, au

lieu de le suivre, se recula du fédéré tout en ne cessant de le dévisager, mais je vous reconnais aussi! Vous êtes D***, mon ancien voyageur ; D***, parti de chez moi, en oubliant de me payer les livres dont vous étiez le placier! Tiens, tiens! je vous retrouve, pour m'arrêter, probablement pour que je n'aie plus l'idée de vous réclamer le prix de votre vol? C'est malin, ça!

— Tu te trompes, citoyen! balbutia D***.

— Eh bien! reprit Pick triomphant, si je me trompe, viens te faire reconnaître avec moi chez le commissaire! Si tu es aussi bien avec le citoyen Raoul Rigault, moi je ne suis pas trop mal avec le citoyen Courbet! Nous verrons, avec nos protecteurs de la même foi, si la justice est toujours la justice, sous la Commune comme sous l'Empire. Tu voulais me faire arrêter, à mon tour c'est moi qui t'arrête, citoyen D***!

Je n'avais pas perdu un mot de cette scène.

J'admirai, à cette occasion, le sang-froid et la chance qui avaient si bien servi Pick de l'Isère vis-à-vis de son adversaire intéressé.

Le peuple parisien, sous tous les régimes, a horreur des voleurs. Après avoir donné d'abord gain de cause au citoyen D***, il se tourna contre lui, quand un chef de patrouille venant de la préfecture s'interposa entre D*** et Pick de l'Isère.

Ce fédéré, accompagné de ses hommes, l'arme au bras, se plaça entre les deux individus après avoir fait disperser la foule qui commençait encore à s'agglomérer autour d'eux.

Ce chef de fédérés s'écria d'un air de commandement, en dispersant la multitude et devant les deux hommes qui se menaçaient :

— C'est bon ! c'est bon ! Entre un voleur et un badinguiste, la Commune n'a pas à se prononcer ! Quant à toi, citoyen, reprit-il en se retournant vers Pick, tu es heureux d'avoir été dénoncé par un filou. Si tu avais eu affaire à un pur, à un honnête républicain comme moi, ton affaire serait dans le sac. Mais ne t'avise plus, cependant, à refaire ici la vente de tes ordures impérialistes, sinon, c'est moi qui te les ferais recracher à Mazas. Un bon citoyen averti en vaut deux ! Au large !

Cette fois, Pick s'inclina, ramassa sa recette en détalant au plus vite.

L'homme qui fut plus surpris que Pick de la rencontre de ce chef de fédérés et de son langage, ce fut moi.

Car ce fédéré au langage républicain, ce citoyen si dévoué à la Commune, qui se trouvait à la tête de vieilles barbes, vraies têtes de proscrits, c'était qui?

Bagasse !

Moi qui avais assisté en spectateur muet à ce changement de comédie en plein vent, moi qui avais oublié ma situation critique en étudiant avec quelle facilité les hommes changent de sentiment et d'allures selon leurs intérêts et leurs passions, je n'en revenais plus de cette dernière volte-face.

Comment! Bagasse, qui avait arrêté autrefois Raoul Rigault, Bagasse était devenu son soldat et son égide?

C'était cet ancien gendarme métamorphosé en chef de fédérés, je ne pouvais en croire mes yeux.

Et malgré le danger qu'il y avait à me faire connaître de ces farouches soldats, je m'apprêtai à m'élancer vers mon ancien agent, prêt à l'appeler par son nom, prêt à lui demander compte de son étrange métamorphose.

Comme s'il m'eût prévenu, Bagasse, après avoir fait marcher devant lui le libraire impérialiste, me toisa des pieds à la tête, il me regarda bien en face, il haussa les épaules, avec l'intention formelle de ne pas me reconnaître, puis me tourna les talons.

Je restai pétrifié.

Comment! c'était l'homme qui m'avait averti la veille, qui m'avait autrefois sauvé la vie, avec qui j'avais tant de fois lutté contre la mort, c'était lui qui, au moment où ma fortune, ma liberté, mon existence étaient en jeu, c'était lui qui feignait de ne pas me reconnaître?

Je m'en retournai chez moi, dès que le dernier commissaire, M. B***, n'était pas au rendez-vous que je lui avais assigné pour aller chercher ensemble notre laissez-passer chez nos ennemis politiques.

Avant de partir, je ne voulais pas faire comme Bagasse, abandonner un ami dans le malheur.

Mais en pensant à l'ingratitude de mon agent, en cet instant critique, ce fut le cœur attristé que je repris le chemin de mon logis.

Hélas! tout n'était-il pas burlesque, contradictoire, mystérieux et lugubre sous la Commune?

CHAPITRE XII

LES ESPIONS DE M. THIERS

En rentrant chez moi, je ne revenais pas de l'attitude de Bagasse à mon approche. Jouait-il la comédie, pour mieux travailler à mon salut ?

Sa note que j'avais reçue, la veille, me le faisait encore supposer.

Cependant je connaissais Bagasse trop simple pour tenir si bien ce double rôle.

S'il le jouait en habile comédien, c'était probablement parce que ce rôle lui était soufflé par l'un de ses camarades, Requin ou Œil de Lynx ?

Mais en me rappelant aussi que ces derniers étaient tous dévoués au précédent régime, je me demandais si depuis que la Commune s'affirmait, mon administration, en me sachant dévoué à M. Thiers, et autant pour rester en place que par haine contre les hommes du 4 septembre, si, dis-je, mon administration se s'était pas tout à coup tournée contre moi ?

Cette supposition était admissible.

Plus je songeai aux derniers incidents du Pont-Neuf, plus je m'arrêtai à cette dernière conjoncture.

Autrement Bagasse n'eût pu commander un peloton de fédérés.

Il n'aurait pas été aussi indulgent vis-à-vis d'un libraire bonapartiste qui, sous le couvert des partisans inavoués de l'Empire, vendait encore, en pleine Commune, son vieux fonds de livres napoléoniens.

Et je me rappelais que, depuis les déceptions des Parisiens, l'horreur contre l'Empire, inspirée par les hommes du 4 septembre, n'était plus à l'état latent.

Ce qui me le prouvait, c'était l'empressement mal dissimulé des fédérés qui, une heure auparavant, s'étaient jetés sur les livres à trois sous de l'ancien libraire bonapartiste.

Je me faisais ces réflexions tout en écrivant mes notes sur ce que j'avais vu dans la journée, notes destinées au gouvernement de Versailles.

Ces réflexions, je les consignais aussi en me rappelant comment s'était déjà formée la Commune.

J'écrivais alors que le parti bonapartiste qui s'était tant agité à Bruxelles et à Londres à la fin de la guerre, pesait de plus en plus dans la balance tenant en suspens les deux pouvoirs de Paris et de Versailles. Je disais qu'il agissait autant à Paris qu'à Versailles.

La préfecture de police ne possédait-elle pas, en effet, parmi ses hauts fonctionnaires, des partisans très capables de faire tourner contre moi jusqu'à mes agents, dès que les Duval, les Rigault, les Ferré pouvaient devenir, en cette occurrence, leur farouche auxiliaire ?

Le Comité central, quoi qu'il ne l'avouât pas, n'était-il pas composé de républicains et de bonapartistes ayant les mêmes ennemis : les hommes de septembre ?

N'avait-il pas été formé, comme je l'ai déjà dit, de deux éléments hétérogènes : de l'*Internationale des travailleurs* et du *Comité fédéral*, ayant pour président un nommé Raoul de B***, cousin du docteur Conneau, ancien protégé de la cour impériale ?

Je savais de source certaine que l'ex-Empereur entretenait des relations secrètes avec plusieurs membres de l'Internationale.

M. Thiers, à Versailles, le savait bien, il les comptait jusqu'au milieu de son entourage où se trouvaient les Amigues, les Hugelmann et les derniers courtisans étrangers de l'Impératrice exilée. Il ne l'ignorait pas plus qu'à Paris les Duval, Protot, Rigault, Ferré et *tutti quanti* ne l'ignoraient par leur feuille populaire : *le père Duchêne*, rédigée elle-même par un ancien courriériste des salons de l'Empire !

J'en étais là de mon rapport destiné à Versailles, lorsque je reçus la visite d'un personnage qui demanda à me parler en particulier.

Dès que je fus seul avec lui, il se fit connaître sous le nom T*** D***.

Il se dit envoyé de Versailles, par M. Thiers, pour me demander le rapport que je lui avais promis l'avant-veille, en quittant le général Valentin au sujet des événements récents de la Commune.

Je reconnaissais, par la présence de ce messager, la vigilante activité de M. Thiers; mais les événements qui se passaient autour de moi, la situation critique dans laquelle je me trouvais, me donnaient tous les droits à la méfiance.

Je sommai cet individu, avant de lui répondre et de lui remettre mon rapport, de me prouver ce qu'il avançait.

M. T*** D*** m'exhiba avec empressement et une obligeance parfaite deux laisser-passer, l'un émanant de M. Valentin, l'autre des citoyens Duval et Rigault.

Puis il me dit en recevant mon rapport :

— Monsieur Claude, je suis en ce moment bien mieux partagé que vous, car je vous préviens que si, dès aujourd'hui, vous ne quittez Paris, vous êtes menacé d'être conduit en prison par ceux qui m'ont délivré mes laisser-passer.

— Eh bien, lui répondis-je en souriant, pourquoi, à l'aide de la passe que vous tenez de mes ennemis, ne m'aideriez-vous pas à regagner Versailles ?

— Impossible, monsieur Claude, me répondit-il; impossible ! car je ne puis quitter Paris qu'avec la même voiture, le même cheval, le même domestique qui m'ont conduit dans la capitale. Moi, qui surveille Paris, je suis également surveillé.

— Alors, monsieur, fis-je en congédiant cet espion versaillais, à la grâce de Dieu!

— Oui, termina-t-il en me quittant, une fois mon rapport dans sa poche. Mais ne tentez pas plus Dieu que le diable ; je sais que si Dieu vous protège à la préfecture pour vous délivrer, le diable vous guette pour vous perdre. Plus les heures s'écoulent et plus vous tentez le diable contre Dieu qui veut vous sauver. A bon entendeur, salut !

Et M. T*** D*** s'esquiva en me laissant tout songeur.

Cette fois j'étais bien décidé à partir, dussé-je ne plus attendre le commissaire B*** qui, probablement la veille, n'avait pas osé affronter les fédérés et que j'attendais encore chez moi depuis l'arrivée de cet espion.

Je n'aurais même pas attendu M. B*** si M. T*** D*** eût pu déjà m'emmener avec lui.

Mais comment ce dernier avait-il pu trouver le moyen de pouvoir circuler si facilement à l'aide de ces deux laisser-passer de Paris à Versailles ?

Voici par quel moyen : M. T*** D*** s'était ménagé à Paris une porte toujours ouverte : possédant, depuis le 4 septembre jusqu'au 18 mars, un modeste emploi au ministère de l'intérieur , il avait imaginé, dès l'installation de la Commune, d'accord avec M. Thiers, de se constituer le messager de tous les représentants étrangers en résidence à Versailles.

En sa qualité de courrier du cabinet, il voyageait, au compte de tous les ambassadeurs, sur un terrain neutre.

Chaque matin, sous prétexte de se mettre en rapport avec tous les bureaux des auxiliaires des cours étrangères et de leur porter des dépêches, il passait dans un léger phaéton, de Versailles à Paris.

Conduisant sa voiture, n'ayant qu'un domestique, T*** D*** pouvait exhiber impunément, grâce à cet écriteau placé ostensiblement sur son phaéton : *Service des ambassades*, les deux saufs-conduits qu'il tenait des pouvoirs ennemis.

Le délégué des ambassadeurs n'était qu'un espion de M. Thiers, il avait sa consigne, elle était formelle ; celle de ne repasser les portes de Paris qu'avec la même voiture, le même cheval, le même domestique. Il n'avait garde de l'enfreindre pour ne pas éveiller les soupçons de la Commune.

A part cette soumission aux délégués du comité central, tous ses soins étaient de faire les commissions du chef de l'Etat.

Sa démarche auprès de moi le prouvait.

Il rendit bien d'autres services à M. Thiers. Dès le 18 mars, lorsque le citoyen Groslier, au nom de la Commune, prit possession, au ministère de l'intérieur, du fauteuil de M. Picard, ce citoyen, grâce à M. T*** D***, ancien employé de ce ministère qui en connaissait tous les êtres, ce citoyen, ne lui prit que son fauteuil.

Aucune dépêche, aucune lettre ne parvint de l'Hôtel de Ville au citoyen ministre. Il dut cet inconvénient à M. T*** D***, l'ancien employé de la place Beauveau, le serviteur de tous les ambassadeurs au compte de M. Thiers.

Cet espion savait que le ministère avait deux issues : l'une donnant sur la place Beauveau, l'autre dans la rue Cambacérès ; et le citoyen Groslier ne connaissait que l'entrée *officielle* de son ministère, il ignorait la seconde entrée affectée particulièrement aux employés.

Tous les matins M. T*** D*** faisait guetter les facteurs à mesure qu'ils apportaient des lettres chez le concierge de la rue Cambacérès. L'habile espion, caché chez le concierge, s'emparait des plis qui intéressaient le nouveau citoyen ministre ; et T*** D*** les rapportait bien vite à Versailles, protégé lui-même par le sauf-conduit de la Commune.

— C'est incroyable ! s'écriait le confiant Groslier, je ne reçois rien de l'Hôtel de Ville, à quoi donc pense la Commune ?

Les chefs de la Commune, de leur côté, s'écriaient :

— C'est extraordinaire, on a beau envoyer lettres sur lettres à cet idiot de Groslier, il n'agit pas. Les Versaillais ont l'air de connaître toutes les mesures que nous prenons contre eux dans les départements ! C'est incroyable !

Cependant ce n'était ni la Commune, ni son délégué ministre qui étaient en faute. Ils ne devaient cet inconvénient qu'à la mystification de T*** D***.

Cette mystification dura quinze jours ; elle fut très efficace au chef de l'Etat. Il sut comment il devait agir vis-à-vis des préfets pour arrêter en province la propagande de la Commune.

Lorsque les combats à outrance commencèrent à Neuilly, lorsque les fédérés ne surent plus comment enterrer leurs morts devant les maisons qui croulaient sous le feu des obus et les crépitements de la fusillade, lorsque les habitants de Neuilly n'eurent plus de refuge, même au fond de leurs caves, M. T*** D*** devint leur providence !

Le combat, même au nom de l'humanité, ne pouvait être suspendu.

C'était, aux yeux de **M. Thiers**, faire profiter ses ennemis des droits de la guerre.

D'un autre côté, c'était vouer à l'exécration le gouvernement de Versailles, dès que ses soldats continuaient à mitrailler des gens inoffensifs, à moitié morts, presque enterrés sous les ruines de leurs habitations.

L'espion T*** D*** sauva cette situation, aussi horrible qu'impolitique... pour Versailles.

En sa qualité de messager d'ambassade, il se fit délivrer personnellement plusieurs saufs-conduits.

Pour ne pas engager les belligérants, pas plus du côté de la Commune que du côté de Versailles, de son autorité privée il fit cesser le feu. Il poussa du côté des fédérés les députés de Versailles munis de ses saufs-conduits, et du côté des Versaillais les membres de la Commune également protégés par les saufs-conduits des médiateurs étrangers.

Alors voilà ce qui se passe : Les pacificateurs s'avancent, armés d'un drapeau qu'ils agitent, munis à la fois des saufs-conduits du messager des ambassadeurs.

Le feu cesse.

Les fédérés peuvent enterrer leurs morts, les

soldats de Versailles laissent paisiblement sortir les malheureux habitants de Neuilly de leurs ruines fumantes et ensanglantées !

La trêve dure vingt-quatre heures ; elle est faite non au nom du gouvernement de Versailles, mais au nom de M. T*** D***, serviteur des ambassadeurs.

Toutes les missions de ce messager d'ambassades ne furent pas empreintes de cette humanité : M. T*** D*** rendit des services à M. Thiers dans le goût de ceux que lui rendit, en 1832, l'infâme Deutz trahissant la duchesse de Berry.

Dans plus d'un trafic de ce genre avec les généraux de la Commune, ce furent M. T*** D*** et M. Thiers qui furent les volés.

Le chef de l'Etat avait toujours pensé, comme le pensa plus tard Ducatel en ouvrant les portes de Paris à l'armée de Versailles, que les points faibles de l'armée de la Commune étaient du côté d'Auteuil et de la Porte-Maillot.

T*** D***, qui, pour son service d'ambassade, lançait toujours son phaéton de ce côté-là pour se rendre à la place Beauveau, et aux ambassades de la rue du faubourg Saint-Honoré, fit un jour des propositions à un commandant du poste de la porte d'Auteuil.

Ce commandant devait livrer, pour la somme de cent mille francs, son poste et ses hommes qui, à la vue des troupes de Versailles, auraient mis la crosse en l'air, ouvert les poternes, ayant au bras le brassard tricolore.

Le soir même où fut convenue cette trahison, le

commandant X*** dèmanda à l'entremetteur un acòmpte de dix mille, francs. Il lui fut payé séance tenante.

Mais le lendemain, quand M. T*** D*** se présenta à la porte d'Auteuil, le commandant X*** s'était envolé avec l'argent.

Il avait préféré voler M. Thiers et son compère que de vendre la Commune et ses défenseurs.

A la place du commandant X***, T*** D*** trouva un commissaire de police qui lui mit la main au collet. Il l'arrêta pour le faire immédiatement passer par les armes.

T*** D*** était un homme de ressources. Il ne s'épouvanta pas pour si peu. Comme il avait deux noms à son service, comme son double sauf conduit né portait qu'un nom très différent l'un de l'autre, il protesta contre la méprise dont il prétendait être la victime de la part de ce commissaire trop zélé.

M. le messager des ambassadeurs T*** s'indigna d'être confondu avec l'espion D****, le complaisant de l'*infâme* Thiers.

Il demanda qu'on le conduisît sur-le-champ à la préfecture pour se faire reconnaître de son ami Raoul Rigault.

En l'absence de Rigault, ce fut son secrétaire Dacosta qui donna un blanc-seing à T*** et une semonce au commissaire qui l'avait confondu avec D***.

Et T*** D*** reçut de la Commune de Paris, *section de la sûreté générale*, un nouveau *permis* pour *réparer* l'ERREUR commise par un subalterne maladroit, avec *l'expression des sentiments les plus dévoués du chef de cabinet* : GASTON DACOSTA.

Ne croirait-on pas assister à une scène d'opéra-bouffe en lisant ces lignes ?

Tant de candeur de la part des séides de Raoul Rigault, tant de ruses de comédie de la part d'un espion de M. Thiers, pouvaient-elles s'allier, de part et d'autre, à tant de férocités ?

Il est vrai que M. T*** D***, le messager improvisé des ambassadeurs, avait autrefois appartenu au théâtre ; il est vrai que le farouche Raoul Rigault avait écrit dans tous les journaux satiriques du quartier Latin. L'un sortait des coulisses, l'autre des brasseries !

Plus convaincus, et tout aussi naïfs, étaient les soldats de la Commune.

M. Thiers qui, durant sa carrière diplomatique, n'hésita pas à faire le trafic des consciences, ne dédaigna pas, au second siège, de se servir de nombreux espions, tant dans son camp que dans le camp des fédérés, pour précipiter la victoire de l'armée versaillaise.

Il ne fut pas je le répète toujours heureux.

Ce fut peut-être parce que la Commune découvrit la plupart de ses complots, avortés le plus souvent, parce que le chef de l'État ne voulait pas y *mettre le prix*, que la Commune, moins sûre d'elle, battue par tous ses espions, s'érigea en comité *de salut public !*

Il y avait parmi les commandants de la Commune, condottieri étrangers, chercheurs d'aventures, très dévoués, moyennant finances, au gouvernement de Versailles, un certain Italien qui avait reçu de M. Thiers une somme assez ronde pour débarrasser Paris de ses hommes les plus énergiques dès le commencement des hostilités du second siège.

Ce commandant, qui avait reçu de Versailles une somme assez forte, n'en avait distribué, qu'une faible partie, bien entendu, à ses soldats, sous prétexte de leur envoyer chercher des renforts en province.

Ces soldats, vieux révolutionnaires de 1848, n'avaient vu aucune malice dans l'argent qu'ils avaient accepté pour chercher, en apparence, en province, après le 18 mars, de nouvelles recrues socialistes.

Ils n'avaient pu deviner que cet argent reçu par eux n'était qu'un moyen tentateur de les éloigner à tout jamais de Paris.

M. Thiers et le commandant garibaldien ne doutaient pas qu'on ne les reverrait plus, au moment du combat !

Aussi la stupéfaction du commandant fut-elle grande lorsque, le siège se prolongeant, il vit revenir ses soldats, accompagnés de leurs frères, pour remettre à leur chef ce qu'ils n'avaient pas dépensé pour leurs frais d'embauchage !

— Les imbéciles ! n'avait pu s'empêcher de s'écrier, plus tard, l'espion déguisé des commissions militaires de Versailles. Non-seulement ils sont revenus, pour se faire tuer, mais encore ils ont rendu l'argent !

Il est vrai que durant le second siège, il y avait l'espionnage prussien qui brodait sur le tout et qui donnait aussi maille à partir à M. Thiers.

Pendant que, dans son ardent patriotisme, le chef d'Etat s'épuisait, en se préparant à vaincre la Commune, à conclure le traité de paix avec l'Allemagne, M. de Bismark feignait de ne pas croire à la complète réussite du nouveau chef de l'Etat contre la Commune.

Il laissait entendre au Reichstag que si M. Thiers ne pouvait venir à bout de l'insurrection, il traiterait avec le gouvernement impérial qui ne cessait, de toutes parts, de lui faire des avances.

Ce n'était qu'un stratagème de M. de Bismark. Par ce piège, le chancelier affaiblissait la défense des deux partis.

En redonnant de l'espoir aux bonapartistes déguisés dans les deux camps, le rusé diplomate arrivait à ses fins! Il forçait M. Thiers, que le parti bonapartiste n'aurait pas ménagé, à passer par ses conditions.

La tactique du chancelier réussit à son gré.

Les espions de M. Thiers furent les premiers, sans s'en douter, à travailler au compte de l'adroit chancelier.

Dès la fin de la guerre et le commencement de la Commune, les bonapartistes, après s'être faufilés partout, commençaient à relever la tête.

Ils pressaient Thiers jusqu'à Versailles comme ils pressaient à Paris les chefs de la Commune.

A Saint-Valéry-sur-Somme, un ancien directeur des Beaux-Arts ne cessait, durant la guerre, de sur-

veiller les agissements des hommes du 4 septembre.
A Bruxelles se publiait le *Drapeau*, adressé à l'armée qui le répudia. A Boulogne-sur-Mer, l'arrivée soudaine de M. Rouher et de M. Chevreau coïncidaient avec les événements du 18 mars et les velléités du chancelier de traiter avec le gouvernement déchu, qui avait de profondes racines dans le pays.

Voilà du moins ce que les espions de M. Thiers ne cessaient de lui faire entendre.

M. Thiers, je le tiens de son entourage, entra à cette époque dans une si violente fureur qu'il ordonna la mise en arrestation de M. Rouher, au moment où revenu de Londres il débarquait à Boulogne. Alors M. Thiers passa par les dernières conditions de l'adroit chancelier pour en finir avec l'Empire..

Ce fut la faute de ses espions. Dans leur zèle intéressé, ils lui montrèrent la situation à travers un verre grossissant. Ils mirent M. Rouher, à son arrivée à Boulogne, dans un tel état qu'il ne sortit des mains de la populace que les habits en lambeaux et le corps presque nu !

Ce qui faisait la force faisait aussi la faiblesse du nouveau chef d'État. Comme l'Empereur, M. Thiers écoutait trop par son million d'oreilles policières ce qui se disait, ce qui se passait autour de lui.

A force de redouter l'Empire déchu, il finissait par le rendre redoutable ! Il s'était si bien persuadé, par sa police, de la puissance de son adversaire, qu'il ne fit marcher les gendarmes de Versailles contre la Commune qu'en soufflant à ses espions que, après la Commune vaincue, c'était l'Empire cher aux gendarmes qui reviendrait aux Tuileries.

La terreur de l'Empire à Versailles n'était pas moins grande à Paris.

La préfecture de police qui, sous Duval, Raoul Rigault, Cournet, Ferré, garda, sauf tous ceux qui étaient partis au 4 Septembre, presque tous les anciens employés de l'ancien régime, n'était pas faite pour dissiper ces craintes.

A Paris, le gouvernement de l'Hôtel-de-Ville, à Versailles, le Pouvoir exécutif n'avaient pas assez de tous leurs publicistes pour réchauffer la haine et le mépris voués au prisonnier de Vilhemshœhe et à l'exilé de Chislehurst.

Quelques jours après l'avènement de la Commune, le comité central, qui n'était pas sûr des fédérés qui le gardaient, publiait cette note dans son journal officiel :

« De nombreux agents bonapartistes ont été surpris faisant des distributions d'argent pour détourner les habitants de leurs devoirs civiques.

« Tout individu, convaincu de corruption ou de tentative de corruption, sera immédiatement déféré au comité central de la garde nationale. »

Plus tard, ce comité, transformé en comité de salut public, termina par cette phrase plus énergique : *Sera immédiatement passé par les armes.*

En attendant, la terreur bonapartiste faisait inspirer ce pamphlet devenu populaire.

Ce pamphlet, je le reproduis ici comme curiosité pour donner la mesure de l'état des esprits en 1871, parce que moi-même je n'étais pas plus épargné

que les autres. Mon nom qui y figure, lorsque je
n'ai cessé, intérieurement, de déplorer les excès de
l'Empire, donne une idée de la sincérité de ce factum fait en vue de servir de garde-fou au pouvoir
de la Commune.

Voici ce factum tel qu'il a été publié ; il est aussi
curieux par sa forme que par son caractère; il donne
la mesure de l'état d'irritation des esprits de cette
époque.

LES BORN

HISTOIRE INF

PROJET DE MONUMENTS D'EXPIATION A ÉR

INDIVIDUS

VOUÉS

A LA MALÉDICTION ET AU MÉPRIS des citoyens,
A LA HAINE ET A L'EXÉCRATION des peuples,
A L'OPPROBRE ET A L'INFAMIE dans les générations futures,
A L'ANIMADVERSION universelle, enfin,

POUR

Avoir mis la France dans l'état épouvantable et unique dans l'histoire où elle s'est trouvée plongée par suite des funestes événements qui ont eu lieu en 1870.

———✦———

NAPOLÉON III, le chenapan de *Décembre* et de *Sedan*,
L'inepte conspirateur de *Strasbourg* et de *Boulogne*,
Le cynique corrupteur de la conscience et de l'esprit publics,
Qui a perdu et livré la France !
Empereur comique, **Majesté** de hasard,
pauvre et triste **Sire !**
Chevalier du faux serment et du guet-apens.
L'homme à la *providence* et *Providentiel* par excellence !

MAUDITES

.E. DE L'EMPIRE

HONTE DES MALFAITEURS DE L'HUMANITÉ

Surfait par ses Cornacs avides
et par des Prôneurs intéressés ;
Indifférent au *Bien*, sceptique et blasé à l'égard
du *Mal* ;
Sauveur journalier de la société, pourfendeur
de l'anarchie, et : « *L'ordre, j'en réponds!* »
Incarnation du *Moi* : disant « **Je, Mon, Ma, Mes** »
comme si tout lui appartenait.
Traître, renégat, déloyal, hypocrite, astucieux,
fourbe, pervers, criminel, meurtrier, violateur
des lois, faussaire, libertin, etc. !
Ayant tous les **Vices**, et quant aux qualités :
Néant!
Gibier de potence et de bagne, plutôt que de prison,
de bannissement et d'exil.
D'ont la conduite entière fut un **outrage** à la
morale et aux bonnes mœurs, et dont le règne
(suprématie du bon plaisir et de l'arbitraire, du
Sabre et de la Croix, c'est-à-dire mélange de Militarisme et de Jésuitisme, de tabac et d'encens —
gouvernement de la rapine, du favoritisme, de privilège et des abus ; — qui ne fut qu'aveuglement
et folie ; — qui devait être la *paix* et qui n'a été
que la *guerre* ; — qui n'a répondu à la confiance
que par des duperies, etc., etc.), dont le règne,
enfin, commencé dans le **Sang**, s'est écroulé dans
la **Boue!!**

Piétri, *Son* inséparable préfet de police; organisateur des troubles et des complots; véritable premier ministre de ce **César idiot**, qui, avec *Lagrange, Alessandri,* Claude, *Marseille* et autres alguazils, paltoquets ou argousins, lie et rebut de la société, gouvernait littéralement la France.

Émile Ollivier, pitre, amuseur de la galerie ; — *Son* digne ministre de l'*Injustice* et des cultes — qui a perdu ou gâté tout ce qu'il a touché ; — Sophiste haineux et vindicatif; *Sujet* souple ; rhéteur affecté et cauteleux ; ancien commissaire de la République en 1848; — qui devait être le *Spectre du 2 Décembre*, et ne fut que l'apôtre de la duplicité, — qui, enfin, devait être *la force,* et qui, grâce... non au sabre, mais à la *bénédiction* de son père, a tout fait *d'un cœur léger !*

De Grammont, l'*Insignifiant ; Son* naïf ministres des affaires étrangères.

Lebœuf dit : Maréchal *Oui-sire* ; stupide ministre de la guerre.

Benedetti, *le Dupé ; Son* niais ambassadeur en Prusse.

Rouher, *l'Outrecuidant ;* dit : *Vice-Empereur ;* ancien fougueux républicain de 1848 ; — *Son* âme damnée, grand apologiste de billevesées gouvernementales, rusé président de *Son* Sénat.

Schneider, *l'Autocrate...* du Creuzot ; *Son* hautain et très humble président du Corps législatif, ce pâle simulacre de la représentation nationale ; débiteur des flatteries et des congratulations courtisanesques ; porteur aux pieds du *Trône* (avec un grand T !) de l'hommage, du respect, du dévouement, du servilisme et du vasselage officiels.

Baroche, *l'Arrogant* ; celui qui, en 1848, a « devancé la Justice du Peuple » ; — docile président de *Son* Conseil d'Etat.

Devienne, *l'austère* (affaire *Marguerite Bellanger*, *l'Impératrice*, nº... 2. ?) ; — premier président de *Sa* Cour de cassation.

Clément Duvernois, le *Transfuge ; Son* collaborateur intime dans *Ses* rapsodies historiques et autres. — De plus, approvisionneur... *non désintéressé*... de Paris.

Conti, *un Corse! Son* secrétaire particulier, correcteur de *ses* élucubrations.

Frossard, l'*Illustre... Ganache* ; général de cabinet, caporal instructeur de *Son* héritier présomptif.

Maupas, *Son* complice, comme préfet de police au guet-apens du 2 *Décembre* 1851, ce *prologue* sanglant de l'ignoble et honteuse saturnale qui fut l'*Empire!*

Canrobert, le maréchal *Rrrran!*

Palikao, le *Pillard...* des palais de la Chine ; de son nom : *Cousin Mautauban*, comte d'occasion ; *Son* dernier ministre imposteur.

De Failly, *Sbire...* de *Mentana* et de la rue Transnonain (1834) ; l'un de *Ses* généraux d'antichambre ou de salon.

Bazaine, expert en trahison ; stigmatisé par son odieuse *reddition de Metz*, la ville imprenable ; — crime qui, pour le pays, est le vrai « **Couronnement de l'Edifice.** »

Le prince Napoléon, fils du *vieux Jérôme*, dit : *Craint-plomb*, dit : *prince Kolikof*, *mer d'Azof*, etc., etc.

Pierre Bonaparte, le *Lacenaire* impérial, dit : *Pierre d'Auteuil.*

Etc., etc., etc., c'est-à-dire :

Tous les Auteurs principaux de nos immenses désastres et du régime horrible par lequel la France énervée a été asservie pendant vingt années ; lesquels, publiquement ou d'une façon privée, de près comme de loin, ont contribué à fonder et maintenir le *pouvoir personnel* oppresseur, tyrannique et maudit du brigand heureux dont les hauts faits, caractérisés par la fusillades, les transportations, les confiscations, la terreur, porteront dans l'histoire les noms funèbres de : *Boulevard Montmartre, la Ricamarie, Aubin, Sedan, Metz*, etc., et qui n'aura dispensé ses bienfaits que par les commissions mixtes, les tribunaux, la police, Sainte-Pélagie, Mazas, Lambessa, Cayenne, etc., etc.

En comprenant dans ces **Individus maudits :**

Tous les **Gens** de la famille imp...*fernale*, morts et vivants, vauriens et cravacheurs désignés dans les 3ᵉ et 18ᵉ livraisons des papiers trouvés aux Tuileries ; qui, en vrais parasites qu'ils étaient, ont vécu, par le caprice de ce Prince *vide-gousset*, aux dépens du peuple, dont 1.310.975 francs de rentes annuelles, et 70.187.796 francs alloués en dix-huit années, à titre de parenté, indiquent bien que ces rongeurs se faisaient tous litière.

Les membres de **Son Conseil Privé**, à commencer par le *Sire* de Chamarande, *Fialin* dit **de Persigny**, comte et duc de raccroc, l'un de ses excitateurs et son plus ancien complice ; — regrettant d'y voir figurer le démocrate-nobiliaire *Magne*.

Ses Ministres, anciens et récents pantins, ambitieux sans scrupules, célèbres seulement par la *Lanterne de* ROCHEFORT ou par la *souscription* BAUDIN, et qui, loin de résister aux entraînements du despotisme impérial, ont exercé, avec un acharnement inouï, les violences et les persécutions de cet abominable système.

Ses Conseillers d'Etat, eunuques officiels, dandins et automates superflus ; constituant avec le *ministre d'Etat*, l'organe spécial et particulier par lequel cette majesté *Framboisyenne* et charivarique daignait, dans sa souveraine bonté, vouloir bien entrer en rapport avec ce qu'elle consentait à appeler : *les Grands Corps de l'Etat.*

Ses Sénateurs, vieux laquais, flasques et serviles ; Paillasses décrépits ; Scapins fourbus, vicieux et ramollis comme lui ; marionnettes politiques ; Cassandres à la retraite. — Ridicules gardiens des libertés publiques.

Ses Députés officiels et satifaits qui recevaient de lui des subsides ; qui, d'un *cœur léger*, et, dans l'intérêt de la dynastie, ont voté la guerre ;

— ayant également un blâme-pour tous ceux qui ont prêté *serment* à l'homme audacieux et pervers qui avait si outrageusement violé *le sien.*

Ses Ecuyers, pourvoyeurs en libertinage de ce Pacha caduc ; — **Ses Veneurs** ; — **Ses Aides de camp** en chambre ; — **Ses Maîtres de cérémonies** à ressort ; — **Ses aumôniers** de *far niente* ; — **Ses Chambellans** à clef dorsale, et autres **Porte-coton officiels ;** tous, tant Petits que Grands ; — en un mot, soit de la chambre, soit de la table, soit de l'écurie, soit de l'alcôve, toute la *haute* et immonde **Domesticité** impériale.

Ses Créatures, Ses Courtisans et Ses Familiers.

Ses Cumulards, Ses Sinécuristes et autres **Budgétivores**, gorgés de places à gros traitements, repus de privilèges et comblés d'immunités de toutes sortes, pour services personnels rendus, en tête desquels son *grand maréchal du palais*, une des dernières culottes dè peau du premier empire, qui, tout compte fait, recevait, véritable ogre, près de trois cent mille francs par an, pour ne rien faire !

Ses Ambassadeurs, c'est-à-dire ceux qui, comme *Fleury* et autres, ñe valant pas mieux que (Bonaparte), se sont trouvés dignes de représenter à l'étranger un individu si peu honorable, par ses antécédents et par ses actes.

Ses Magistrats complaisants, avilis, prévaricateurs et corrompus ; qui, tous, dès le 2 *Dé-*

cembre, avec d'autres arlequins *solliciteurs* qui n'ont pas hésité à se mettre au service de l'ancien *souteneur* de New-York. du policeman de Londres, etc., etc.

Sa Haute Cour *d'Injustice*, célèbre, en dernier lieu, par ses déférences inouïes pour le *prince assassin* et par l'acquittement inique de ce dernier.

Ses Hauts Jurés sans conscience!

Sa Cour des Comptes, ou pour mieux dire : **des Contes**, c'est-à-dire des *fictions*, car avec son président et son procureur général, ses aides du 2 *Décembre* ont fait les comptes de cette cour, qui approuvait toutes les **mises en poche**, tant du *Chef de l'Etat* que de toute la série de ses subordonnés, ces comptes, *faits à plaisir*, ne sont pas des *Contes* à dormir debout, mais bien des *Histoires* à faire frémir.

Son Corps Militaire en général, tant de terre que de mer, de l'artillerie et du génie, lequel, avec tous ses *comités*, ses *états-majors*, ses *intendances* et ses *bureaux*, et malgré l'énorme dépense annuelle de huit cents millions de francs, a été assez imprévoyant, inhabile ou désordonné,... si ce n'est plus,... pour ne pouvoir pas même opposer à l'invasion aucune résistance.

Brisant toutes les barrières de la routine, comblant toutes les ornières de la camaraderie et de l'habitude, c'est-à-dire les préjugés les plus invétérés du *Militarisme*, le *Génie civil*, — les *Travaux publics*, — la *Garde mobile*, — la *Garde nationale* même, ont eu beau venir au secours de ce pauvre *corps militaire*, la navrante capitulation de Paris, qui est le bouquet de son œuvre, n'en a pas moins piteusement achevé notre ruine si bien commencée, de *Reischoffen* à *Sedan* et de *Strasbourg* à *Metz*.

Par une intervention complète des rôles, il a même fallu que la marine, avec son artillerie et ses soldats, fasse presque exclusivement le service de la terre ferme; nos artilleurs, notre matériel et nos munitions ayant été livrés à *Sedan* par le lâche *Napoléon* et à Metz par le traître *Bazaine*, sur lesquels les **Hommes** du 4 *Septembre* semblent avoir pris exemple.

Ah! c'est que, contrairement à la vieille garde impériale, c'est-à-dire aux *grognards,* qui mouraient plutôt que de se rendre, la nouvelle garde *se rend* et ne *meurt pas!*

Espérons que le règne de tous ces *traîneurs de sabre* est enfin fini!

Ses Maréchaux *de cour* **et ses Généraux** *pour rire;* les uns comme les autres véritables généraux Boum ou Malbroughs à la bergamote; — matamores, fantoches et bravaches; — des... zéros et non des héros; — soldats de clinquant, de parade et de petite guerre; — hommes de plaisir, d'ignorance et d'infatuation plutôt que d'étude, de savoir et de mérite; — nécessairement plus prétoriens (c'est-à-dire césariens et papalins) que patriotes; — tous superbes et vainqueurs à Satory et au camp de Châlons: — non moins brillants que frivoles aux sabbats malsains des Tuileries, où ils se distinguaient surtout dans la savante conduite d'un cotillon; — mannequins à galons très braves et sans pitié dans les émeutes, en face de citoyens sans armes, de femmes et d'enfants.

Ses Amiraux *d'eau douce;* très forts en calculs et en expériences de tir, mais complètement inexpérimentés en hydrographie; ce qui a été suffisamment prouvé par leur dernière et inutile campagne dans la mer Baltique.

Si, comme faisant partie de l'armée investie, ces Amiraux ont concouru à la défense de Paris, il n'y a pas, on le sait maintenant, à faire, en leur faveur, aucune exception : l'incurie, l'impuissance et le mauvais vouloir, pour ne pas dire plus, ont été partout les mêmes!

Ses Cardinaux!... Car... c'est lui qui les choisissait et les nommait! — Tous, nullités de courbettes et de génuflexions, excellents pour faire des sénateurs, comme, du reste (non moins *cumulards* que les autres), ils l'étaient déjà de droit.

Ses fonctionnaires, incapables, ineptes ou dilapidateurs des derniers publics.

Ses Préfets, obséquieux, dévoués et soumis, menés et surmenés, et surtout ceux à *poigne ;* vrais *Mandarins* et *Satrapes*, qui, en décembre 1851, ont fait fusiller *deux fois* le pauvre MARTIN BIDAURÉ.

Ceux **des Maires**, des *Juges de paix* et même (pour descendre en quelque sorte jusqu'en bas dans la honteuse hiérarchie bonapartiste) ceux des simples *Gardes champêtres* qui ont marché sur les traces ou obéi aux ordres des préfets maudits.

Ceux **des Professeurs** des facultés ou **des Membres** des instituts, et autres palinodistes, imprégnés du virus servile qui ont avili la science en endossant la livrée, et en se mettant au service de cet ignominieux et *plus que Bas empire*.

Ceux **des Membres de l'Académie française** qui, dans ce gâchis impérial, se sont abaissés jusqu'à prendre le mot d'ordre de la *Cour*, et, en dernier lieu, à se donner pour collègue... *Émile Ollivier!*

Ceux **des Hommes de lettres** qui, pour prix de leur ralliement à l'empire, de leur *censure* ou de leurs adulations, émargeaient aux *fonds* secrets ou sur la cassette impériale (3e, 21e et autres paquets des papiers trouvés aux Tuileries). — Sans excepter les écrivains poètes et les artistes avilis ou dégradés par leur glorification d'un régime qui, véritable calamité publique, était le fléau de la France.

Les Journalistes vendus, insulteurs timbrés et assermentés de la justice et du droit; la plupart vrais *De la Hoddes* de la presse, fomentateurs et dénonciateurs qui n'ont cessé de répandre leur bave sur tout ce qui était grand, noble et généreux.

Les Gens de la **Police secrète**, de cet égout de l'empire, de cette sentine empestée que, par un euphémisme adouci, l'on nommait le *service de la* **Sûreté publique** ou de la *Sûreté générale*, et qui ne servait qu'à la politique; — ceux du *Casse-tête* et du *Gourdin*, — les mouchards, — les limiers,

— les agents provocateurs, — les faux conspirateurs, — les faux témoins et autres gueusards ; — les décacheteurs de lettres du **Cabinet noir ;** — les commissions de **Censure ;** — les directeurs de prisons politiques ; — les gouverneurs-gardes-chiourmes des lieux de déportation, et tout le personnel ignoble, lèpre sordide et sanie infecte, qui, avec les pleutres et les vauriens de toutes les classes et de tous les régimes, se rattachait plus ou moins à l'administration occulte.

Les **Gouverneurs, Administrateurs ou Directeurs** de grandes sociétés ou d'établissements publics, qui ont fait passer leur dévotion à l'empereur avant l'accomplissement de leurs devoirs.

Les **Candidats Officiels** à la députation, *non élus*, et, par conséquent, non compris dans les catégories d'individus qui précèdent. — Et cela parce que l'indécence politique et l'obscénité morale des *Candidatures Officielles* ont fait soulever de dégoût tous les cœurs honnêtes.

Les **Décorés** de la *Légion d'Honneur* par la faveur du prince, c'est-à-dire sans aucun droit ni mérite, mais pour des actes ou des services personnels plus ou moins avouables.

Les **Anoblis** de la même manière (ducs, comtes, marquis, barons de brocantage), c'est-à-dire des gens tellement vils ou coupables qu'ils ont pu encore emprunter un grand relief à la considération ou au pardon de ce criminel avachi.

Nécessairement aussi :

Ceux qui, sciemment, par sympathie ou par amour, ont soutenu et défendu l'empire ; car, les gens qui composaient et servaient cette parodie de gouvernement, étant vils, ceux-là (excepté, bien entendu, les pauvres esprits, que, plaisamment, on nommait *Ratapoils*) se sont, logiquement, de leur plein gré ou de gaieté de cœur, constitués *vils* aussi.

Enfin, — **Tous** les faiseurs, agioteurs, turcarets, tripotiers et flibustiers quelconques ; — les spéculateurs éhontés, — les fournisseurs sans probité, — les dilapidateurs des fortunes privées, — les accapareurs endurcis ; — tourbes d'égoïstes sans pudeur, intrigants et fripons de toutes nuances ; — filous embusqués derrière le *Code;* véritable bande de voleurs, *francs-pilleurs* sans vergogne, qui, dans le journalisme, dans la finance, dans l'industrie et dans l'administration publique elle-même, au milieu de l'oblitération morale universelle, n'ont cessé, par leurs paroles, par leurs écrits et par leurs actes, de soutenir à outrance l'impur système impérial qui les protégeait de son ombre dans leurs affaires obliques et véreuses.

Enveloppons, avec les *Individus maudits*, dans un **Anathème** radical et universel :

Le flot de toutes **les Vanités** ridicules et surannées que cet empire de carton peint (qui en avait tant besoin) a fait revivre, telles que : les *Majestés*, les *Altesses*, les *Excellences*, les *Monseigneurs*, les *Dignitaires*, etc., etc., lesquelles, avec les *Eminences*, les *Grandeurs* et autres dénominations du fétichisme gouvernemental, sans en omettre les oripeaux ainsi que les fêtes et cérémonies (qui y jouent un si grand rôle) formaient la base de ce régime théâtral et bouffon, que l'autorité, la hiérarchie, l'arbitraire (remplaçant la liberté, la réciprocité et la solidarité absentes) ont, pendant vingt ans, imposé à la France !

Sans oublier, dans les **individus maudits** de la **valetaille bonapartiste :**

Morny, *le Magnifique*; duc de Comédie ; — insatiable dépravé ; — frère du Soulouque français. — *Morny! vrai dieu de la machine*, et dont la mort, privant le *Fétiche* de tutelle, en entraîna fatalement la chute, — Instigateur du *Coup d'Etat* de décembre, de l'égorgement de la République, de l'étranglement de toutes les libertés et de la suppression de tous les droits ; *Robert-Macaire* dont *Bonaparte* n'était que le *Bertrand*.

Saint-Arnaud, le *Sacripant* ; (de son nom : *Jacques Leroy*), l'un des bourreaux du 2 *Décembre*.

Carlier, le *Policier*... de la Présidence ; préparateur d'un coup d'Etat et exécuteur en province, de *battues* bonapartistes.

Espinasse, le *Forcené*; — l'un des premiers ministres de l'intérieur de l'usurpateur; célèbre par ses *aménités*... contre la presse.

Castellane, sorte de *Fracasse*, dont les Lyonnais conservent un terrible souvenir.

Magnan, le *Soudard besoigneux*.

Billault, l'*Ambitieux*. — **Dupin**, le *Versatile*. — **Troplong**, l'*Intègre*. — **Walewsky**, l'*Uti-*

lité. — **Fould**, le *Dédaigneux*. — **Niel**, le *Fanfaron*, et tant d'autres morts à la peine.

Puis encore :

La Cohue sinistre des maréchaux, des généraux et des préfets, morts ou vivants, qui, aux *dragonnades bonapartistes du* néfaste 2 *Décembre*, se ruèrent sur les citoyens désarmés (qui défendaient la Constitution et les lois).

Sans oublier enfin, dans le sombre défilé, la **Magistrature**, cette magistrature rampante, non moins ardente ensuite à la curée des récompenses, et qui, traînant la simarre dans la boue encore sanglante, est venue, après ce formidable attentat, avec les soixante-cinq membres à jamais déshonorés de la *Commission consultative*, s'incliner devant le Mandrin politique, le Troppmann social, et l'acquitter.

Citant, pour terminer, dans les **Gens maudits** de la **Séquelle impériale :**

Pour que le **Châtiment** et l'**Expiation** soient complets.

NAPOLÉON Ier, le scélérat de *Brumaire*, — chef de cette *Race maudite* de bohémiens couronnés que nous a vomi la Corse, de cette lignée fatale de *bâtards* à ne plus s'y reconnaître ; — fondateur également *par un crime*, de l'abrutissant et monstrueux régime suivi par NAPOLÉON DERNIER ; régime qui, après avoir coûté à la France la mort de plusieurs millions d'hommes et la perte de nombreux milliards d'argent, l'a non seulement plongée vive dans l'abaissement et la honte, mais encore fut cause qu'elle a été envahie *trois fois* par l'étranger !

Enfin, et par surcroît, l'on doit **Maudire** encore :

Guillaume Ier, roi de Prusse, et **Bismark**, son ministre ; non pas pour avoir *sournoisement* suscité les tristes événements que tout le monde déplore, puisque, de son côté, NAPOLÉON III en a fait *follement* autant ; mais pour avoir continué une guerre impie alors que, par la chute du capitulard de Sedan, actuellement sire de... l'Escampette, qui avait commis la faute de la déclarer ; *la situation n'étant plus la même*, les conditions de la paix pouvaient être honorables à la *fois* pour les deux nations, ce qui n'a presque jamais lieu dans la guerre, et qui se rencontrait précisément dans cette circonstance.

Quant à la **Queue de l'Empire**, c'est à-dire aux **Hommes** du 4 *Septembre*, qui furent le gouvernement de l'*impéritie* ou de la *trahison*, et de la *honte* nationale, et à l'**Assemblée** (dite Rurale) de *Versailles*, qui, avec ses fusilleurs, reîtres et séides de l'empire venus à la rescousse, a déchaîné sur la France les horreurs de la *guerre civile*, une autre **Borne** (non moins *Maudite* que celle-ci) transmettra à la postérité l'échantillon de l'inertie, de la lâcheté, du jésuitisme et de la duplicité des uns, l'ineptie, de l'imbécillité, de l'insolence et de la férocité des autres !

Néanmoins :

Comme tout crime suppose des motifs et que ces motifs peuvent être des *circonstances atténuantes*, les circonstances de cette nature qui militent ici en faveur des nombreux et grands coupables *bonapartistes* esquissés et stimagtisés succinctement dans ces tableaux synoptiques, dans cette *Histoire infernale* de l'empire, et passés en revue dans cette sorte de *Lanterne magique* accusatrice, ou cloués à ce Pilori flagellateur, ces circonstances atténuantes sont : **l'Imbécillité et la Longanimité populaires.**

Ce qui veut dire que, si ces *Misérables* opprimaient et, par conséquent, méprisaient le peuple, le peuple le *méritait bien*.

Il peut en coûter de l'avouer et paraître dur de le

NOTA. — Ce tableau, production des sièges de Paris, est une **Compilation**, à la fois *synoptique et méthodique*, de ce qui a été publié dans les *Journaux* en général et dans divers écrits, tels que : la **Lanterne**, les **Châtiments, Napoléon le Petit**, les **Papiers trouvés aux Tuileries**, etc., etc.

dire ; instruits désormais par le *Passé*, et forts dans
le *Présent*, il devient plus facile d'organiser enfin
un *Avenir* dans lequel on ne verra pas de ces exa-
gérations sociales extrêmes qui, par la *richesse* et
la *pauvreté*, font que les uns sont placés au-dessus
des lois, tandis que les autres sont placés au-
dessous, et que l'oisiveté est constamment le lot
des premiers, tandis que le travail incombe sans
cesse aux seconds ; ni de ces exceptions criantes et
immorales par lesquelles les gens de *Police*, de
Caserne (ces gens qui ont peur de la *Liberté*), qui ne
veulent pas de l'*Egalité*, et qui ne pratiquent pas
du tout la *Fraternité*), vivent, dans la fainéantise et
sans soucis, soit en dehors des liens, soit exempts
des devoirs de la Société commune.

15 avril 1871.

Signé : UN COMPILATEUR.

1062 — Paris. — Assoc. générale typ., Faub.-St-Denis, 19
BERTHELEMY ET Cie.

Les écrits de ce genre, qui n'épargnaient ni l'Empire ni le 4 Septembre, étaient faits, en excitant la colère de tous ceux qui s'y trouvaient insultés, pour opérer une réaction favorable à l'Empire.

Les espions de M. Thiers, les espions de la Commune, tous sortis de l'ancienne police impériale, s'en servirent pour ramener adroitement des partisans à l'ancien régime.

Moi-même qui, par devoir, par patriotisme, me ralliait à M. Thiers, dont les fautes étaient couvertes par l'ardent désir de voir l'ennemi hors de France, moi-même je devais être l'objet de l'animosité excitée par ce factum.

Je vais le prouver en continuant le récit de mes infortunes que je n'avais su éviter, en restant dans la capitale où je ne comptais que des ennemis et des amis trop faibles pour me garantir de leurs coups !

CHAPITRE XIII.

LA PROPHÉTIE RÉALISÉE.

Le lendemain, de grand matin, je vis arriver chez moi le commissaire B*** ; il était pâle, défait. Il me dit que la veille il n'avait pu se trouver à mon rendez-vous. Il avait failli être pris par les fédérés qui s'étaient emparés de son bureau pour mettre à sa place une des créatures de la Commune.

Il m'avoua qu'il était poursuivi depuis qu'il avait fait quelques observations à son remplaçant, et que celui-ci n'attendait pour l'arrêter qu'un ordre de l'administration.

Il me demanda si j'étais bien sûr d'avoir pour lui comme pour moi une double passe à la préfecture depuis que Duval, Rigault et Ferré en étaient les maîtres, avec le citoyen Protot, délégué à la justice, après avoir été au temps de l'empire le défenseur de Mégy !

Je répondis à M. B... que je n'étais sûr de rien

depuis que j'avais vu, la veille, un de mes agents sur lequel je comptais le plus, Bagasse, passer dans le camp ennemi, et que je l'avais surpris, en attendant B... sur le Pont-Neuf, commandant une compagnie de fédérés.

J'ajoutai :

— Nous n'avons cependant que ce moyen de salut. On ne peut plus sortir de Paris ni aller à Versailles sans un sauf-conduit de Rigault. A tout prix, il faut l'obtenir. Je compte sur la protection de ceux qui me devaient leur pain pour qu'ils ne nous jettent pas du moins dans la gueule du loup ! Après tout, il n'y a pas moyen de faire autrement pour sortir de ce volcan. D'une seconde à l'autre nous sommes menacés d'être engloutis. Et qui ne risque rien, n'a rien !

M. B... se rendit à mes raisons.

Avant de partir, je sonnai mon valet de chambre M... pour nous accompagner, pour me remettre différents objets indispensables que j'avais préparés, en attendant la visite de B...

En vain je sonnai mon valet de chambre. Il ne me répondit pas.

Hélas! je devais trop tôt le retrouver et le rejoindre, mais non à Versailles.

En moins d'un quart d'heure, après la visite de B..., nous nous présentions par le quai des Orfèvres, à la porte de la sûreté générale.

Toutes les portes extérieures de la préfecture étaient gardées par des hommes, dont les mines farouches, inquiètes ou menaçantes m'étaient inconnues.

Ils étaient rangés par bataillons sur le quai; la queue des solliciteurs de laissez-passer était aussi nombreuse que les cohortes qui les parquaient.

Il y avait des fédérés jusque dans les couloirs.

Il ne me fut pas difficile de reconnaître sous l'uniforme, aux pantalons à bande rouge, à la capote de drap marron, sous le képi de ces militaires improvisés, l'ouvrier de Paris, au teint hâve, que le malheur, les privations avaient aigri bien avant les misères du siège !

Devant ce troupeau armé qui gardait, d'un air hostile et furibond, le troupeau de moutons qui avait comme nous la candeur de demander un permis pour fuir ces loups, je regardai si je ne retrouvais pas une figure amie.

J'aperçus, blotti contre la porte en planches de la sûreté, un fédéré dont la tenue correcte jurait avec la garde ordinaire et extraordinaire de la nouvelle préfecture.

Je reconnus Œil-de-Lynx.

Il nous aperçut, il nous fit signe du coin de l'œil.

Sans que j'eusse eu le temps de m'entendre avec B..., il vint à moi, l'arme au bras, suivi de quelques autres fédérés, il nous porta jusque dans le premier couloir du palais, après s'être collé contre mon oreille et m'avoir dit :

— Ne prononcez pas votre nom, suivez - nous chez Duval.

A mon tour, je parlai bas à B... nous marchâmes entre deux files de fédérés commandés par Œil-de-Lynx !

Je devinai, aux physionomies farouches de ceux

qui nous accompagnaient, que s'ils avaient su à quels hommes ils faisaient l'honneur de leur escorte, nous n'aurions pas été jusqu'au bureau du citoyen général, délégué à la préfecture, sans avoir reçu deux balles dans la tête.

Enfin nous parvînmes, B... et moi, dans le premier bureau qui, jadis, servait à mes secrétaires ; il précédait celui dans lequel je m'installai, quai des Orfèvres, avant de me rendre au bureau de la permanence.

Une fois arrivés là, OEil-de-Lynx, avec intention, fit rester ses hommes dans l'antichambre du bureau.

Il nous poussa, B... et moi, dans le deuxième bureau où était assis, comme au bon temps de l'empire, un de mes anciens employés.

A ma vue, sans manifester la moindre émotion, sur un signe d'OEil-de-Lynx, l'employé sortit d'une serviette deux laissez-passer au timbre de la Commune, et signés Raoul Rigault. Il s'apprêtait à y mettre nos noms, laissés en blanc, lorsque la porte du fond, la porte de mon propre cabinet, s'ouvrit brusquement.

Un jeune homme habillé en officier, de mise élégante, de très bonne mine, galonné et doré sur toutes les coutures, apparut tout à coup.

Il s'écria en nous désignant et en arrêtant, d'un geste impératif, le commis aux écritures :

— Que fais-tu là, animal ? Heureusement que je viens d'être averti. Lieutenant, s'écria-t-il à l'OEil-de-Lynx, il était lieutenant ! — Conduisez le citoyen B... à Mazas, quant à celui-là, fit-il en me désignant, qu'il entre ici, j'ai à lui parler. Allez, exécutez mes ordres ! Vous êtes heureux que je ne sois pas Rigault, car ce que vous vouliez faire là, de votre propre autorité, vous vaudrait la *faveur* de passer par les armes. Allons, dépêchons; celui-ci à Mazas ; quant à celui-là, je m'en charge !

Après avoir désigné B..., il s'était tourné vers moi; d'un air moitié ironique, moitié furieux, il avait ajouté :

— Citoyen, veuillez me suivre dans mon cabinet.

Nous étions perdus.

Je n'eus pas de peine à deviner que la pensée secrète qui avait animé mes anciens employés pour me sauver des griffes de nos implacables ennemis, avait été devinée et distancée par eux.

Sans aucun doute, ils avaient laissé agir OEil-de-Lynx et ses complices pour mieux nous attirer, pour mieux nous prendre au piège que nous nous étions tendus nous-mêmes.

Je n'eus pas de peine à me convaincre de cette vérité quand je fus en face du général Duval, au moment où le malheureux B..., que j'avais associé à mon infortune, était séparé de moi, traîné par les fédérés, commandés par le même OEil-de-Lynx ne pouvant plus nous sauver !

— Au moins, me disais-je comme fiche de consolation, il n'a pas fait, lui, comme Bagasse. OEil-de-Lynx a été reconnaissant et il a fait son devoir jusqu'au bout.

J'étais enfin en présence du général Duval. Il se prélassait, en me regardant avec complaisance, dans mon ancien fauteuil.

Pendant qu'il m'observait avec curiosité, j'en faisais de même.

Duval était un assez joli garçon; sa taille martiale, quoique un peu vulgaire, ne manquait pas de cette crânerie et de cette faconde qui plaisent tant aux jeunes ouvrières !

Sous son costume à la Robespierre, enveloppé l'une écharpe rouge lui couvrant la moitié du corps et hérissée de revolvers, il me rappelait, par l'importance soldatesque: l'acteur Galland de l'ancien cirque :

— Citoyen Claude, me dit-il, vous voyez que je vous connais, vous m'étiez signalé depuis hier et signalé par vos employés devenus aujourd'hui les *nôtres* !

A ces mots, je ne pus maîtriser, malgré la situation critique où je me trouvais, un mouvement de honte, de colère et de mépris.

Je me rappelais ma rencontre de la veille sur le Pont-Neuf, je pensais à Bagasse.

— Et, continua-t-il, pour un malin comme vous, ce n'est pas fort d'avoir cru à la reconnaissance de vos argousins. Vous voyez que ceux qui les premiers vous ont aidé à pincer autrefois Rigault et Ferré, sont les premiers, aujourd'hui, à les faire sévir contre vous. Voilà bien, du reste, votre infâme police. Quand nous serons forts, nous nous en débarrasserons, mais jusque-là...

— Pardon, citoyen, lui répondis-je avec hauteur, vous êtes ici pour m'arrêter et non pour juger mon administration.

A ces mots prononcés d'un ton ferme, le général

Duval me regarda d'un air stupéfait et qui n'était
pas exempt de sympathie.

Le citoyen général n'était pas sans courage, et il
aimait le courage chez les autres.

Étouffant, sous un air d'autorité, la bonne impression produite par ma réponse, il s'écria brusquement :

— Taisez-vous, citoyen ! Vous êtes ici pour m'entendre et non pour m'interrompre ; écoutez-moi
donc. Vous avez à la préfecture deux ennemis, délégués comme moi à l'ex-préfecture : ce sont mes
amis Rigault et Ferré. Je ne vous le cache pas, ils
veulent votre mort par un jugement exemplaire.
Vous avez été, vous l'êtes encore, l'ennemi de tous
les républicains ! Mais moi qui commande ici, je ne
nourris pas comme Rigault et Ferré une aversion
personnelle contre vous. Je sais que la police...
est la police. Je la méprise, voilà tout. Tant qu'elle
ne pourra être supprimée, mon opinion est : qu'il
faut autant se servir de ses anciens rouages avant de
les briser à tout jamais. Eh bien ! consentez, par
serment, à ne plus avoir aucune attache avec les
chouans de Versailles ; consentez, carrément, à
nous servir comme nous servent la plupart de vos
agents, et, en dépit de Rigault et de Ferré qui
viennent de vous faire arrêter, je vous place à la
tête d'un des services de la préfecture.

J'étais si loin de m'attendre à une pareille propo-
sition que je poussai une vive exclamation de
surprise.

Je le regardai d'un air ahuri, presque hébété.

Mais le général Duval n'eut pas le temps de jouir

de mon étonnement, des cris et des jurons éclataient dans la pièce d'à côté:

Je sus depuis que c'étaient des fédérés qui, sou-
doyés par Raoul Rigault, apprenaient l'importante
capture du général.

C'était mon arrestation qui provoquait ce tapage.

— Ah çà ! jura le citoyen général en s'élançant
vers la porte, qu'est-ce qu'ils ont ces b...-là à chan-
ter de la sorte, on ne s'entend plus ici !

A l'instant, la porte s'ouvrit.

Un commandant, en habit à revers rouge, aussi
galonné que le général, se présenta, il bouscula
des soldats fédérés qui, dans la pièce d'à côté, voulaient forcer le passage.

Ce commandant, à revers rouge et à la ceinture
de même couleur, vint parler bas au général.

— Très bien, dit-il en inclinant la tête ; on veut
me forcer la main, je résisterai ! Je suis le chef
ici ; et voici ce que je veux faire, moi, de Claude,
le souteneur de l'Empire ! La mort nous le suppri-
merait. Ce n'est pas assez, et je veux faire de lui ce
que j'ai fait de sa bande. C'est plus malin et moins
odieux ! Voici, ajouta-t-il en regardant le commandant, voici ce que je proposais à ce serviteur de Badinguet, un service chez nous, en attendant que
je supprime tous les services de l'Empire. Voyons,
monsieur Claude, acceptez-vous?

Tout en disant ces mots, le citoyen général me
regardait et regardait d'un air ironique le citoyen
commandant.

Ma réponse était tracée à l'avance, surtout à la

façon ironique et insultante avec laquelle elle m'avait été posée :

— Je regrette, répondis-je sur le même ton, de ne pouvoir accepter vos propositions *bienveillantes*; mes antécédents et ma conscience me le défendent.

Duval bondit de son fauteuil, il se mordit les lèvres de dépit; puis, se calmant, il me regarda d'un air de commisération :

— Votre réponse, se décida-t-il à ajouter, vous honore, mais elle vous condamne! Tant pis pour vous, je suis obligé de vous remettre entre les mains de Raoul Rigault qui va procéder à votre arrestation. Conduisez, citoyen commandant, *monsieur* Claude chez Rigault!

Et d'un geste à la Bonaparte, Duval termina la séance.

J'avoue que je fus pris de vertige.

Ma réponse équivalait à un arrêt de mort, dès qu'elle me livrait à l'un de mes plus implacables ennemis.

Je ne tardai pas cependant à concevoir encore un espoir de salut, lorsque le citoyen Duval, au lieu de me faire passer par la porte, derrière laquelle se tenaient les fédérés acharnés contre moi, désigna au commandant une autre issue donnant sur la galerie.

Le commandant m'entraîna de ce côté; là encore des fédérés se tenaient dans l'escalier. Avertis par les soldats des bureaux, ils crièrent en m'apercevant :

« C'est Claude! il faut le fusiller. »

Un groupe d'hommes en képi, que je crus reconnaître pour être de mes anciens agents, se massa contre moi, il me fit aussitôt escorte sous le commandant qui répondit aux plus furieux :

« — Non, ce n'est pas Claude ! »

Tous les fédérés se reculèrent pour laisser passer l'escorte qui, au pas de course, arpenta l'extrémité de la galerie, monta un étage supérieur, et me poussa dans les bureaux occupés autrefois par M. Lagrange, et devenus les bureaux de Raoul Rigault !

Cette fois le commandant, sans parler à l'huissier que je reconnus pour avoir été l'huissier de M. Lagrange, m'ouvrit le cabinet où était installé Raoul Rigault.

Il portait, comme le citoyen général Duval, un costume à revers rouge et à galons dorés.

Je le revoyais comme autrefois, avec sa longue barbe noire et son lorgnon sur l'œil. Seulement, il n'avait plus ses habits râpés d'autrefois, il affectait un air d'élégance qui jurait avec la grossièreté de son langage !

— Ah ! ah ! s'écria-t-il de sa voix la plus sonore, dès qu'il m'aperçut. Je te tiens donc, Claude ! Tes argousins avaient manigancé une machine pour te faire filer sous la protection de ma signature. J'ai laissé faire les alguazils pour aggraver ta situation ! Abuser de la signature d'un procureur de la Commune dans l'exercice de ses fonctions, c'est grave ! Ton affaire est bonne, tant mieux ! Duval voulait te sauver, parce qu'il te méprise ! Moi, je veux te tuer parce que je te hais, parce que moi et mon ami Ferré, tu nous as fait trop souffrir, depuis trois ans! Nous as-tu assez de fois fourrés en prison, en violant le seuil de nos familles, en insultant de toutes les manières nos frères et nos sœurs! Dent pour dent! c'est notre tour! Tu mourras, Claude! la balle qui te frappera sera la balle d'un des tiens! Souffrances pour souffrances! Il y a longtemps que je ruminais l'idée de te rendre ce que tu m'as fait endurer! Allons! En prison, à la Santé! Et sais-tu celui qui va te conduire? C'est le citoyen Bagasse, celui-là que tu as fait filer contre moi pendant si longtemps! Je ne pouvais te donner un meilleur geôlier, on n'est jamais si bien gardé que par les siens, Bagasse sera ton bourreau! Ah! c'est que je m'y connais, en tortures, depuis que tu nous les as fait toutes endurer! Je sais que tu as ton excuse en me disant que tu n'agissais que pour le compte de Badinguet; mais Badinguet m'a trop appris, sur ma peau, la manière de me servir de ses armes, je m'en sers sur la tienne! Qu'as-tu à me répondre, dis, Claude?

Pendant que le farouche Rigault, tout en se prélassant comme un pacha dans l'ancien fauteuil de Lagrange, me débitait, avec une volubilité emphatique, ces interpellations et ces injures, je me contentai de hausser les épaules et de garder le silence. Lui souriait dans sa barbe.

Et quand il eut terminé, je me contentai de lui répondre, après une pause :

— Monsieur Rigault, je vous ferai observer que lorsque j'étais à votre place et que vous étiez à la mienne, je ne vous ai jamais adressé d'injures. Dispensez-moi des vôtres. Contentez-vous, par respect pour vous-même, de me faire conduire en prison, dès que vous croyez que c'est votre droit.

— C'est mon droit absolu, citoyen Claude, ajouta-t-il de son sourire le plus aigu, en se caressant la barbe, vous en serez convaincu quand vous me retrouverez pour présider votre jury d'accusation ! Cette fois, mouchard jésuite, je n'aurai pas besoin d'employer d'invectives pour vous charger. Vos méfaits s'en chargeront d'eux-mêmes. Allons, en prison ! Qu'on appelle le citoyen Bagasse !

Cette fois je n'en revenais pas !

Que Rigault m'insultât, qu'il me vouât à la mort, je le comprenais ; mais que Bagasse, qui avait partagé mes infortunes, qui, sous la guerre, m'avait sauvé la vie, devînt mon geôlier et mon bourreau, voilà ce que je ne pouvais concevoir.

Et Rigault, ce raffiné en cruautés, avait raison, ce qui me faisait plus de mal que ses invectives, que mon malheur même, c'était la trahison de Bagasse.

Hélas ! je crus ne pouvoir en douter, comme je n'avais pu en douter, la veille, lorsque Bagasse n'avait pas voulu me reconnaître sur le Pont-Neuf ; car ce fut lui qui me traîna à la prison de la Santé.

A peine Rigault eut-il fait appeler Bagasse, qu'il se présenta, suivi d'une troupe de fédérés.

Aussitôt, non sans avoir jeté un regard d'écrasant mépris à mon ancien agent, je fus porté hors du bureau du nouveau procureur de la Commune.

Encore une fois, ma nouvelle escorte me préserva contre la fureur des fédérés.

Ils remplissaient, comme une fourmilière, toute

la préfecture. En sachant bien cette fois que j'étais Claude, ils ne parlaient rien moins que de me fusiller sur place.

Une voiture s'était avancée contre la porte depuis que j'avais été interrogé par le général Duval et par le citoyen Raoul Rigault.

Cette voiture m'était destinée.

Un des commissaires de la Commune ayant donné à un fédéré de l'argent pour payer le cocher, ce citoyen jugea plus utile de mettre l'argent dans sa poche. Ce fut moi qui payai le cocher chargé de me conduire en prison.

Pour comble d'ironie, je vis Bagasse monter sur le siège, indiquant à l'automédon la route de la prison de la Santé, où Bagasse avait envoyé tant de coupables sans prévoir qu'il y traînerait un jour son ancien chef de la sûreté !

Arrivé devant la porte, ce fut encore Bagasse qui ouvrit la portière à son ex-patron.

Je détournai la tête pour ne pas voir le traître qui consommait jusqu'au bout ce que je considérai comme la plus lâche des trahisons !

Au greffe où je signai le livre d'écrou, je fus reçu par le nouveau directeur, le citoyen Collet. Là, on me fit déposer le seul objet précieux que j'avais sur moi, ma montre.

Malgré la gravité de la situation, je ne pus m'empêcher de sourire en voyant avec quelle précaution procédaient ces nouveaux fonctionnaires de la Commune qui, à l'endroit des objets de prix, agissaient comme des administrateurs expérimentés de l'Empire.

Et je dis au citoyen Collet, en souriant :

— Mais ma montre n'a rien de politique; il est vrai qu'elle est en or !

Je dus me repentir de ce sanglant sarcasme. Ce citoyen n'était pas aussi noir, ou plutôt aussi rouge qu'il paraissait l'être.

S'il obéissait aux ordres de la Commune, il agissait vis-à-vis de moi sous l'inspiration d'une pensée généreuse dont je pus apprécier les effets.

Je devais bientôt en connaître les heureux résultats. Quoique placé en face d'ennemis implacables, tels que Rigault et Ferré, ces tribuns ne se doutaient pas qu'ils étaient gouvernés eux-mêmes par mon ancienne administration.

Les propositions que m'avait faites le général Duval, dès mon arrestation, le prouvaient. Lorsque j'arriverai à la fin de la Commune, je le prouverai mieux encore par un document authentique. Comme Bagasse, OEil-de-Lynx et Requin, la plupart de mes agents ne s'étaient ralliés à la Commune ainsi qu'au gouvernement de la Défense que dans un but bien arrêté de garder la place à M. Lagrange, au profit du retour si désiré, à la préfecture, du captif de Wilhemshœhe et de l'ermite de Chiselhurst.

Rigault ne se doutait pas, comme je l'ignorais moi-même, qu'en me donnant, sur les conseils des vieux employés de la préfecture, la prison de la Santé, il m'entourait là d'anciens brigadiers très dévoués à ma personne.

Cette prison, en effet, sauf son nouveau directeur, avait gardé une partie de son ancien personnel. Sans la mort de Duval, qui arriva trop tôt pour moi, mon évasion était presque assurée. La mort du général Duval, à la première sortie des fédérés, au 4 avril, laissa malheureusement Rigault maître absolu de la préfecture. Alors Ferré, à la sûreté, nourrissait contre moi une haine trop profonde pour laisser agir ceux qui étaient intéressés à me sauver.

Bagasse, que je suspectais, n'était donc resté en réalité à la préfecture, d'après les conseils d'OEil-de-Lynx et de Requin, que pour travailler dans l'ombre à mon salut. Il avait l'air, comme ses camarades, mais pour mieux me servir, de partager contre leur ancien chef la haine que me vouaient leurs nouveaux directeurs.

La prison que Rigault m'avait choisie, l'avait été d'abord par l'ancienne bureaucratie parce qu'elle l'avait jugée plus favorable à mon évasion.

Si les chances tournèrent contre elle et contre moi, ce ne fut pas la faute de son inaltérable dévouement.

Je vais le prouver dans le chapitre suivant ; je le prouve déjà ici par le rapport d'un brigadier adressé à un chef de la commission militaire de Versailles, après la chute de la Commune.

Je vais le reproduire in extenso pour faire comprendre que si Raoul Rigault et Ferré, sous les ordres apparents du magistrat Protot, lançaient des mandats d'arrestation, le plus souvent ces mandats n'avaient d'effet que lorsqu'ils satisfaisaient les rancunes des adversaires du 4 septembre et les préférences impérialistes contre lesquelles il était de mode de tonner bien fort pour satisfaire l'opinion.

Voici le rapport du brigadier de la prison de la
Santé :

Monsieur,

Il est de mon devoir de porter à votre connaissance la ferme et inaltérable persévérance
avec laquelle je me suis employé, durant les
troubles de la Commune, pour maintenir l'ordre
dans la prison de la Santé, et surtout pour éviter de grands malheurs.

Lorsque les sieurs Claude et son valet de
chambre sont entrés dans cette maison, M. le
directeur n'a pas osé, par *crainte*, les mettre ensemble.

Sur ma responsabilité et malgré le danger auquel je m'exposais, je n'ai pas hésité à les
mettre ensemble, tous deux dans la même cellule.

Ces deux captifs se plaignirent à moi de ce
que les hommes de poste qui étaient établis
dans cette maison venaient dans les galeries
avec des galoches, ouvraient à chaque instant
les guichets pour voir dans les cellules et les
troublaient au point qu'ils ne pouvaient repo-
ser ni être tranquilles un seul instant. J'en ai
donné avis de suite à M. le directeur, en lui

représentant que pour maintenir l'ordre il fallait faire cesser immédiatement cet abus ; qu'il fallait, par conséquent, autant que possible, faire disparaître ce poste de l'intérieur. Sur ma demande, M. le directeur s'est empressé de faire sortir ce poste. Quand le sieur Ferré, préfet de police, a donné ordre de faire fusiller les otages, j'ai prié M. le directeur de *ne pas répondre à sa lettre; il a adopté mon avis.*

Le 22 mai 1871, les sieurs Serisier et Millier, avec un artilleur, sont entrés dans cette maison. Le sieur Serisier m'a fait la conduite jusqu'au greffe, tenant un revolver à la main. Je ne me suis nullement émotionné de cette manière d'agir.

Il demande à M. le directeur Collet s'il avait conservé le personnel administratif qui existait. Ce directeur lui répondit que *oui.* Sur cela, le nommé Serisier lui dit :

— Tu me payeras cela cher !

Puis il dit aux autres qui l'accompagnaient :

— Partons, il n'y a rien à faire ici.

Il y laissa son personnel. Ensuite il s'est fait ouvrir le registre des écrous pour prendre les noms des otages. Le directeur Collet lui donna le nombre des otages.

En sortant du greffe, je fus contraint par Serisier de le conduire au poste. Là il donna l'ordre de fusiller tous les otages sitôt qu'on verrait arriver des soldats de Versailles. Sur ce, je suis allé trouver l'officier ; je lui demandai ce qu'il pensait de cet ordre. L'officier m'a répondu qu'il se brûlerait plutôt la cervelle que d'exécuter un pareil ordre. Tous les hommes du poste ont partagé unanimement son avis.

Le 19 mai, le sieur J*** est rentré dans la maison avec un bataillon de communards. Ils ont campé dans la chapelle ; ils m'ont interdit la surveillance. Je suis allé trouver le directeur en le priant d'aviser, afin que je pusse faire mon service, chose qu'il fit. Vers deux heures du matin, passant dans la chapelle, j'ai entendu dire à ces hommes que s'ils avaient su qu'il s'agissait de fusiller, ils ne seraient pas venus. Je me suis empressé de les faire sortir. A huit heures, ils sont sortis et sont restés devant la porte jusqu'à dix heures.

Le 22 mai, je me promenais sur le boulevard vers les six heures du matin, lorsque tout d'un coup je vois arriver deux voitures, et bientôt après arrivent à la suite dix-huit à vingt autres voitures. Je me suis empressé de m'adresser aux conducteurs de ces voitures pour savoir ce que c'était ; un des charretiers me dit que c'était de là poudre pour mettre dans la prison. J'ai fait venir le directeur Collet, et je lui ai dit qu'il ne fallait pas recevoir ce chargement, que l'on ferait sauter tout le quartier avec cette poudre. Le directeur a immédiatement expédié à ce sujet un employé à la préfecture et un autre au 9e secteur, et quelques heures après on a fait diriger ces voitures sur la barrière d'Italie et les Gobelins. Il a été très heureux que j'eusse persévéré dans ma détermination, car le quartier était exposé à de grands malheurs.

Je me permets, Monsieur, de porter à votre connaissance ces divers renseignements, parce que je sais qu'il y a quelques personnes qui se flattent d'avoir fait éviter, eux personnellement, tous les malheurs qui auraient pu arriver. C'est pour cela qu'il est de mon devoir de porter à votre connaissance l'exacte vérité, bien qu'il soit peut-être trop tard.

Ainsi donc, Monsieur, j'ose vous dire que si j'étais parti de mon poste, comme quelques-uns me le conseillaient, les deux sous-brigadiers auraient fait comme moi, ainsi qu'une partie des surveillants. Donc, c'est plus que probable que si on nous avait remplacés par des scélérats, notre maison aurait subi le même sort que les autres maisons.

Plein de confiance en votre appréciation à ce sujet, j'ai l'honneur d'être, Monsieur, avec le plus profond respect,

Votre très humble et très obéissant serviteur.

Le brigadier,

A* * *.

CHAPITRE XIV

LES OTAGES.

Comme pour la guerre, je n'ai vu de la Commune qu'un coin du tableau. Cette dernière peinture sera d'autant plus réduite que je suis resté en prison durant sa terrible période.

Ce que j'en ai connu est dû en partie aux visiteurs de ma cellule, amis ou espions de Versailles qui, à la barbe de mes gardiens, ne cessèrent de rester en communication avec moi.

C'est assez dire que la police, sous la Commune, était assez mal faite.

Pouvait-il en être autrement ?

L'existence du nouveau pouvoir était la condamnation de la police ; le seul service régulier qui restait à la sûreté générale était entre les mains des agents que j'avais formés en dehors de l'administration de M. Lagrange.

Le citoyen Protot qui avait la direction de la justice ne pouvait, du jour au lendemain, refaire toute la magistrature par l'application spontanée de son nouveau système basé sur l'élection des juges et des officiers judiciaires.

Ce qui s'improvise le moins, c'est la magistrature et son personnel.

Et de l'aveu des chefs de la Commune, la *sûreté générale*, entre les mains de Ferré et de Rigault, fut loin d'être à la hauteur de son mandat.

Comme je l'ai appris jusqu'au fond de ma prison où j'étais gardé par des brigadiers qui n'aspiraient au *dedans* qu'à me mettre *dehors*, la police de la Commune était travaillée par une contre-police. Elle organisait constamment un soulèvement intérieur. Les délégués à la sûreté n'en savaient rien, parce que leurs agents avaient intérêt à ne leur rien dire.

Lorsque les municipalités, qui faisaient elles-mêmes des arrestations, mettaient sur la voie la *sûreté générale*, les agents faisaient tout pour dépister la sûreté.

La police, si habilement organisée sous l'Empire, était presque tout entière à Versailles, M. Thiers ne manquait pas de s'en servir.

Lorsque le général Duval m'arrêta au moment où mes propres agents espéraient me renvoyer à Versailles, ce général était loin de vouloir sévir contre moi.

Il ne partageait pas la haine que m'avaient vouée les deux délégués à la sûreté.

On l'a vu par les propositions qu'il me fit, il n'eût tenu qu'à moi de redevenir sous la Commune le chef de mon ancienne administration, dont il était en droit de suspecter le zèle et la bonne foi.

Ce fut parce que je n'obéis qu'à ma conscience, que je me replaçais sous les griffes de mes en-nemis.

Si l'ordre, comme l'affirme la Commune, n'a ja-mais été aussi parfait dans Paris qu'il le fut du 19 mars au 21 mai, cela tient à deux causes : la moitié, sinon les trois quarts de la population pari-sienne, n'était plus au mois d'avril dans la capitale, et les prisons ouvertes à tous les condamnés, s'éle-vant au nombre de trois à quatre mille, ne se refer-maient plus que sur des innocents.

Le peuple n'aime pas la police, et les socialistes qui veulent exclure les agents faisaient leur police eux-mêmes.

Tout voleur, tout réactionnaire qui était pris, étaient envoyés au secteur ou au rempart. Il n'in-quiétait plus l'ordre, pour une bonne raison, parce que l'obus et le feu de l'ennemi en faisaient prompte justice.

Mais l'ordre moral de la Commune n'en était pas moins troublé.

La police de Versailles s'en chargeait.

Elle était partout pour acheter les commandants des forts, pour jeter la panique aux avant-postes; elle pénétrait partout, elle avait ses entrées jus-qu'au siège de la Commune, à la place Vendôme comme à l'Hôtel-de-Ville.

Je l'ai indiqué par la présence continuelle à Paris d'un agent versaillais, d'un soi-disant serviteur des ambassadeurs, M. T*** D***, qui ne cessa jusqu'à la dernière heure de corrompre ou d'essayer de corrompre les généraux et officiers supérieurs de la Commune.

Chose incroyable, l'endroit le plus accessible à l'espionnage, le refuge offert à tous les malfaiteurs se trouvaient dans la préfecture de police même !

Après l'ouverture des prisons, la sûreté générale enregistra les repris de justice dans ses légions d'inspecteurs !

Il se trouva, par le fait de cette étrange organisation, que ceux qui, autrefois, avaient été chargés d'arrêter les malfaiteurs se trouvaient mêlés avec tous ces bandits. C'était une ironie due à Raoul Rigault.

La préfecture de police, naguère si calme, si disciplinée, si triste, était devenue bruyante et animée comme un champ forain.

Là, comme ailleurs, c'était le monde renversé. Les malfaiteurs et les bandits, transformés en fédérés, arrêtaient et incarcéraient à leur tour ; jamais ils ne s'étaient trouvés à pareille fête ; et la fête eût été complète si la plupart de ceux qui avaient autrefois arrêté et incarcéré ces anciens prisonniers n'avaient quitté le palais de justice et la préfecture pour se réfugier à Versailles.

Il faut le dire, à la louange des chefs sincères et convaincus de la Commune, les Vermorel, les Delescluze, les Jourde, les Beslay n'acceptèrent les repris de justice dans le service de la police et le service militaire, qu'à la condition qu'ils seraient employés aux plus durs et aux moins avouables emplois.

Lorsque la mort du général Duval et la mort de Flourens nécessitèrent la loi des otages, ce fut dans la légion des repris de justice que la sûreté chercha ses exécuteurs; l'état-major, de son côté, sous l'équipement de fédéré, les plaça aux avant-postes; ils surent faire leurs devoirs et quelques-uns moururent en héros.

Les vengeances personnelles de Raoult Rigault qui, sous la fin de la Commune, était devenu le dictateur de l'ex-préfecture de police, firent plus de mal à la Commune que M. Thiers et toute son armée.

Dès que la loi des otages fut votée, le dictateur de la police s'en servit contre tous ses anciens ennemis, grands et petits journalistes de l'Empire, d'anciens confrères qui avaient blessé surtout sa vanité d'écrivain.

Il n'y eut pas que moi dont il se souvint pour me torturer.

Fanatique de Blanqui dont il était resté le lieutenant, chaque fois qu'il faisait fusiller un otage il s'écriait :

— C'est la faute à Versailles ! Que les Thiers, les Trochu, les Charette nous rendent Blanqui, et nous leurs rendrons leurs gendarmes et leurs capucins.

Son horreur contre la *capucinade* était aussi ostensible que celle qu'il manifestait contre les journalistes réactionnaires et les gendarmes.

Jamais au temps où il fréquentait les brasseries du quartier latin, la *Marmite*, la *Source*, etc., etc., il ne parlait sans éviter de prononcer le mot de saint.

Lorsqu'il était obligé de citer le nom d'une rue

accolée de ce titre, il l'évitait d'une façon burlesque, obscène ou originale. En parlant de la rue des Saints-Pères, il disait, par exemple, la rue *Toujours*, traduction du mot latin *semper*.

Ce farceur sinistre possédait, malgré son ton jovial, une férocité qu'il mit au service de ses haines rétrospectives, dès qu'il fut devenu le directeur de l'ex-préfecture de police.

Il le prouva à l'exécution de Gustave Chaudey qui, sous le siège, avait été un des premiers à combattre l'insurrection blanquiste à l'Hôtel-de-Ville.

Arrêté pour ce fait, au triomphe de la Commune, Chaudey, quoique républicain avancé, libre-penseur, adepte de Proudhon, fut traîné à la prison de Sainte-Pélagie.

Rigault voulut se donner le plaisir d'aller le trouver dans son cachot pour lui annoncer qu'il devait être fusillé le jour même.

Chaudey qui ne s'attendait pas à un pareil sort en parut vivement impressionné.

Il se récria, il supplia Rigault pour qu'il lui accordât au moins quelques minutes afin de se recueillir et de mettre ordre à ses affaires.

— Est-ce qu'il te prendrait envie de te confesser? lui riposta-t-il ironiquement. Je ne te croyais pas aussi jésuite? Si tu veux un calotin, dis-le, je t'en servirai un tout de suite ! Justement j'ai un dominicain sans ouvrage qui doit être *canardé* demain, je vais le requérir à ton usage.

Chaudey ne put maîtriser un mouvement d'horreur, il baissa la tête, ne répondit rien ; il comprit que devant un pareil monstre il était perdu.

Rigault ajouta, pour mieux se jouer de l'effroi de son otage :

— Tu veux mettre de l'ordre dans tes affaires. Eh bien! mon copain, je puis t'aider.

Il se mit à dicter en sa présence son acte de décès!

Une heure après, Chaudey était fusillé !

Vers les derniers temps de la Commune, Rigault, chaque matin, faisait un tour dans les prisons avant son déjeuner; il disait à ses collègues du comité du salut public :

— Je viens de prendre mon absinthe, j'ai fait fusiller ce matin devant moi deux bons moines!

Son antipathie contre le clergé, je le répète, égalait celle qu'il nourrissait contre les littérateurs et principalement contre les écrivains qui, au temps de sa bohème, n'avaient jamais voulu accueillir sa prose.

Balathier de Bragelonne fut, dit-on, à ce sujet, l'objet de ses poursuites

Dès que la Société des gens de lettres apprit l'arrestation d'un de ses confrères, elle envoya deux délégués pour le réclamer.

Les délégués ne furent pas reçus. Un cordeau de fédérés leur barra le passage à la préfecture.

Alors les délégués remirent leurs cartes au secrétaire de Rigault, le citoyen Dacosta :

— Que demandent ces citoyens? demanda Raoul Rigault contrarié en lisant les noms des deux délégués.

— Je crois qu'ils réclament, répondit Dacosta, la liberté d'un rédacteur de la *Petite Presse*.

— Comment, ils osent venir ici! répondit Rigault

en roulant des yeux furibonds. Plus souvent que je vais accorder quelque chose à leur Société des gens de lettres, cette société qui s'est aplatie aux pieds de Badinguet. Et c'est une raison, ajouta-t-il en regardant un journaliste présent à cette scène, pour que je ne lâche pas votre Balathier.

Puis il ajouta en se tournant vers Dacosta :

— Sont-ils encore là ?

Le secrétaire sortit et rentra :

—Non, dit-il ; fatigués d'attendre sans doute, ils s'en sont allés.

— Ah ! ils sont partis ! exclama Rigault avec un sourire méchant. Eh bien ! ils ont de la veine ! Ils auraient augmenté, avec mon Balathier, le nombre de nos otages !

Malgré les paroles de Rigault, l'homme de lettres, présent à cette scène, fit tant et si bien en mettant le secrétaire Dacosta dans ses intérêts, que le dictateur de l'ex-préfecture finit par signer l'ordre de mise en liberté de Balathier de Bragelonne.

En cette circonstance comme en tant d'autres, la confiance du candide Dacosta n'était pas heureuse.

L'avocat de Balathier de Bragelonne n'était rien autre que le journaliste Cochinat, celui qui, après la victoire de l'armée de Versailles, versa des torrents d'encre et d'invectives sur les geôliers de Balathier, et qui, après comme avant la Commune, resta l'inspirateur de la pensée réactionnaire du prisonnier de Rigault.

Il est vrai que l'excuse de la défiance farouche du dictateur de l'ex-préfecture de police était dans les nombreuses trahisons fomentées journellement auprès des officiers de la Commune par les agents de M. Thiers, aussi bien que par les agents bonapartistes.

Il s'en trouvait jusque dans le comité de l'Hôtel-de-Ville.

Il arrêta un jour deux de ses membres : un ex-capucin, un ex-secrétaire de commissaire de police sous l'Empire et un ancien conspirateur de l'Opéra-Comique, qui n'avait pas craint d'envoyer une supplique à l'Empereur en lui offrant autrefois ses services.

L'ex-préfecture de police, après la mort du général Duval, fut constamment en lutte sous la direction de Rigault et de son collègue Ferré avec des conspirations intra et extra muros.

Pendant tout le second siège, la conspiration dite des *brassards tricolores* resta en permanence, elle devait appeler dans l'intérieur de Paris à l'insurrection les milliers d'agents que Versailles entretenait jusqu'au sein de l'ex-préfecture de police.

Rigault ne savait répondre à l'acharnement que mettait Versailles à acheter les généraux de la Commune, autrement que par la plus effroyable intimidation.

Il était bien l'homme qu'il fallait pour rendre honnêtes malgré elles toutes les consciences à vendre.

Un jour il apprend qu'un nommé V*** est envoyé au général Dombrowski avec un million et demi de traites sur la maison Rothschild. Le général en avertit, un peu tard il est vrai, le comité de salut public. Alors V*** est arrêté, fusillé par ordre de Rigault, au pied de la statue d'Henri IV.

Et Rigault, présent à l'exécution, [l'explique en ces termes à la foule :

« Citoyens, nous voulons agir au grand jour, surtout quand il s'agit d'une résolution si grave. V*** a voulu, au nom de Versailles, acheter nos chefs militaires. Ce crime a mérité la mort. Nous vous faisons les témoins de *notre* justice ! »

Néanmoins, la population parisienne, celle-là même qui avait pensé, comme Bismark, que la Commune, à son début, avait une *portion* de raison, ne partageait pas son opinion. Rigault, qui trouvait trop douce la terreur de 93, et qui la dépassa en faisant fusiller Chaudey sous ses yeux, Rigault mentait quand il disait qu'il voulait rendre le peuple témoin de *sa justice.*

Ce qu'il fit pour un traître comme V***, il ne le fit pas pour Chaudey, il ne le fit pas pour l'archevêque de Paris et les autres otages que, comme moi, il réservait, disait-il, pour *le bon moment !*

L'horreur inspirée par ses cruautés ne faisait que détacher de plus en plus la population parisienne de la Commune qui, dès le principe, s'était prononcée contre les négociateurs de la paix et des Prussiens, et qui cependant faisait comme eux, en flattant nos ennemis et en employant leurs procédés : le système des otages et l'emploi du pétrole.

Sur la fin de la Commune, je le tiens de personnes dignes de foi, toutes les rues de Paris étaient devenues presque désertes. Les boulevards, de la Madeleine à la Bastille, ressemblaient à une grande route royale dédaignée de la foule depuis l'emploi des voies ferrées. Les maisons, les boutiques étaient aux trois quarts fermées ; elles n'étaient accessibles qu'aux patrouilles y recherchant des citoyens suspects ou réfractaires.

Le seul côté pittoresque qu'offraient, sur les derniers temps, les rues vides de la capitale, était représenté par des bataillons de fédérés, le bidon passé en sautoir, le pain fiché dans la baïonnette, prêts à se faire tuer aux remparts, ou bien encore par un catafalque pavoisé de drapeaux rouges en deuil, précédé d'une fanfare jouant des airs lugubres, de tambours battant aux champs et suivi de deux files de gardes nationaux en armes! Catafalque et bataillon, toujours flanqués d'une pimpante vivandière !

Dans les boutiques la plupart fermées, se cachaient des réfractaires, dévoués commis de leurs patrons partis pour Versailles; ils veillaient à ce que les cruautés politiques de la guerre civile ne dégénérassent pas en cruautés personnelles inspirées par des représailles non moins intimes.

Un jour le citoyen V***, membre de la Commune et directeur de son journal officiel, se présente chez un grand libraire du Palais-Royal.

Il lui dit :

— Citoyen, nous vous avons choisi pour être l'éditeur de la publication des travaux du gouvernement. Vous les éditerez comme Plon éditait les ouvrages de l'Empire, avec autant de luxe, seulement ils seront reliés aux armes de la Commune. Les armes démocratiques y remplaceront les armes de Badinguet. A part ce détail, ce seront les mêmes livres de luxe avec les mêmes dorures. Vous avez jusqu'à ce soir pour vous décider à mériter les honneurs de la Commune.

Le soir même, l'éditeur du Palais-Royal, qui savait ce qu'il en coûtait de ne pas obtempérer aux avances de la Commune, s'empressa, pour ne pas donner une réponse aussi catégorique que dangereuse, de filer sur Versailles.

Le directeur du *Journal officiel* ne rencontra le soir que le premier commis qui, sur les conseils de son patron, ne pouvait donner au délégué de la presse officielle qu'une réponse évasive.

D'autres employés imitèrent cet exemple. La maison Boucicaut fut sur le point de sauter par les Fédérés, qui s'entêtaient à y placer des barils de poudre. Un employé nommé M*** parvint à déloger ces dangereux engins, en parlementant à plusieurs reprises avec les incendiaires; et les magasins du *Bon Marché* furent sauvés.

L'*Institut*, la *Sainte-Chapelle*, le *Ministère de la Marine* durent aussi leur conservation à d'obscurs et héroïques gardiens, qui, au péril de leur vie, eurent raison de l'incendie général qui, dès le 21 mai, menaça d'embraser la capitale.

Sous la Commune, ces dévouements se comptèrent par milliers.

Tous les grands magasins de Paris et la plupart de nos monuments furent sauvés de la ruine et de l'incendie par des dévouements pareils, plus ou moins ignorés.

Il ne m'appartient pas de juger les actes de la Commune, ni de prendre fait et cause pour un parti plutôt que pour un autre.

Subalterne dévoué, comme tous les serviteurs qui ont défendu la fortune et l'honneur de leur maison, je suis resté, avant comme après l'Empire, le serviteur absolu de la hiérarchie qui m'avait élevé au poste que j'occupais depuis trente ans.

Pour moi, mon poste était à Versailles, depuis que le gouvernement légal, soutenu par une assemblée élue par la nation, était venu siéger dans cette ville. Et j'étais fidèle au seul drapeau de la France, le drapeau tricolore.

Quels que fussent les griefs qu'avait à opposer la population parisienne au pouvoir légal, mon devoir n'était ni de les connaître ni de le combattre. Je n'a-n'avais qu'à le servir.

Sans Raoul Rigault, sans Ferré, l'un qui, à la préfecture, avait l'emploi de Lagrange, l'autre qui exerçait mon emploi à la sûreté, je suis persuadé que je n'aurais pas enduré les tortures imméritées que ces ennemis personnels me firent subir aussi, comme otage, à la prison de la Santé.

Ferré et Rigault sont, selon moi, deux étranges phénomènes de cynisme et de cruauté. Ils sont nés pour faire haïr tous les partis qui les emploient. Ils ne peuvent se produire et s'élever que dans des temps de calamités, c'est-à-dire aux époques de guerres civiles, pour donner raison, par leurs crimes, à ceux qui en font justice.

Les gamineries cruelles de Ferré et de Rigault ont coûté cher à la Commune; les forfaits de ces hommes sont retombés sur des honnêtes gens qui, dans les rangs des adversaires de Versailles, n'ont pas voulu survivre aux attentats si funestes qui s'appellent : le massacre des otages !

Ils ont fait excuser les moyens coercitifs employés par les juges de Versailles ; ils ont provoqué parmi eux les morts héroïques de Vermorel et Delescluze, qui protestèrent toujours, dans le comité de salut public, contre les cruautés de Rigault et de Ferré, les plus mortels ennemis du progrès et de l' liberté !

CHAPITRE XV

LA CELLULE N° 33.

Fut-il dans la vie d'un homme une situation plus extraordinaire et plus curieuse que la mienne?

Il fallait le règne de la Commune, où toutes les lois humaines furent bouleversées, pour que, dans cette lutte terrible livrée contre la justice, je fusse, moi, l'humble serviteur de la magistrature, traîné en prison par ceux qui avaient le plus à se plaindre d'elle !

Mandataire de la société, partageant avec le juge d'instruction ses pouvoirs discrétionnaires, j'étais jeté en prison et j'occupai à la Santé la cellule n° 33, la cellule des forçats !

Administration, police, force armée, tout ce qui avait été sous mes ordres depuis trente ans s'était tourné contre moi par la volonté de deux hommes, dont l'un, à la politique, avait pris la place de Lagrange; dont l'autre, à la sûreté, occupait ma place et exerçait mon autorité !

Moi, chef de la sûreté, j'étais sous les verrous, j'étais au secret, retranché du monde des vivants par le pouvoir des deux hommes qui me faisaient arrêter par les mêmes agents que j'avais mis sur leurs traces pour les emprisonner, un an auparavant !

Dans cette ironie du sort, je me demandais, en prenant possession de ma cellule, si j'avais bien toute ma raison ou si j'étais bien éveillé ?

En me rappelant ce qui s'était passé depuis un an, ce qui avait ramené en prison et en exil le chef de l'État, sorti de la prison et de l'exil pour escalader un trône et le ramener au même point de départ, je me disais que je subissais la fortune d'un gouvernement dont je n'avais, il est vrai, jamais accepté les principes, mais dont j'avais endossé cependant tous les actes !

En me rappelant, à Londres, la prophétie de cette voleuse graciée par l'Empire, je me disais que le sort cruel qui me frappait était logiquement implacable, tout en étant profondément injuste.

Dès que j'entrai en cellule, je m'aperçus que les circonstances extraordinaires qui m'y avaient fait entrer m'offraient des avantages et des compensations refusés aux véritables coupables.

Je m'aperçus que la protection occulte qui veillait sur moi ne m'avait pas abandonné, et que la bureaucratie préfectorale, dont n'avaient pu se passer ses nouveaux directeurs, ne m'avait pas fait conduire en vain dans une prison qui avait conservé, je le répète, son ancien personnel.

Quoique prisonnier, j'étais dans un camp ami ; je n'étais au secret que pour la forme.

Mes gardiens, qui me connaissaient quand je faisais mettre en cellule les autres, avant d'y être moi-même, me laissaient parfaitement libre dans mon cabanon ; l'œil de mes geôliers n'était dirigé sur moi, à travers le judas de mon cachot, que pour prévenir mes moindres désirs.

Ma *mise au secret* n'était faite que pour m'isoler du directeur de ma prison, du brave Collet. Le directeur subissait, à mon profit, les exigences de ses gardiens pour me permettre de recevoir, sous l'agrément de la signature Rigault, les personnes de ma famille qui désiraient me voir, me consoler et m'entretenir.

Si j'avais la cellule 33, la cellule double consacrée d'ordinaire aux plus grands criminels de la maison, elle m'avait été destinée par une attention délicate de mes geôliers. Ils avaient placé avec moi mon valet de chambre, M***, arrêté avant moi sur les dénonciations de Ferré.

On a vu, par le rapport du brigadier A***, chargé spécialement de ma surveillance, qu'il s'employait auprès du directeur de la prison pour que, jusqu'au dernier moment, mon fidèle valet de chambre restât à côté de moi afin de me servir comme dans mes beaux jours.

Si j'avais à la préfecture, dans la personne de ses dictateurs, des ennemis implacables, leurs rigueurs contre moi, à la Santé, étaient paralysées par leurs employés. A la prison de la Santé, ils étaient restés ce qu'ils avaient été quand j'étais encore chef de la sûreté, mes très fidèles auxiliaires.

Durant le mois d'avril, ma captivité fut si douce que je pouvais me croire presque en famille. Le brigadier A***, mon geôlier, avait tout mis en œuvre pour que je ne fusse nullement inquiété par le nouveau personnel de la maison, par l'état-major de la Commune qui s'étonnait qu'on n'eût pas déjà brûlé la cervelle et fait l'affaire du *brigand de Claude*.

Non seulement le brigand n'était pas fusillé, mais il lui était permis de recevoir à sa table tous ses amis et tous les gens de sa famille.

Mme Claude y venait voir son mari presque tous les jours; tous les jours mon fidèle valet de chambre préparait à dîner et à déjeuner pour deux ou trois convives qui venaient converser avec ce prisonnier soi-disant au secret.

Il est vrai que cette attention délicate, à laquelle se prêtaient Raoul Rigault et Ferré, était justifiée par la gravité de ma peine.

Lorsque Dacosta s'étonnait, le premier, des permissions qu'ils accordaient si facilement en ma faveur, Rigault et Ferré lui répondaient :

— Claude est un condamné à mort. On ne peut lui refuser ce que les siens accordaient à Troppmann et à d'autres scélérats condamnés comme lui. Patience, après nous être conduits avec tous les égards que l'on doit à l'ex-chef de la sûreté, à ce vil suppôt de l'Empire, il ne perdra rien pour attendre. Lui et son valet de chambre, ils ne sortiront de la Santé *que les pieds devant!*

Ces propos cruels m'étaient rapportés par ceux

qui devaient par la grâce de mes bourreaux la faveur de venir me voir.

Ferré eut l'atrocité de les répéter à ma femme, à mes amis les plus chers.

C'était un moyen de retourner le fer dans les plaies qu'il m'avait faites depuis que j'étais son prisonnier.

Je m'empressai, quoique la mort dans l'âme, de rassurer les miens en leur disant que les paroles de mes bourreaux n'étaient que pures fanfaronnades.

Je leur en donnai la preuve en leur montrant avec quelle sollicitude j'étais entouré, servi, complu par mes geôliers.

Alors ils se séparaient de moi plus rassurés.

Une fois seul avec moi-même, une fois rentré au secret, je partageais de moins en moins cette conviction que j'avais donnée aux autres.

Dans les premiers jours de mai, je calculai, l'effroi dans l'âme, que les visites à ma cellule devenaient moins fréquentes.

En revanche, la galerie de ma cellule se remplissait d'une bande de gardiens à figures farouches.

Mon brigadier A*** ne risquait plus aussi souvent un œil à travers mon judas. Sitôt qu'il se hasardait à prévenir encore mes volontés, un œil en courroux se braquait à mon ouverture pour contrecarrer mes désirs et les réduire à néant.

Je n'osai interroger mon gardien; et mon gardien, de son côté, évitait de m'expliquer les causes de ce brusque changement.

Hélas ! je devais bientôt en avoir l'explication par Ferré, devenu plus puissant que jamais, à mesure que la Commune dégénérée en comité de salut public était plus menaçante, plus arbitraire sous la dictature préfectorale de Rigault !

Un jour il se fit un grand bruit de sabots dans ma galerie, suivi d'un cliquetis d'armes et de baïonnettes.

Un mouvement extraordinaire troubla le silence et le repos relatifs entourant ma cellule.

C'était à l'heure de mon déjeuner habituel que mon valet de chambre me servait seul depuis que de nouvelles rigueurs commençaient à peser sur moi.

Tout à coup la porte de ma cellule s'ouvrit avec fracas.

Je vis mon citoyen directeur, la casquette à la main, s'effacer respectueusement devant l'hôte important qui venait me rendre visite.

Ce personnage, c'était mon remplaçant à la Santé, c'était mon ennemi le plus implacable, Théophile Ferré.

A sa vue, je reculai frappé d'étonnement, glacé de stupeur.

Dans ce petit homme, chamarré d'or, la poitrine plastronnée de larges revers rouges qui bordaient une longue redingote grise à collet noir et lui tombant jusqu'aux talons, j'avais peine à reconnaître le Ferré d'autrefois, l'ancien clerc râpé, le minuscule jacobin, des clubs démocratiques de l'Empire !

Ce qui me le fit reconnaître sous ses prétentieux habits de conventionnel, ce fut sa barbe, ses favoris noirs d'où émergeaient comme autrefois des verres de binocle abritant deux prunelles du noir le plus foncé.

Par la mobilité, par la vivacité de sa nature fébrile et remuante, Ferré, l'*inséparable* de Rigault, avait une physionomie dont l'ensemble échappait aux yeux des meilleurs observateurs.

En ce moment, ce petit homme, à figure sombre et barbue, ayant sous les bras une énorme serviette qu'il portait avec une gravité de magistrat, m'eût paru très grotesque s'il n'eût été si sinistre.

— Est-ce que vous ne me reconnaissez pas, citoyen Claude? me demanda-t-il d'un air de satisfaction, en jetant sur ma table sa serviette de maroquin noir où était écrit en lettres d'or : *service de la sûreté générale.* Et il me regarda bien, les deux mains appuyées sur la nappe comme pour se grandir encore :

— Si fait, lui répondis-je en inclinant la tête, sans daigner lever les yeux sur lui, mais en les fixant sur son immense portefeuille; si fait, vous êtes M. Théophile Ferré.

— Et vous n'ignorez pas ce qui m'amène ?

— Je l'ignore ! repris-je en souriant, à moins que ce ne soit poussé par le remords pour me rendre ce portefeuille où sont écrits ces mots : *sûreté générale,* dont je suis resté le chef quoique je sois ici votre prisonnier.

— Vous voulez rire ! s'écria Ferré de sa voix de fausset, vous voulez rire, mais rira bien qui rira le dernier. Eh bien! mon cher citoyen, mon brave *petit père*, je vais vous dire pourquoi, moi, Ferré, tant de fois arrêté par vous, je prends la peine, ce matin, de vous rendre la visite que vous m'avez faite autrefois dans mes divers cachots, en compagnie de votre sale magistrature.

— Pardon, citoyen! l'arrêtai-je en souriant, vous oubliez que vous êtes dans l'exercice de *mes* fonctions. Lorsque j'étais à *votre* place, jamais je ne me suis permis même vis-à-vis d'un assassin, fût-ce Troppmann, de me servir d'expressions semblables. Si vous êtes ici pour m'interroger, restez parlementaire, sinon je ne vous répondrai plus !

— Oh ! fit Ferré en rajustant son binocle sur son nez, en se caressant complaisamment la barbe, vous êtes libre de ne pas me répondre, comme je suis libre de parler ainsi qu'il convient à un ancien suppôt du véritable Troppmann, Napoléon III !

Je haussai les épaules d'un air méprisant, Ferré continua :

— Est-ce que vous croyez, citoyen, que je suis venu ici, moi, pour vous dire des douceurs! M'en adressiez-vous lorsque vous me faisiez mettre les menottes et les poucettes par vos argousins, avant de me traîner dans un cachot pareil à celui-ci? Est-ce que vous croyez que j'avais aussi à me louer des façons d'agir de vos policiers?

— J'obéissais, lui répondis-je, aux volontés et aux exigences de la magistrature.

— Comme j'obéis aux mêmes exigences. Votre magistrature, c'était la justice armée en faveur des proxénètes et des courtisanes contre les patriotes ; la mienne, c'est la justice du peuple armée contre vos chouans et vos gendarmes.

— Je n'ai pas à discuter vos prétentions, lui objectai-je en souriant de nouveau ; du reste, je les connais depuis trop longtemps.

— Aussi, fit Ferré avec son sourire méchant, suis-je venu vous avertir qu'il est temps, citoyen, de régler nos comptes, qu'il est temps de faire éprouver sur votre peu estimable personne toutes les conséquences de nos prétentions réciproques.

— Veuillez, lui ripostai-je, me les faire connaître sans m'insulter ! Daignez vous rappeler que je suis votre prisonnier, un prisonnier qui, si le sort était juste, serait à votre place, comme vous êtes à la mienne.

—Permettez-moi, reprit Ferré en s'inclinant, de ne pas partager votre opinion, de trouver au contraire votre sort très juste. Or, comme nous ne pouvons prolonger indéfiniment cet interrogatoire ni cette reconnaissance, j'arrive au but de ma visite. Vous êtes accusé, citoyen, en dehors des méfaits du temps du *vrai* Troppmann, de celui qui fit tuer Victor Noir, accompagné de plusieurs autres, vous êtes accusé, depuis la Commune, d'être un agent versaillais, un agent de Thiers, de ce vieillard aussi sinistre que l'autre. Par ce fait, vous êtes notre otage, vous êtes un condamné à mort. Vous serez exécuté, je vous en réponds ! Dussions-nous périr avec vous, dans la lutte que nous engageons en haine du vieil ordre social ! Dussions-nous, avec vous, être ensevelis sous les ruines de Paris !

A ces mots, prononcés avec une rage qui donnait à la voix de Ferré un son encore plus aigu, je ne pus m'empêcher de frémir. Je dissimulai cependant mon émotion, et lui répondis :

— Au moins, vous m'annoncez mon arrêt de mort sans m'insulter, c'est toujours cela.

— Et, répondit-il, ce n'est pas ce qu'ont fait autrefois vos argousins qui, lors du procès de Blois, m'ont traîné à *Pélagie*, après avoir fouillé ma mère, ma sœur d'une façon révoltante, ignoble ! Ah ! vous vous plaignez, citoyen, de mon langage peu parlementaire, mais les faits et gestes de vos sbires étaient pires que cela ! Ce n'est pas vous qui, après m'avoir arrêté, m'auriez permis, comme je vous l'ai permis, ces festins de Sardanapale, ces visites quotidiennes, ces égards dus uniquement à votre ancienne fonction que j'ai l'honneur maintenant de représenter.

— Il est vrai, lui répondis-je en grimaçant un sourire, que ces égards s'accordent peu avec la haine mortelle que Rigault et vous vous paraissez m'avoir vouée ?

— Vous vous trompez, citoyen, riposta Ferré, pour un homme qui doit connaître, comme vous, le cœur humain, vous auriez dû vous dire que nous ne vous faisions la captivité si douce que pour rendre vos derniers moments plus amers ! Et vous y touchez à vos derniers moments, citoyen, je vous en avertis.

— Je vous remercie, lui répondis-je, les lèvres crispées, en sentant la pâleur couvrir mes joues, je vous remercie de votre gracieux avertissement.

— Il n'y a pas de quoi ! Je remplis mon devoir, comme vous remplissiez le vôtre en pareille occasion.

— Vous connaissez à fond mon métier?

— Prenez-vous-en à vous-même qui me l'avez fait connaître. Tenez, ajouta-t-il, vous allez en juger par ce que nous avons fait pour vous. Depuis le siège, Rigault et moi, nous n'avons cessé de vous filer à la préfecture à l'aide de vos propres inspecteurs. Alors pas un geste, pas une parole, pas un rapport de vous ne nous étaient étrangers. Quand vous êtes allé dernièrement à Versailles, vous avez été suivi, jusqu'aux Tuileries! Dès ce jour-là nous savions où vous prendre. Lorsque vous n'avez plus retrouvé votre valet de chambre dans votre appartement, c'est qu'il était cueilli par nous, porté par nous à votre cellule, pour être tout préparé à vous y bien recevoir.

— Pour un citoyen comme vous, monsieur Ferré, et qui, comme votre ami Rigault, me détestez profondément, on n'est pas plus gentilhomme !

— Oui, mais la gentilhommerie a ses bornes, surtout chez un démocrate! et je vous préviens, que votre affaire s'instruit. Maintenant que Protot a besoin de vous interroger souvent, pendant le cours de votre instruction, votre mise au secret va donc être rigoureusement observée.

— Ah ! m'écriai-je, ainsi on ne veut pas exercer contre moi une justice sommaire ?

— Oh ! non ! oh ! non ! exclama le citoyen Ferré avec une exaltation joyeuse, vous serez jugé dans les formes, avec une sage lenteur. Protot le veut. Le nombre infini des crimes dont s'est rendu coupable l'empire, dont vous et les vôtres vous avez été les trop fidèles complices, deviendra une nouvelle leçon pour le peuple.

— Et, terminai-je, une satisfaction de plus pour vous.

— Comme pour tous les sincères démocrates; mais, termina Ferré, je n'ai pas plus la prétention de convaincre un réactionnaire de votre trempe, que je n'ai le droit de le *supprimer*; je vous préviens que, par mesure de précaution, nous vous donnons, Collet et moi, un geôlier suppléant. A toute heure de jour et de nuit, il surveillera le vôtre! Avec un prisonnier de votre importance, on ne saurait trop prendre de précautions! Ce geôlier-là ne nous trahira pas. C'est un repris de justice! Il prétend avoir à se plaindre particulièrement de vous! Il dit que sans vos infâmes agents qui ont fait de lui un déshérité, un maudit, il serait resté honnête homme. Tout son désir est de faire payer sur vous le mal que lui a fait cette société marâtre dont vous êtes vous-même le plus bel échantillon! Je ne pouvais choisir un meilleur gardien, cher collègue, pour être sûr que vous ne nous échapperez pas, que vous ne retournerez pas à Versailles pour nous renvoyer les coups de fusil que nous vous destinons! Au revoir! avant de vous dire adieu.

Et Ferré me tourna les talons.

Mais à son départ, la porte de ma cellule ne se referma pas. Un fédéré y pénétra brusquement. Il avait la capote grise, le képi dont la visière déchirée, protégeait une figure rougeaude et ignoble.

Il entra en bousculant le brigadier A*** qui, un moment, essaya de lui barrer le chemin, après s'être incliné jusqu'à terre devant la minuscule grandeur du lieutenant de Rigault.

Ce nouveau personnage avait sous le bras un livre que je reconnus avoir demandé à mon brigadier A***; il était intitulé : *Mes Prisons*, de Silvio Pellico :

— De quoi! cria mon nouveau gardien, d'une voix enrouée, à mon brigadier ordinaire, tu veux barrer le chemin à un *pur?* Retire-toi, vieille mouche! Apprends que je suis ici pour emboîter le compas à tes quilles, près du mouchard à Badingue! Haut, du large! Et tu vois, j'apporte le livre réclamé par l'ex-chef de la Rousse! Maintenant décarre, j'ai à causer au patron, histoire de faire le mouton comme il savait si bien le faire faire aux agneaux de sa boucherie, ce rabatteur de pantes! Laisse-moi, te dis-je; la prison, ça me connaît, je suis ici à la coule.

L'horrible fédéré avait débité ces paroles avec une volubilité menaçante, quoiqu'elle fût contrariée par certains hoquets bachiques.

Mon geôlier ordinaire n'en avait pas attendu la fin pour laisser la place à son terrible suppléant.

Lorsque je fus seul avec cet horrible homme qui sentait le vin autant qu'il respirait le crime, il ferma la porte derrière lui, il me jeta le livre sur la table, s'assit brusquement devant moi, tira sa blague, en sortit une pipe noire, infecte, qu'il se mit à bourrer.

Je regardai mon geôlier avec un air de stupeur mêlé de curiosité.

Je cherchai à reconnaître cette physionomie qui ne m'était pas étrangère.

A son teint plombé, taché de rousseurs, à ses cheveux d'un roux sale, à ses lèvres lippues et sensuelles, je n'eus pas de peine à reconnaître un ancien souteneur de filles de barrières, condamné plusieurs fois pour vols.

J'avais devant moi un récidiviste de Cayenne.

Il remarqua, tout en tourmentant sa pipe dans ses dents, que je l'observais et que je finissais par le reconnaître.

Tout en frottant une allumette à son pantalon, pour allumer sa pipe, comme il s'exprimait lui-même, pour *en griller une*, il me dit :

— C'est bon ! tu me reconnais, le père *aux autres ?* C'est toujours ça, en attendant que tu ailles engraisser le Champ de navets ! Au lieu de mirer tes châsses dans ma frimousse, fourre-les dans ce bouquin, ça te servira mieux que de savoir que je suis un cheval de retour avec dix ans de pré, sans compter les suppléments à Mazas et à la Roquette. Et si *t'aime* la lecture, celle-là te profitera, citoyen !

Je ne sais pourquoi, tout en le regardant, tout en l'écoutant, j'éprouvai un singulier pressentiment.

Évidemment cet homme, ce forçat était bien le geôlier dont m'avait menacé Ferré.

Mais le soin avec lequel il était venu m'apporter un livre que j'avais demandé à son collègue, fit naître en moi un nouvel espoir.

Je n'étais pas sans ignorer que les espions de Versailles étaient de plus en plus nombreux à Paris, depuis que la Commune était de plus en plus menacée du dehors.

Lorsque je jetai les yeux sur le livre apporté par celui qui m'était annoncé par Ferré comme une menace vivante, j'aperçus que ce livre avait plusieurs signets.

Mon espoir redoubla.

J'ouvris avec avidité le volume aux pages indiquées par les signets.

Pendant que mon surveillant avait l'air de vouloir se renfermer dans un nuage de fumée lancé à dessein tout autour de lui, je comparai les pages indiquées.

Il me fallut une bonne demi-heure avant de comprendre la signification de chaque marque mise à différentes pages ; elles étaient au nombre de trois.

Ces trois pages commençaient par une lettre qui était indiquée par le signet même.

Ces trois lettres formaient ce mot :

AMI.

Je poussai une exclamation de joie.

Comme pour répondre à la pensée qui avait formulé ce mot, je jetai des regards anxieux sur mon nouveau gardien.

Celui-ci, protégé comme dans une apothéose par son nuage de fumée, repondit à mon interrogation mentale en mettant un doigt sur sa bouche.

Je ne pouvais plus en douter ; ce surveillant cruel que me donnait Ferré n'était, en réalité, qu'un surveillant payé par Versailles pour tromper encore la vigilance des chefs de la Commune.

J'allais pousser une exclamation de reconnaissance vers mon forçat geôlier, quand des clameurs retentirent dans la galerie.

Elles se rapprochèrent du côté de ma cellule.

J'entendis, à travers les malédictions furieuses, prononcer distinctement mon nom !

— A mort Claude ! à mort ! retentissaient-elles.

Alors mon geôlier forçat qui, par prudence, s'était gardé de répondre à mon geste, et qui, pour me faire le sien, avait eu la précaution de se dissimuler, ouvrit brusquement la porte.

Il n'eut que le temps de se mettre en travers pour barrer le passage aux nouveaux fédérés qui venaient de renforcer la garde de la prison de la Santé, à mon intention.

Je vis surgir, de l'ouverture de mon cachot, des têtes horribles, telles que l'on n'en voit que dans les cauchemars ou des scènes de révolution : visages grotesques ou féroces, empreints de souillures de toute sorte, de niaiseries de toute espèce, types de tous les âges, blancs, bruns ou blonds, hideux et sordides, surmontant des capotes sans boutons, aux képis sans visière, aux pantalons en ruines terminés de chaussures déjetées. Toute cette collection de physionomies braillantes et menaçantes était hérissée de fusils.

Dès que la porte s'ouvrit, ces têtes se précipitèrent comme autant de têtes de l'hydre pour me mordre, en criant toujours :

— A mort ! à mort Claude !

Et l'une d'elles ajouta :

— Puisqu'on nous trahit aux remparts, puisqu'on nous livre à Versailles, tuons ici les brigands qui font égorger nos frères. A mort Claude ! à mort !

— C'est bon, fainéants ! hurla mon geôlier forçat.

Calmez votre juste impatience. Je vous réponds, moi votre sergent, que Claude ne perdra rien pour attendre. Ce n'est pas à vous, canailles, à devancer la justice du peuple. Ferré veut que celui-là soit jugé. Attendez pour avoir sa peau. C'est l'ordre ; il sera fusillé à son tour et à son heure. C'est l'ordre ; le premier qui voudra l'enfreindre aura des nouvelles de mon chassepot ! et c'est moi qui le collerai au mur !

— Vive la Commune ! hurla la foule qui se retira moins convaincue par l'éloquence de mon nouvel ange gardien que par sa parole menaçante, accompagnée d'un geste non moins significatif.

Et il referma sur moi la porte de ma cellule.

Uue fois seul, en écoutant s'amortir le bruit des pas de mes bourreaux, je me demandai si ceux qui veillaient sur moi pouvaient être toujours assez forts pour conjurer le danger me menaçant de toute part.

Placé entre des alternatives d'espérances et de menaces de mort, je plongeai ma tête dans mes mains. Je réfléchis, en proie à des tortures semblables à celles que j'avais vu endurer si souvent à tous mes prisonniers. Je l'avoue, j'eus peur !

CHAPITRE XVI

LA VIVANDIÈRE DES FÉDÉRÉS.

Je n'étais pas au bout de mes angoisses et de mes tortures, au fond de ma cellule.

Durant les deux mois que j'ai passés dans la prison de la Santé, tous les jours j'étais placé entre la vie et la mort ; peu de criminels y ont subi des alternatives aussi cruelles.

Elles ont ébranlé ma santé ; à l'âge de la vieillesse, les atteintes qu'elles m'ont fait subir se feront sentir jusqu'à mon dernier jour.

Le coup le plus terrible qui me fut porté le lendemain matin de la reconnaissance de mon geôlier forçat, fut celui que me donna la femme qui inspirait et guidait ce singulier ange gardien.

Je vis entrer un jour dans ma cellule une vivandière, au moment où j'allais me mettre à table. Elle appartenait au nouveau bataillon des fédérés commandés par mon sergent, cumulant les fonctions de mouton et de geôlier.

Elle était vêtue avec une élégance qui contrastait avec ses soldats en guenilles ; son élégance faisait valoir encore sa remarquable beauté.

Malgré la beauté de cette femme, son apparition ne me causa que de l'horreur.

Je me reculai en poussant un cri de terreur et de douleur.

Je me levai de table avec des gestes qui traduisaient les pénibles émotions causées par sa présence.

Elle me sourit.

Elle paraissait jouir de l'émotion poignante que me produisit son apparition aussi cruelle qu'inattendue.

Elle s'avança vers moi, pendant que je me reculais d'elle, la fuyant comme on fuit un spectre épouvantable.

Cette femme, qui s'avançait en souriant, était pour moi une Euménide !

C'était Mme C***, la meurtrière de Mme X***.

Comment avait-elle pu parvenir dans mon cachot pour jouir sans doute du spectacle de son ennemi terrassé ?

Comment se trouvait-elle, cette espionne des Prussiens, elle, ce bonapartisme incarné, sous le déguisement d'une vivandière des fédérés?

Elle allait se charger de me l'apprendre.

Lorsque la porte de ma cellule se fut refermée sur elle, Mme C*** s'avança vers ma table servie. Moi, je me reculai jusque dans l'angle de mon cachot, désireux d'en enfoncer les murs pour fuir ce fantôme si séduisant pour tout le monde et si horrible pour moi.

Elle me dit :

— Monsieur Claude, je vous apporte la liberté.

— Ou la mort ! m'écriai-je. Et je me portai la main sur mes yeux pour ne pas voir ce spectre, le bourreau de celle qui avait été depuis trente ans, et malgré ses fautes, ma meilleure amie, ma meilleure conseillère.

— Vous êtes, reprit-elle, un enfant pour votre âge ! Vous vous souvenez trop de notre rencontre à Forbach ?

— Madame, repris-je, je me souviens surtout de vos rapports avec Mme X*** que vous avez tuée, comme vous avez tué la plupart de vos amants !

— Vous faites du mélodrame ! reprit-elle avec un sourire étrange, pour un policier habitué, par état, à patauger dans le sang, ce n'est pas fort ! Je vous pardonne parce que votre situation est digne d'intérêt, parce que vous ne vous appartenez plus, parce que vous appartenez à tous ceux qui, en temps ordinaire, seraient très heureux d'être sous vos ordres. Ecoutez-moi donc. D'abord offrez-moi à déjeuner, je *crève* de faim.

— Buvez et mangez, madame, repris-je, en m'accoutumant non sans peine à sa vue et en me décidant enfin à me rapprocher d'elle.

— Est-ce que vous ne voulez pas faire comme moi ? m'interrogea-t-elle, en s'asseyant à ma table déjà toute servie par mon valet de chambre et déjà prête à se verser à boire.

— Non, merci, lui répondis-je. je n'ai plus faim !

— Ah ! fit-elle, avant de porter la fourchette à ses lèvres et en se versant, d'un air décidé, un verre de bordeaux, ce n'est pas galant ce que vous me dites là. Vous étiez plus aimable avec Mme X*** qui, pourtant par son âge, par sa beauté un peu mûre, ne me valait pas, convenez-en.

— Madame, lui ripostai-je avec fureur, je croyais qu'après avoir perdu toutes les pudeurs, il vous en restait au moins celle de dissimuler vos crimes !

— Ah ! ah ! exclama-t-elle en riant aux éclats, vous êtes charmant, mon bon monsieur Claude ! C'est vous, un condamné à mort pour des crimes que vous reprochent mes amis Rigault et Ferré ; c'est vous qui le prenez sur ce ton ! Charmant ! charmant !... Parole d'honneur.

Elle se versa des rasades, coup sur coup, comme une véritable vivandière qui aurait tenu à honneur de bien remplir son emploi imposé pour la circonstance.

Je l'avoue, malgré l'horreur que m'inspirait cette créature, elle pouvait être fière de la situation qu'elle avait prise vis-à-vis de moi, aussi bien par le pouvoir qu'elle exerçait sur les chefs des fédérés que par sa beauté pleine de fascinations et d'entraînements.

Mme C***, dont j'ai déjà esquissé le portrait quand je la rencontrai à Forbach en amazone, était une blonde ravissante sous son nouveau costume de vivandière.

Ses longs cheveux en tresses, qui débordaient de son chapeau d'uniforme, encadraient son visage enchanteur. Ses grands yeux bleus, animés par la passion factice, par la méchanceté trop réelle de son âme, avaient des tentations satanesques. Son sourire, provocant et perfide, appelait toujours la volupté, et sa mine égrillarde dans son ovale de vierge déchue était un masque aussi extraordinaire que séduisant.

Il devait plaire à tous les hommes blasés qui recherchent, au déclin de l'amour, les privautés de la jeunesse.

Mme C..., nature sèche sous une beauté opulente, esprit intrigant sous une folle apparence, avait depuis longtemps expérimenté ses charmes sur une clientèle riche qui, au temps de l'empire, en avait fait, comme je l'avais connue alors, une hétaire à la mode.

Maintenant, elle continuait son rôle sous la Commune; elle n'avait eu besoin que de changer de costume pour retrouver, en amazone comme en vivandière, de nouveaux adorateurs.

Aujourd'hui, c'étaient les élus de la Commune qu'elle traînait à son char, comme hier c'étaient les élus de l'empire, et jusque chez leurs ennemis mêmes, fussent-ils Prussiens ou fédérés, pourvu que tous s'inclinassent devant sa beauté toujours à vendre !

En vérité, cette femme était bien séduisante.

Sa taille élancée, qui s'évasait dans des ondulations caressantes sur les revers rouges de sa tunique, fascinait le plus candide comme le plus libertin.

L'éclat de ses grands yeux bleus qui souriaient

comme sa bouche, dont l'arc de ses lèvres attirait toutes œillades et tous les baisers, eût séduit un autre homme que moi, fût-il dans ma position.

Mais je me rappelais trop qu'elle avait été le bourreau de Mme X***, le bourreau de ma vie depuis ma rencontre à Forbach, où chaque pas était marqué par du sang !

Aussi, après avoir passé devant elle de l'effroi à l'indifférence, lui dis-je, en répondant à ses dernières paroles :

— Parlez, madame, expliquez-moi la cause de votre déguisement et le but de votre visite, lorsque depuis hier je suis au secret pour tout le monde, même pour ma famille ?

— Je vais vous satisfaire, me répondit-elle; puis elle ajouta, en se versant une nouvelle rasade : Décidément vous ne voulez pas partager *votre* déjeuner avec moi ?

— Je vous le répète, je n'ai pas faim.

— C'est méchant! riposta-t-elle en engloutissant une aile de volaille, vous me tenez rigueur parce que je vous ai débarrassé d'une vieille maîtresse.

A ces mots, je faillis me lever pour jeter cette odieuse sirène hors de ma cellule; je me contins par curiosité, peut-être aussi par instinct de conservation.

Elle continua :

— Et quand vous saurez ce que j'ai fait pour vous, j'espère que vous ne serez plus aussi boudeur. On peut bouder contre son ventre, on ne boude pas contre son existence. Et c'est la vie que je vous apporte, vilain méchant !

— Alors, repris-je pour n'être pas en retour avec elle, vous agissez avec moi tout différemment qu'avec Mme X***, par esprit de compensation.

— Si nous faisons de l'esprit... dans votre cellule, nous n'arriverons jamais au but que j'ai préparé pour vous en faire sortir?

— C'est juste, madame. Je vous en demande bien pardon, et je vous écoute.

— Auparavant, voulez-vous trinquer avec moi ?

— Je n'ai pas soif.

— Ni faim, ni soif, répéta-t-elle. Quel anachorète! on voit bien que vous n'êtes pas de mon bataillon. Vous êtes sobre comme un réactionnaire.

— Madame, repris-je avec impatience en tambourinant de mes doigts crispés sur la nappe, je vous ai dit que je vous écoutais !

— C'est juste! dit-elle en faisant claquer sa langue sur son palais, en se pelotonnant avec grâce, et en chiffonnant capricieusement le revers rouge de sa tunique qu'elle allongea sur sa poitrine, de façon à me faire entrevoir sa gorge. C'est juste, vous saurez donc, cher monsieur Claude, que je suis au mieux avec Rigault, nous soupons souvent ensemble. Nous soupons mieux aujourd'hui à l'Hôtel-de-Ville que lorsque nous nous débauchions tous deux au vieux quartier latin. Or, lorsqu'il m'a appris votre captivité, il m'est venu une idée, celle de vous délivrer. Et comme je ne me suis décidé à entrer dans la Commune qui ne durera pas que pour...

— La trahir ! lui dis-je en l'interrompant, comme vous avez trahi l'empire...

— Pardon, cher monsieur Claude! me riposta-t-elle; à votre tour ne m'interrompez pas, surtout pour m'être désagréable, dès que je ne veux que votre bien. Nous n'avons pas le temps ici de discuter nos positions respectives. La balle que vous me lancez, je pourrais vous la renvoyer par la même raquette! Et vous qui serviez l'empire autrefois, n'étiez-vous pas toujours le très humble serviteur de son plus implacable ennemi, M. Thiers? N'êtes-vous pas en prison, autant pour avoir servi l'empire que pour avoir servi hier encore le chef du pouvoir exécutif de Versailles.

— Je vois, en effet, madame, en m'instruisant sur les griefs qu'on m'oppose dans le gouvernement de la Commune, je vois que vous êtes en effet, comme à Paris, comme à Forbach, dans le secret des dieux.

— Je le dois à mon métier d'espionne, mon bon monsieur Claude, à ce métier qui est aussi le vôtre. Et c'est encore pour vous remettre dans le droit chemin que vous me voyez ici.

— Voyons donc, repris-je en commençant à m'amuser de la colère sourde de cette femme qui n'était accessible qu'à la haine; voyons donc ce que vous appelez le droit chemin?

— Mais le droit chemin est celui qui est tout indiqué par les événements. La Commune vaincue, le droit chemin c'est l'empire qui revient sur les baïonnettes prussiennes.

— Je ne vois pas trop en quoi cela me regarde, et pourquoi vous êtes venue ici.

— Mais je suis ici uniquement pour vous détacher de Thiers, pour vous rendre à l'empereur.

— Puisque je suis un condamné à mort, quelle, nécessité vous oblige à tenter ma conversion?

— Parce que si j'arrive à faire cette conversion en faveur de l'empire que, du reste, vous avez toujours servi; l'empire, par ma personne, me charge de vous rendre la liberté.

— Elle ne pouvait choisir, lui dis-je en souriant, une plus séduisante messagère.

— Vis-à-vis de laquelle, cependant, se récria la belle C***, animée par le vin de Bordeaux, vous agissez un peu à la façon de Joseph !

— Un prisonnier, un condamné à mort a bien le droit de ne pas être galant !

— Surtout quand il est rancunier comme vous et quand il tient à ses vieux souvenirs. Mais trêve de marivaudage, j'arrive au but de ma visite, après vous avoir dit l'esprit qui m'a guidé en me traçant mon but. Une fois bien décidée à vous sauver, j'ai mis tout en œuvre. Je me suis faite vivandière dans le bataillon des fédérés chargés de vous garder ; je savais que le comité de salut public, averti des menées versaillaises en vue de vous délivrer, prenait aussi ses précautions en vue de vous garder. Alors je m'employai auprès du sergent de ces nouveaux fédérés, précisément celui que vous avez vu hier. Par une chance aussi heureuse pour vous que pour moi, il se trouvait que ce pauvre comité de salut public était trahi aussi bien par ce sergent que par votre très dévouée servante. Il avait des ordres de Versailles pour travailler comme moi à votre salut.

— En effet, madame, repris-je d'un ton très sérieux ; et pas plus tard qu'hier, ce sergent m'a donné des preuves qu'il était pour moi, au moyen d'un livre...

— Que je lui avais conseillé de prendre pour vous avertir, hier, comme je vous avertis ce matin.

— Ainsi, madame, vous vous entendez tous les deux pour me faire évader.

— Oui, mais la différence qui existe entre la vivandière et le sergent du même bataillon, chargé, en apparence, de vous surveiller, c'est que le sergent travaille au compte de M. Thiers, et que moi, je travaille au compte de Sa Majesté.

— Et si tous les deux, continuai-je, vous parvenez à me faire partir de la Santé, où devrai-je aller ? à Versailles, ou à Chiselhurst ?

— D'abord à Versailles. Est-ce que Thiers, à Versailles, sans s'en douter, ne travaille pas lui-même, par l'ancien état-major de l'empire, contre les républicains ?

— Au moins, je suis heureux de connaître ces détails de votre bouche !

— Ah ! si nous en avions le temps, fit-elle en minaudant, je vous en apprendrais bien d'autres ! Est-ce que mon ami Rigault, sans qu'il s'en doute et en occupant, à l'ex-préfecture, l'emploi de M. Lagrange, ne fait pas aussi, par intérim, toutes les affaires de l'empire ? Jugez-en ! Qui frappe-t-il, depuis qu'il a la place de son prédécesseur ? Tous les républicains qui ont été les plus implacables adversaires de l'empire. D'abord, c'est Clément Thomas, ensuite Chaudey, et bien d'autres. Je ne dis pas qu'il soit bonapartiste, mais tous ceux qui dirigent les chassepots de ses exécutions le sont pour lui.

J'en sais quelque chose. Maintenant j'arrive à ce qui vous concerne. Ecoutez-moi bien.

— Je vous écoute, madame, repris-je en m'entourant d'une grande réserve pour contenir mon indignation, ma colère, et surtout pour mieux lui céler ma pensée.

— Ce soir, pas plus tard que ce soir, le sergent des fédérés se rendra dans votre cellule. Il portera sur lui une double capote. Vous vous en revêtirez, vous sortirez ainsi déguisé de votre cellule ; je vous accompagnerai dès que vous serez parvenu à l'extrémité de la galerie. Une fois là, le sergent ressortira de votre cachot vide. Il aura donné le mot au brigadier A***, qui vous est aussi tout dévoué. Jusqu'au lendemain, grâce à lui, personne ne se doutera de votre absence. Pendant que vous continuerez votre chemin, le sergent vous abordera, comme si vous étiez un de ses soldats ; il vous mènera jusqu'à la grande porte de la prison ; moi qui vous aurai quitté pour gagner le dehors, je vous rejoindrai à cette porte. Je vous aborderai à mon tour comme si vous étiez un soldat de mon bataillon. Une fois hors de vue de la prison, de ses gardiens, nous prenons une voiture, et fouette cocher pour Versailles !

Lorsqu'elle eut achevé, les yeux brillants, le teint animé, la bouche souriante, pendant qu'elle se penchait vers moi en détirant de plus en plus les revers de sa tunique qui me laissait deviner tous les trésors de sa gorge, moi je restais froid, moi je gardais ma place.

J'opposais une constante réserve à ses paroles

pleines d'animation, à ses propositions séduisantes aussi captieuses que ses évolutions de courtisane.

— Eh bien! se décida-t-elle à m'interpeller avec un air de violent dépit, dès que je restais insensible à ses manèges de coquette et à ses alléchantes propositions, eh bien! vous ne répondez rien?

— Madame, lui dis-je en me levant de ma chaise d'un air froid, digne, solennel. Tout autre que de vous j'accepterai le salut, la liberté, la vie; de vous, qui avez placé entre vous et moi un cadavre, je ne puis, je ne veux rien accepter!

— C'est votre dernier mot? fit-elle en se levant à son tour, les yeux enflammés de colère et en grinçant des dents.

— C'est mon dernier mot, lui répétai-je, prêt à la saluer.

— C'est bien, monsieur! fit-elle, très humiliée, en remettant le corsage de sa tunique qui, dans l'animation de ses gestes et de ses paroles, s'était dégrafée, peut-être à dessein, c'est bien! Alors, vous préférez la mort?

Et d'elle-même elle frappa au judas pour sortir de mon cachot.

Une jolie femme pardonne tout à l'homme qu'elle veut capter, ses injures, ses remontrances les plus sanglantes. Il est une chose qu'elle ne lui pardonne pas : le mépris de sa beauté, dès que par calcul ou par passion, elle la livre à son conquérant ou à sa dupe.

J'avais humilié Mme C***, elle devait s'en venger.

Dès que la porte de mon cabanon se fut remermée derrière elle, sans daigner me jeter un dernier regard de colère, je ne tardai pas à sentir les effets de la vengeance de cette méprisable et vindicative créature.

Des bruits de pas retentirent dans la galerie, les jurons, les imprécations des fédérés de Raoul Rigault remplirent aussitôt tous les étages de ma prison.

Ces cris parvinrent jusqu'à moi comme autant de menaces à mon adresse.

— Mort à Claude ! criaient de toute part des voix rauques et avinées. Fusillons-le, fusillons-le tout de suite, puisqu'il voulait se tirer des pattes ! Au mur ! au mur le chef de la *mouche à Badi gue?*

Pendant que la prison de la Santé était pleine de ces cris, j'entendais des coups de crosses de fusils prêts à enfoncer ma porte.

Pâle, éperdu, je m'étais levé, m'attendant d'un instant à l'autre à voir la porte enfoncée par les fédérés.

Les mains crispées, le dos appuyé contre le mur, je recommandai mon âme à Dieu, très certain que, dès ma porte ouverte, dix chassepots allaient se diriger contre ma poitrine.

Une voix plus puissante que les autres vint dominer les menaces de mes enfonceurs de cloison.

C'était la voix du sergent.

Je l'entendis crier derrière la porte ébranlée par les crosses de fusil :

— Voulez-vous vous taire, soldats de carton ! Est-ce que vous allez recommencer votre tapage, parce qu'une vivandière badingueusarde a dénoncé au citoyen directeur le mouchard de l'empire ?

— Oui, oui! criaient quelques voix, puisqu'il veut, ce soir, se sauver pour nous faire canarder par ses copains de Versailles. Eh bien! finissons-en avec lui! ce sera un de moins.

— Vous êtes des serins! hurla le sergent. Est-ce que vous croyez que tant que je serai là il partira, le mouchard? Ne voyez-vous pas qu'en le tuant, vous faites déjà l'affaire des badinguistes, puisque le paroissien est passé du camp de Badinguet dans celui de Foutriquet! Laissez faire la justice de la Commune! Avant de fusiller ce vieux ramolli de Claude, laissez courir son procès; ses scandales nous serviront bien mieux, jobards! que vos balles logées intempestivement dans sa pauvre carcasse!

— C'est vrai! c'est vrai! crièrent les fédérés. Il parle comme un livre, le sergent! Et si nous le canardions sans l'ordre de Rigault, qui n'a pas froid aux yeux, il pourrait nous canarder a son tour!

Cette dernière observation parut plus concluante que les paroles de mon sauveur. Je n'entendis plus aucun coup de crosse contre ma porte.

Les bruits de pas s'éloignèrent de la galerie, le silence se rétablit autour de ma cellule.

Je devinai que mon sergent avait réussi encore une fois à me sauver de la mort.

Cela me fortifia dans la croyance que m'avait inculquée la dangereuse Mme C***, que tout en agissant d'accord avec lui pour me délivrer tout d'abord, ils étaient payés tous les deux par un parti contraire.

Hélas! le dévouement de mon nouveau geôlier pouvait-il toujours être aussi heureux?

J'avais maintenant une ennemie de plus ; elle était aussi terrible que Raoul Rigault et Ferré. En complotant aussi ma mort, cette femme obéissait, elle aussi, à une vengeance personnelle.

Et la vengeance d'une femme est implacable, lorsqu'elle a été humiliée dans sa vanité et dans ses prétentions !

Maintenant j'étais l'objet de la rancune de deux partis également implacables, le parti de la Commune et le parti de l'Empire.

C'était trop pour un homme livré à chaque heure, à chaque seconde à la férocité de ses gardiens, gardiens plus candides que cruels et qui croyaient de bonne foi que, durant les vingt ans de l'empire, j'avais été l'instrument d'un passé, que la France expiait aussi cruellement que moi.

Durant mes deux mois de captivité où je faillis à chaque instant être fusillé, je me demande comment je ne sortis pas fou des mains de mes bourreaux !

CHAPITRE XVII

L'ENVAHISSÈMENT DE LA PRÉFECTURE DE POLICE ET LE GARDIEN DE SES ARCHIVES

Les événements qui suivirent ma captivité à la prison de la Santé, et qui corroborent le rapport du brigadier A***, m'ont entraîné plus loin que je ne le voulais.

Je reviens, après avoir parlé de l'investissement des Tuileries, à l'envahissement de la préfecture de police, dès les premiers jours de la Commune.

Comme je n'étais plus à la préfecture depuis qu'elle était au pouvoir des fédérés, je laisse la parole à un employé qui, pour protéger les archives de l'administration préfectorale, resta à son poste jusqu'à la dernière heure.

J'ai gardé religieusement la copie du rapport dressé par des témoins irrécusables, sur le courage héroïque du nommé Richard, gardien des archives de la préfecture de police.

Le lecteur jugera si ce rapport, avec celui du brigadier A*** qui me sauva à la prison de la Santé, n'est pas digne d'être consigné dans mes Mémoires comme une page historique faisant le plus grand honneur à l'homme qui en est le héros.

Je publie ce document in extenso :

A MONSIEUR LE PRÉSIDENT DE LA RÉPUBLIQUE

Les soussignés ont l'honneur de soumettre à la haute appréciation du président de la République les faits suivants :

Le 18 mars 1871, le gouvernement, l'armée et les services publics avaient quitté Paris ; ils se repliaient sur Versailles. Richard, gardien des archives de la sûreté générale, était resté à son poste.

A sept heures du soir, M. C***, marchand de vins, quai des Orfèvres, se présentait à la préfecture, et, apercevant Richard : « Je me dou- « tais, lui dit-il, que vous n'étiez pas parti ; « fuyez ! les fédérés, massés sur la place Saint- « Michel, se préparent à envahir la préfecture « et la division de la sûreté : vous serez fu- « sillé. »

« — Je suis gardien de jour et de nuit des
« archives de la sûreté générale, répondit Ri-
« chard, je dois mourir à mon poste. »

C*** partit et Richard se rendit dans le cabinet du préfet de police, où il trouva le nommé
L***, huissier au cabinet du préfet, qui lui dit :
« On a crié : Sauve qui peut! et je pars. » L***
s'en alla.

Richard, rentré à sa division, en ferma les
bureaux. La gravité de la situation lui en imposait cependant; il éprouva le besoin de re-
courir à des conseils sérieux, et, dans ce but, il
se rendit quai Saint-Michel, 19, chez l'employé
au personnel de la préfecture, où se trouvait
à ce moment M. T*** de la T***, député et parent de ce dernier.

Richard exposa la situation : « Je suis, dit-il
« à ces messieurs, gardien des archives de ma
« division depuis onze ans; je crois de mon
« devoir, et quoi qu'il puisse m'arriver, de
« rester au poste qui m'a été confié. »

« — Je ne peux pas, répondit M. de la T***,
« vous conseiller de trahir vos devoirs; d'un
« autre côté, ma conscience me défend de vous
« engager à persister dans votre résolution,
« car vous allez être exposé aux plus grands
« dangers. Je vois bien que votre décision est

« arrêtée, et il faut que vous soyez coura-
« geux. »

Hâté de regagner son poste, Richard remit
sa montre à ces messieurs, les chargeant de la
faire parvenir à son fils, avec prière de lui dire
que, s'il ne revoyait plus son père, c'est qu'il
aurait sacrifié sa vie à son devoir. M. de la T***
partit immédiatement pour Versailles, et Richard rentra vite à la division, où régnait la
même solitude qu'avant son départ.

A 11 h. 20 m. du soir, les fédérés, avec un
nombreux état-major, Duval en tête, envahi-
rent la préfecture.

Duval interpella Richard, que les fédérés de
son escorte couchèrent en joue :

« — Sommes-nous en sûreté, dit-il ; répon-
« dez-vous de moi et de mes hommes ? A la
« moindre résistance, je vous fais fusiller. »

« — Je suis seul ici, répondit Richard ; au-
« cun danger ne vous menace ; je réponds de
« vous comme de moi. »

« — Marche devant nous, dit Duval, con-
« duis-moi au cabinet du préfet. »

Richard précéda Duval, et durant le trajet :

« — Vous devez vous demander à quel titre
« je me trouve seul ici à la préfecture. Depuis
« onze années je suis le gardien des archives de

« la sûreté générale, division du ministère de
« l'intérieur, entièrement indépendante de la
« préfecture de police. Mon rôle n'a rien de
« politique. Si vous m'autorisez à garder mes
« archives intactes, je continuerai de les gar-
« der ; sinon, renvoyez-moi ou fusillez-moi. »

« — On ne fusille pas un homme comme
« vous, répond Duval. »

Alors Richard proposa à Duval de placer des
factionnaires pour empêcher l'envahissement
des bureaux de la division.

Ce qui fut fait. Le reste de la nuit se passa
sans autre incident.

Le lendemain, 19 mars, Richard, après avoir
fait parvenir à ses chefs, à Versailles, des
laissez-passer, reçut d'eux l'injonction de rester
à son poste ; puis il courut chez M. T***,
qu'il avait consulté la veille ; il lui raconta les
événements de la nuit et lui procura toutes fa-
cilités pour pénétrer dans ses bureaux à la préfecture et en retirer les objets personnels qu'il
lui conviendrait de reprendre. En se séparant,
M. T*** dit qu'il allait rejoindre sa mère, gra-
vement indisposée.

Revenu à son poste, deux fédérés se présentèrent pour demander à Duval l'arrestation de
plusieurs personnes. Duval s'y refusa, et or-

donna au contraire la mise en arrestation de ces deux individus.

A huit heures du matin, Duval fit appeler Richard :

« — J'ai, lui dit il, à vous féliciter de votre « courage. Si tout le monde s'était conduit « comme vous, on n'aurait pas à déplorer les « désordres qui se sont commis à la préfecture « de police. C'est *la bande à Claude* qui a fait « tout cela. »

« — On vous a trompé, dit Richard ; Claude « est un honnête homme, ce n'est pas lui qui a « poussé aux actes que vous déplorez. »

Le 22 mars, des fédérés se présentèrent à la division armés de fusils ; ces hommes demandèrent à visiter les archives de la division.

Sur le refus de Richard, ils se préparèrent à enfoncer les portes à coups de crosse. Richard se précipita dans le cabinet de Duval :

« — Vous disiez que la bande à Claude avait « saccagé la préfecture. Eh bien ! c'était la « bande à Duval. La voici qui se dispose à piller « mes archives. »

Duval ne répondit pas ; il courut sur le théâtre du désordre et déclara que le premier qui toucherait seulement à l'une des portes de la division serait fusillé immédiatement. Les

fédérés se courbèrent devant cette menace ;
mais en se retirant et désignant Richard :

« — C'est bon, dirent-ils, celui-là nous le
« fusillerons. »

Ils allèrent s'installer dans une pièce à dix
pas du bureau de Richard, qu'ils occupèrent
jusqu'au 24 mai.

Pendant deux mois, Richard a été en butte
à leurs menaces.

Mille fois ils ont voulu pénétrer dans les bureaux des archives, se disant autorisés par le
ministre de l'intérieur.

Chaque fois Richard exigeait la production
de l'autorisation :

« — Nous n'avons pas besoin de cela, criaient
« ces forcenés : nous voulons nos dossiers ; exi-
« geons du préfet qu'il nous laisse fusiller ce
« versailleux ! »

Ces attaques et ces résistances se produi-
saient à toute heure du jour et de la nuit.

D'autres fois les fédérés voulaient que Richard leur donnât les adresses des chefs de la
préfecture et de la sûreté. Ils l'accablaient d'ob-
sessions à ce sujet.

Il répondait invariablement que ses chefs
étaient à Versailles, et qu'étant étranger à la
préfecture de police, les employés de cette ad-

ministration lui étaient inconnus. Ils semblaient surtout acharnés contre le chef du matériel de la préfecture, qu'ils auraient voulu fusiller.

Le 28 mars, ils décidèrent d'aller avertir Raoul Rigault que les bureaux de la division renfermaient une grande quantité d'armes de guerre, et demandèrent que ces armes leur fussent livrées.

Raoul Rigault fait sommer Richard de remettre les clefs des archives : Richard n'obéit pas à cette sommation.

Le 30 mars, Rigault dit à Duval :

« — Il faut que le citoyen Richard livre les
« clefs de la division. Ce serait une espèce
« d'arsenal, il est important de s'en assurer. »

Immédiatement Duval vint les demander à Richard, qui répondit qu'il ne les avait pas.

« — Il faut aller les chercher; voici une
« lettre pour Vaillant, et faites-vous suivre par
« un garde, » ajouta Duval.

Cet ordre et cette escorte donnaient à réfléchir à Richard. Il tendit les clefs à Duval en lui disant :

« — Général, rendez-moi un service : visi-
« tez vous-même les bureaux, et vous saurez
« qu'ils ne contiennent pas d'armes. On veut

« piller les dossiers. Après votre visite, refermez
« bien les portes, et vous déposerez les clefs
« dans un endroit caché, connu de nous seuls.
« Voyant que je n'ai pas les clefs, vos fédérés
« me persécuteront moins. » Ce qui fut fait.

Battus de ce côté, les fédérés employèrent un
autre moyen de vaincre la résistance de Richard
et d'enlever leurs dossiers.

Sollicités par eux, les nouveaux employés
supérieurs de la préfecture faisaient à Richard
un reproche de cette résistance, employant tour
à tour la ruse ou la menace.

Dans les premiers jours de mai, un nommé
G*** réussit à surprendre sa nomination de chef
du bureau des archives de la préfecture et de la
sûreté générale. Muni de cette pièce, signée
Ferré, délégué civil, il la présenta à Richard, en
lui signifiant qu'il venait prendre possession de
son poste, et des archives de la sûreté, par
conséquent :

« — Je vois bien, lui dit Richard, que vous
« êtes le préposé du préfet de police. Je repré-
« sente, moi, le ministre de l'intérieur, qui a
« dans ses attributions la division de la sûreté,
« lui seul a des ordres à me donner. »

G***, furieux, courut au cabinet de Ferré et
le ramena :

« — Si je vous demandais un dossier, dit ce
« dernier, me le refuseriez-vous ? »

« — Non, répondit Richard, le préfet a droit
« à la communication des dossiers. Je dois les
« lui livrer contre un reçu. »

Ferré se retira sans répondre ; G..., honteux,
se retira aussi et ne reparut plus.

Un ami de G..., homme des plus dangereux,
excitait sans cesse les fédérés contre Richard,
demandant presque chaque jour son exécution,
parlant continuellement d'arrêter et de fusiller,
provoquant le chef de cabinet Dacosta aux mesures les plus violentes. Heureusement il n'obtint pas la dangereuse influence qu'il recherchait.

A la fin du mois de mars, Richard avait refusé de recevoir le traitement que lui avait offert
la Commune, en déclarant qu'il avait été payé
par Versailles.

Le 15 avril, les fédérés lui reprochaient cette
attitude, qui en faisait, à leurs yeux, un complice de Versailles, puisqu'il était l'agent salarié
de ce gouvernement. La persécution recom-
mença sur ce nouveau terrain, plus violente
peut-être qu'auparavant.

Le 29 avril, un fédéré demanda à Richard de
l'introduire chez le chef de cabinet, qui se trou-

vait absent à ce moment, et cet homme le sa
vait :

« — Je suis sans argent, dit-il, et j'ai faim. »

« — J'ai cinq francs sur moi, répondit Ri-
« chard ; je veux bien vous les prêter, à la con-
« dition que vous me les rendrez demain au
« plus tard. »

Richard lui donne cinq francs, que cet individu lui rapportait le lendemain matin,
30 avril.

A deux heures du même jour, le chef de cabinet fait appeler Richard. Il avait autour de
lui une douzaine de fédérés armés jusqu'aux
dents et de ceux qui étaient les plus acharnés
contre Richard, l'accusant d'être payé par Versailles et demandant sa mort chaque jour.

« — Pourquoi, lui dit avec colère le chef de
« cabinet, vous êtes-vous obstiné à ne pas si-
« gner la feuille d'émargement ? Ce refus vous
« constitue en état d'agent salarié de Versailles.
« Comment faites-vous pour vivre ? J'ai la
« preuve récente que vous n'avez pas d'ar-
« gent. »

« — C'est très vrai, dit Richard, mais j'ai
« du crédit. Que feriez-vous à ma place ? Je
« suis gardien des archives ; je ne suis pas un
« agent politique. Porté sur un état à Versailles,

« si je signe ici l'état d'émargement, je reçois
« des deux mains et je serais un malhonnête
« homme. Je remplis depuis le 18 mars une
« fonction rudement pénible et qui me donne-
« rait droit à une indemnité. Je suis ici par pure
« tolérance de votre part, il est donc impossible
« que vous me considériez comme l'un de vos
« employés. Si donc vous ne me devez pas de
« traitement, vous me devez peut-être une in-
« demnité. »

« — Eh bien ! à la bonne heure, » répondit
Dacosta en se retournant vers la foule armée
et menaçante qui accusait Richard, « signez
« alors ces deux quittances, » et immédiatement il compta à Richard une somme de cent
soixante francs, somme que celui ci s'empressa
de réintégrer au Trésor après les événements,
à son arrivée à Versailles.

Richard était exposé à un danger sérieux. En
refusant, il était immédiatement livré aux insurgés et à leur justice expéditive.

Les événements se précipitent.

On arrive au 24 mai, date de l'incendie de la
préfecture et de l'évacuation de la division par
les insurgés.

La préfecture avait été dirigée, depuis le
18 mars, par Duval d'abord, par Duval et

Rigault ensuite ; enfin, par Rigault et Ferré.

Cournet vint après avec Ferré, qui ne joua d'abord qu'un rôle secondaire ; Dacosta, chef du cabinet, resta jusqu'à la fin, en cumulant cette fonction avec celle de substitut du procureur de la Commune.

Duval avait été fusillé au mois d'avril. A partir du 22 mai, Rigault ne parut plus à la préfecture ; Ferré ne l'abandonna que le 24 mai, à dix heures du matin.

Ce jour-là, les fédérés avaient construit une barricade place Saint-Michel.

A 10 heures, le poste de la rue de Jérusalem se mit en marche pour prêter main-forte à cette barricade. Il fut rencontré par Ferré :

« — Rebroussez chemin et regagnez votre « poste ! cria Ferré, je suis toujours votre dé-« légué. Tout ce qui se présentera à la préfec-« ture, fusillez-le sans pitié. »

Les fédérés obéirent à Ferré. Il se dirigea ensuite sur quelque autre point et ne reparut plus.

A 11 h. 45 m., une vive fusillade était engagée entre nos soldats, postés au coin de la rue Dauphine et du Pont-Neuf, et les insurgés de la barricade Saint-Michel.

Le poste des fédérés de la rue de Jérusalem

se dirigea de nouveau vers la place Saint-Michel
pour appuyer la barricade.

La préfecture paraissait donc abandonnée.

A ce moment, devant la retraite des fédérés
et l'approche de l'armée de Versailles, Richard
crut que sa division était enfin sauvée.

Il monte rapidement l'escalier du premier
étage de la division, et, en entrant dans la première pièce, il se trouve en face de huit fédérés
armés de chassepots et de revolvers.

Richard, ému, cherche néanmoins son aplomb
et donne un motif à sa présence :

« — Où est le citoyen préfet ? » demande-
-il.

« — Il est parti, le préfet, et file, car tout
« ce qui se présentera ici sera fusillé. »

Richard n'en demande pas davantage, il se
retire à reculons, s'attendant à une fusillade.

Il gagne l'escalier le plus proche, sous lequel
il se blottit.

Il était là à portée de recueillir leur conversation, qui ne présenta d'ailleurs aucun intérêt;
ils agissaient !

Le feu était mis alors au Palais et à la préfecture du côté opposé à la division.

A ce moment, la fumée de l'incendie pénétrant dans la division, contraignit les fédérés à

se replier vers les appartements du préfet.

Dès lors tout fut expliqué à Richard.

Ces huit fédérés avaient eu pour mission de surveiller et d'assurer les progrès de l'incendie. L'œuvre infernale étant accomplie, les incendiaires se sauvèrent.

Malgré la fumée, Richard monte rapidement l'escalier et atteint les dernières marches, lorsqu'éclate une formidable explosion, dont le contre-coup occasionne au côté gauche de Richard une commotion violente qui faillit le renverser.

Exalté par le sentiment du devoir, dominant toutes ses impressions, Richard franchit d'un bond les dernières marches de l'escalier. Il se trouve en face du cabinet du départ, transformé déjà en un brasier ardent.

De ce côté des bâtiments, il calcule que tout effort serait inutile et en même temps dangereux. Il ne pense plus qu'à sauver les grands registres de la sûreté générale; il s'élance dans la pièce qui les contenait. Il était temps !

L'incendie y pénétrait, et, à travers les flammes, Richard, avec des efforts surhumains, réussit à sauver les cinq grands registres politiques.

L'incendie embrassait déjà la plus grande

partie des bâtiments et menaçait de tout dé-
truire.

Les fédérés de la place Saint-Michel diri-
geaient sur la préfecture et la division une fusillade incessante pour protéger l'incendie, en
empêchant les secours.

A travers la mitraille, Richard court chercher
les pompiers qui occupent la caserne de la Cité,
du côté du boulevard du Palais.

Il les conjure en vain de lui venir en aide :

« — Vous n'entendez pas siffler les balles? »
répondent les pompiers.

« — Je les entends très bien, réplique Ri-
« chard, et mieux que vous encore, puisque je
« viens de les braver. »

Son pantalon était troué en plusieurs endroits, et il avait dû son salut à la précaution qu'il avait prise de se coucher plusieurs
fois ventre à terre en allant chercher du secours.

Il voulait arracher à l'incendie le plus d'objets possible, et, n'obtenant pas le concours des
pompiers, il regagna sa division à travers les
mêmes dangers et en usant des mêmes précautions.

Se sentant à bout de forces, il appela à son
aide M. C..., marchand de vin, et, à eux deux,

ils sauvèrent, au premier étage, sept pendules et dix-huit objets en métal.

Richard retira aussi de l'incendie une malle appartenant au maréchal Bazaine, déposée dans la salle d'attente. Il la remit au contrôleur général de la préfecture de police.

Le feu se communiquait aux écuries de la préfecture, Richard, toujours aidé de C..., sauva cinq chevaux et quatre voitures placées dans les remises.

Ils traînèrent les voitures dans la rue et attachèrent les chevaux après les voitures. Une de ces voitures appartenait à l'archevêque de Paris, une autre au général Galliffet; les deux autres étaient la voiture ordinaire du préfet et sa voiture de cérémonie.

Rien plus ne pouvait être sauvé.

Richard envoya C... prier M. F..., le libraire voisin, de lui procurer un drapeau tricolore. C... revint avec le drapeau. Ils l'arborèrent sur les bâtiments neufs de la préfecture, à la place du drapeau rouge.

A la vue du drapeau national, les fédérés de la place Saint-Michel tirèrent avec acharnement dans cette direction jusqu'à la fin de la journée du 24.

La nuit venue, Richard se trouva seul en présence de ce foyer de ruines, cherchant toujours, mais en vain, à sauver quelques épaves de cet affreux naufrage.

Le 25, jusqu'à 10 heures du matin, personne encore n'avait osé s'aventurer sur ce terrain dangereux.

A ce moment, M. Arthur Picard se présenta au centre de l'incendie, où il rejoignit Richard.

« — Vous êtes le gardien des archives de la « sûreté générale ; votre dévouement m'est « connu ; qu'avez-vous pu sauver ? »

« Je n'ai pu sauver, dit Richard, que : 1° les « cinq grands registres ; 2° les dossiers poli-« tiques sous la Restauration ; 3° les dossisrs de « secours à divers titres ; 4° les dossiers des « blessés de février, de juin et de juillet ; 5° des « dossiers de l'ancienne série de la surveil-« lance ; 6° les fiches qui corroborent les grands « registres et des feuilles de signalement. »

« — Je repars pour Versailles, dit M. Picard, « d'où je vous enverrai un permis pour vous y « rendre. »

« — Permettez, dit Richard, que je reste à « mon poste, où je peux être utile encore. »

« — Eh bien, faites comme vous l'entendrez, « et souvenez-vous bien que, quand il vous « conviendra d'invoquer mon témoignage, je

« serai heureux d'affirmer votre courage, votre
« dévouement et les éminents services que vous
« avez rendus. »

L'œuvre de destruction était accomplie.

Il ne restait de la sûreté générale que des
décombres et des débris enflammés, sauf le rez-
de-chaussée, préservé par Richard, et qui lutta
seul dans ce but pendant trois jours et trois
nuits.

Le centre de Paris était enfin dégagé, l'armée
avait dépassé le Palais de justice, l'Hôtel de
Ville, et refoulait les insurgés sur les places du
Château-d'Eau et de la Bastille. -

Le dévouement de Richard n'avait plus de
but.

L'ardeur de la lutte qu'il soutenait depuis un
mois ne l'excitant plus, il céda aux émotions
poignantes et aux fatigues qu'il avait si cruellement endurées.

Exposons maintenant les services particuliers
rendus par Richard.

Son rôle ne se borna pas à protéger les archives qui avaient été confiées à sa garde.

Il se dévoua en même temps au salut d'un
grand nombre de personnes et rendit plus d'un
service aux intérêts privés.

Dès les premiers jours de l'insurrection, au

lendemain du 18 mars, Richard, nous l avons dit, s'était mis en communication avec Versailles, qui donna au commissaire spécial la mission de se concerter avec Richard, à l'aide de laissez-passer que se procurait ce dernier.

Tous les jours, à 9 heures du matin, M. B... recevait des mains de Richard les pièces et les dossiers qu'il avait demandés la veille et que Richard recherchait pendant la nuit, éclairé par une lanterne sourde et à l'aide de doubles clefs dont il avait eu soin de se munir avant la remise qu'il avait faite des clefs à M. Duval; car les fédérés, en se succédant, veillaient toute la nuit à la préfecture.

Ces pièces étaient liées autour du corps de M. B... à l'aide d'une courroie. Richard l'accompagnait à sa sortie, recourant à tous les moyens pour détourner l'attention des sentinelles, qui auraient pu remarquer une différence d'embonpoint chez M. B... à son entrée et à sa sortie.

La vigilance des fédérés fut déjouée.

Ces deux hommes dévoués jouaient gros jeu; la plus petite imprudence les livrait à un peloton d'exécution.

2° Toujours à la fin de mars, M. Claude, chef de la sûreté, fut arrêté et conduit devant Duval.

Richard entendit les fédérés de garde qui s'excitaient entre eux, vomissant des imprécations et des menaces. Il sut que c'était l'arrestation de M. Claude qui motivait ce grand tumulte. Il se rendit dans le cabinet de Duval, qui, à ce moment, interrogeait M. Claude. Le chef de l'escorte était un nommé C..., qui avait des obligations à Richard.

« — M. Claude est un honnête homme », dit Richard à Duval.

« — M. Richard me connaît », répondit M. Claude.

Richard alors, se penchant du côté de C..., lui dit :

« — M. Claude est un homme habile et « probe, il faut le sauver. Suggérez à Duval de « lui proposer un de ses services. »

C... alors parla à voix basse à Duval, et ce dernier, se tournant vers M. Claude :

« — *Consentiriez-vous*, lui dit-il, *à être placé à* « *la tête d'un des services de la préfecture?* »

« — *Je regrette*, répond M. Claude, *de ne pou-* « *voir accepter vos propositions bienveillantes, mes* « *antécédents et ma conscience me le défendent* [1]. »

1. C'est avec intention que l'auteur ici se répète, par le témoignage authentique de son subordonné.

Note de l'Éditeur.)

« — Tant pis ! dit Duval, je suis obligé de
« vous faire mettre en arrestation. »

C... exécuta l'ordre de Duval. Les fédérés
encombraient la galerie, et en apercevant l'escorte :

« — C'est Claude, il faut le fusiller ! »

« — Non, répond C... énergiquement, ce
« n'est pas Claude. »

Les fédérés reculèrent. L'escorte précipita sa
marche. C..., avec B..., le fit monter plus tard
dans une voiture, qui se dirigea vers la prison
de la Santé.

3º Dans le courant du mois d'avril, Duval
avait été fusillé et Raoul Rigault régnait à la
préfecture.

M. S..., directeur du chemin de fer d'Orléans,
était dénoncé avec violence et noirci par le
commissaire spécial de la Commune ; Richard,
entendant les dénonciations répétées de cet
homme, s'attendait à l'arrestation imminente
de M. S..., qui ne se fit pas attendre.

Conduit à la préfecture et relégué dans une
pièce voisine du cabinet de Rigault, il attendait
d'être introduit. Richard chercha les moyens
de faciliter son évasion. L'huissier du préfet le
priait souvent de le remplacer lorsqu'il avait à
sortir.

Richard entama avec lui une conversation indifférente, et l'amena adroitement à s'absenter. Richard le remplaça donc.

Un employé avait demandé à Richard un encrier ; Richard se mit à la recherche de cet encrier et le porta à l'employé. Le but de cette démarche de Richard était d'expliquer son absence et de faciliter le départ de M. S...

Ainsi que le supposait Richard, M. S... profita de l'occasion, gagna la rue et se sauva.

Richard, étant encore avec l'employé, entend bientôt la sonnette de Rigault.

Richard se présente :

« — Faites entrer S... », dit Rigault.

Richard revient dans la pièce d'attente, rentre et dit à Rigault :

« — Je ne vois personne. »

« — Où est donc mon huissier ? hurle Rigault
« furieux. Pourquoi mon service est-il ainsi
« dérangé ?

« — Votre huissier m'a prié de le remplacer
« un instant, et j'ai dû aller chercher un encrier
« pour l'un de vos employés qui me l'a de-
« mandé. »

« — Amenez-moi cet employé, » dit Rigault.

L'employé comparut, et, pendant que Rigault

s'emportait contre lui, Richard, pour mieux écarter les soupçons, proposa de se mettre à la poursuite de M. S...

« — Courez, » dit Rigault.

Richard, traversant la galerie, descendit sur le quai, et, arrivé au coin de la rue de Jérusalem, il aperçut M. S... s'avançant vers le pont Saint-Michel.

Il revint à pas lents pour laisser plus de temps à M. S..., et dit à Rigault que le fugitif se dirigeait du côté du Pont-Neuf. Les poursuites ordonnées dans cette direction ne pouvaient pas aboutir.

M. S... a dû attribuer à la Providence le miracle de son évasion. Toutefois, Richard a été dans cette circonstance l'instrument obscur, mais intelligent, de la Providence.

4° La Compagnie des Omnibus était réquisitionnée continuellement par la Commune, à son très grand préjudice. M. C..., chef du personnel de cette administration, a lutté pendant deux mois avec un courage inouï, bien souvent au péril de ses jours, pour empêcher la ruine de sa compagnie.

Dans cette situation dangereuse, Richard et lui se comprirent. Le concours de Richard lui fut donné sans réserve ; il recevait de lui tous les renseignements et tous les laissez-passer qui pouvaient lui être utiles.

La tâche de M. C... devint ainsi plus facile et son existence fut préservée plus d'une fois. Il en garde à Richard une vive reconnaissance.

5° A partir du 19 mars, les fédérés sommèrent M. B..., imprimeur, de fournir les imprimés nécessaires à la préfecture. Le moindre retard dans la livraison l'exposait très souvent aux insultes et aux menaces des fédérés, qui l'accusaient de mauvaise volonté et de trahison.

Plusieurs fois ils ont voulu le fusiller.

Quand la vie de M. B... était en péril, Richard intervenait toujours, et cette double résistance en imposa chaque fois aux fédérés.

6° Richard ayant su que les fédérés se disposaient à aller arrêter le curé de Saint-Sulpice, il aperçut parmi eux un jeune homme d'une physionomie douce et d'un extérieur réservé ; il dit à demi-voix en s'approchant de lui et parlant à la cantonade :

« — Ce curé est un vieillard très âgé ; celui qui le préviendrait ferait une bonne action.

Richard eut la certitude que ce jeune homme avait fait la démarche suggérée par lui.

Il ne revit plus cet homme et ne sait pas son nom.

7° C..., chef des huissiers de la préfecture, dut aussi son salut à Richard.

Richard, apprenant le pillage de l'hôtel de M. Thiers, et supposant que les papiers les plus précieux avaient pu être déposés à la préfecture de police, se livra aux plus actives recherches dans les bureaux ; mais il ne découvrit rien.

Les services rendus par Richard, du 18 mars au 24 mai, sont incalculables. Des personnes de toutes les conditions se présentaient en grand nombre chaque jour à la préfecture pour réclamer soit un parent, soit un ami. Celles qui s'aventuraient alors à la préfecture étaient arrêtées le plus souvent.

En apercevant ces solliciteurs, Richard les invitait à se retirer. Si les fédérés s'opposaient à leur sortie, Richard leur donnait un laissez-passer. Il avait recueilli beaucoup de noms et d'adresses ; l'incendie de la préfecture a dévoré ces documents.

Tel est l'exposé simple et fidèle, plutôt réduit qu'exagéré, des actes héroïques accomplis par un obscur employé qui, jusqu'à ce jour, s'est contenté du témoignage de sa conscience.

Les soussignés, sauvés par Richard à cette sinistre époque, ou témoins des actes multipliés de son courageux dévouement, les signalent au Gouvernement, qui aime à les connaître et à les récompenser.

Ont signé :

II. C...,   ARTHUR PICARD.

Chef du personnel de la Comp. gén. des Omnibus, 155, rue Saint-Honoré.

CHAPITRE XVIII.

DUCATEL.

Pendant que je ressentais dans ma cellule des angoisses de toute nature, la Commune touchait à son horrible dénouement.

Ce qui était aussi cruel que ma vie si péniblement disputée à mes bourreaux, c'était le canon qui ne cessait de gronder. Chacun de ses coups retentissait au fond de moi-même.

N'était-ce pas la patrie qui se tuait par ses armes et sous les yeux de l'étranger? Cela me faisait autant de mal que les injures et les blessures que je subissais de la part de mes implacables ennemis.

Elle me donnait une plus grande résignation ; je craignais moins de mourir, en sentant que la patrie mourait avec moi.

Cependant la trahison devait mettre fin à cette terrible lutte. A mesure que l'armée de Versailles se rapprochait des bastions, M. Thiers, à l'aide de ses espions, continuait son œuvre. Il désorganisait la Commune déjà si divisée depuis qu'elle était gouvernée par son comité du salut public.

Je n'ai pas l'intention ici de prendre fait et cause pour l'un ou l'autre parti. Un policier n'est pas un homme politique. Quoique j'aie horriblement souffert de la cruauté de ceux qui s'acharnaient contre moi, me considérant tous comme un *shire* de Bonaparte, je fais la différence d'un Raoul Rigault et d'un Ferré, avec un Vermorel et un Delescluze. Ces derniers sont morts en héros, victimes des hommes féroces qui ont commis, en leurs noms, les excès les plus épouvantables.

Je ne vois, dans les horribles événements qui se sont accomplis, que la punition d'un pays placé dans la fâcheuse situation de les laisser commettre, parce qu'il était allé, depuis vingt ans, de surprises en surprises, du coup d'Etat à l'invasion, de la Commune à l'incendie de Paris !

Durant le second siège, un homme qui fut toujours content, malgré l'horrible situation de la France qu'il dominait de son bon sens implacable, ce fut M. Thiers.

Si l'armée qui, d'ordinaire, attaquait la nuit les bastions pouvait à peine entamer les remparts, si le siège se continuait, malgré l'acharnement des soldats de Versailles, M. Thiers contemplait tour à tour avec le même orgueil et les fortifications qu'il avait fait élever et les légions qu'il avait improvisées !

— Oh ! ma belle armée ! s'écriait-il en se frottant les mains du côté de ses généraux.

— Oh ! mes bons murs ! répétait-il avec le même enthousiasme devant ses remparts si solides contre les obus de *son* armée.

Ce ne fut que vers la fin de mai que les portes de Neuilly, de Saint-Cloud et d'Auteuil furent abandonnées par les fédérés à la suite d'un bombardement effroyable.

Neuilly, Passy n'étaient en divers endroits que des amas de ruines, le viaduc d'Auteuil était entamé. Le pont-levis, fracassé par les obus, était retombé sur le fossé des fortifications. Il formait pont de ses deux ais, bras de chêne toujours levés et que n'avaient pu briser, ni abattre les obus et les boulets des batteries de Versailles.

Mais les fédérés avaient été forcés d'abandonner la place.

Dombrowski et son état-major qui occupaient le château de la Muette, allaient se replier dans le centre de Paris.

Dombrowski, en cette circonstance, avait moins obéi à l'imminence du danger qu'aux insidieux conseils de son aide de camp H***. Ce fut encore T*** D***, le serviteur des ambassadeurs, ayant ses coudées franches dans les deux camps, qui embaucha, pour corrompre Dombrowski, des hommes dont la conscience était toujours à vendre.

Et ce fut le nommé V***, celui que Rigault fit exécuter sur la terre-plein du Pont-Neuf, qui fut chargé de travailler l'aide de camp du général polonais.

Celui-ci, irrité comme Rossel contre la Commune, dès que l'élément jacobin l'emportait sur l'élément militaire, ne demandait qu'à donner une forme pratique à ses répugnances. Dombrowski était un brave. Il se préoccupait fort peu de la question sociale. Il ne craignait pas de mourir, mais, lui mort, ce qu'il redoutait le plus, c'était de laisser sa famille dans la misère.

En véritable officier de fortune, il avait vendu son bras à la Commune pour une somme de cent mille francs. Les cent mille francs s'étant fait attendre, il n'avait pas tardé à prêter l'oreille aux propositions de son aide de camp H***.

Vers le dernier temps de la Commune, H*** s'entendait avec le nommé V*** pour vendre Paris. Pour ne pas éveiller pour son propre compte, comme pour le compte du général, le soupçon du comité de salut public, V*** donna rendez-vous à H*** dans sept ou huit domiciles différents.

Les entrevues devant être aussi longues que délicates, H*** alla tour à tour dans les huit logis affectés sous des noms différents au nommé V***.

Ce ne fut que lorsque les conditions furent bien convenues entre V*** et H*** que le premier se présenta au général Dombrowski ; celui-ci dit à V*** :

« — Soit, je me vends, c'est ma tête que je risque, je puis être fusillé, mais il faut du moins que je *laisse du pain à ma femme et à mes enfants.* »

Ces paroles de Dombrowski ont été relatées par un écrit de l'époux de Mme V***, de celui qui paya de la vie les propositions faites à Dombrowski par le gouvernement de Versailles.

On devait compter pour cette affaire un million

cinq cent mille francs ; un million pour le général, cinq cent mille francs pour H*** et ses amis.

Par malheur, au moment où H***, l'aide de camp de Dombrowski, part pour Versailles pour *terminer les conventions*, H*** est reconnu et arrêté par des fédérés.

Le comité du salut public, justement alarmé par cette rencontre insolite, nomme des commissaires pour étudier de près la conduite de ses généraux, Dombrowski, La Cecilia et Wrobeslki.

L'enquête des commissaires aboutit à l'arrestation de l'aide de camp du général, mais Dombrowski le fait aussitôt délivrer avec aisance.

Pendant ce temps-là, V***, pressé par le gouvernement de Versailles, pousse de plus en plus les négociations.

Rendez-vous est donné à la porte de Saint-Ouen à V***, à l'aide-de-camp H*** qui dit au nom du général, à l'arrivée de l'émissaire versaillais :

— Avez-vous l'argent ?

— Le voilà, dit V*** sortant de sa poche les billets de banque qui lui sont destinés.

— Avez-vous les saufs-conduits ?

— Je les ai.

Sur cette réponse de V***, H*** fait connaître les dispositions au général.

Une voiture les attend non loin de là pour les emmener ; mais le cocher les appelle.

Un espion de la Commune a surpris cet entretien.

Il est trop tard pour V*** et H***, ils sont empoignés par les fédérés qui tirent des coups de revolver sur la voiture lorsque le cheval part au grand galop. Un des complices de V***, celui qui était dans la voiture, est sauvé ; mais V*** est emmené devant Théophile Ferré. Rigault, comme on l'a vu, le fait fusiller devant lui et devant le peuple sur le terre-plein du Pont-Neuf.

Le lendemain Dombrowski est arrêté avec son état-major, pour être conduit et confronté avec l'aide de camp H*** en présence du comité du salut public.

Un membre de la Commune rencontre le cortège.

Il s'étonne, au moment où l'armée de Versailles menace de forcer les portes du côté de la Muette et d'Auteuil, de l'arrestation du général en chef.

Il demande l'explication au chef du détachement emmenant Dombrowski, celui-ci lui répond :

— Qu'il n'en sait rien !

Conduit à l'Hôtel de Ville, Dombrowski est remis en liberté à la condition qu'il se fera tuer sur une barricade pour défendre la Commune.

Il tient parole, sans pouvoir réaliser son rêve : laisser du pain à sa femme et à ses enfants.

Pendant ce temps-là, l'armée de Versailles ignorait toutes les secrètes négociations dont M. Thiers tenait tous les fils avec son fidèle T*** D***, elle tirait toujours contre les portes des remparts évacués avec intention par les soldats de Dombrowski.

Pendant que le général allait expliquer sa conduite vis-à-vis du comité du salut public, V*** était fusillé ; personne n'était informé, pas même le chef du pouvoir exécutif, des ordres donnés par Dombrowski pour faire évacuer les portes.

Alors, un inconnu, un habitant d'Auteuil, guidé par sa propre inspiration, avait remarqué tous les mouvements de recul opérés par les fédérés.

Narguant la mitraille, les balles et les obus, montant sur les talus, entrant par une porte, sortant par une autre, pour bien s'assurer que les fortifications du côté d'Auteuil étaient tout à fait libres, il passait au risque de sa vie par le pont-levis baissé d'après l'ordre du général Dombrowski; cet homme, le véritable sauveur de Paris, qui, le premier, conduisit l'armée dans la place, au bastion 64, ce fut le nommé Ducatel.

Ni Thiers qui n'attendait l'issue de ses négociations avec Dombrowski que trois jours plus tard, ni Mac-Mahon qui ne comptait que sur sa stratégie et sur la bravoure de son armée, ne se doutaient déjà que Paris était libre.

Ducatel profitait de la vente à crédit de la capitale insurgée et d'une promesse d'argent qui, par la mort de V*** et l'arrestation de Dombrowski, n'avait pu être réalisée.

L'entrée des troupes à Paris ne surprit pas que les habitants de Versailles, elle surprit M. Thiers aussi et le général en chef de l'armée.

Ceux qui furent le plus surpris encore, ce furent les fédérés. En apprenant que l'armée versaillaise entrait pendant la nuit dans Paris, il firent partout battre la générale et retentir le tocsin, en criant : Aux barricades !

C'en était fait de l'insurrection.

L'armée avec une célérité remarquable s'emparait de Grenelle, du Trocadéro ; elle faisait prison-

niers Assi et 1.500 fédérés ; elle descendait de
l'Arc de Triomphe aux Champs-Elysées jusqu'à la
Madeleine, pendant que les fédérés reculaient avec
leurs batteries, sous une pluie de balles, jusqu'à la
barricade de la place de la Concorde.

Ducatel jusqu'au Champ de Mars ne cessa de
guider un détachement d'avant-garde, très étonné
de trouver la route si facile, à la suite de la défense
acharnée de Paris.

Pour donner à ces détails étranges, qui tiennent
presque du roman, une source authentique et historique, je laisse la parole au sauveur de Paris, à
Ducatel, qui joua, dans cette nouvelle Commune, le
rôle de Maillard.

Voici l'extrait du rapport écrit par l'auteur lui-
même quinze jours après ces terribles événements,
rapport adressé au directeur général des travaux
de Paris.

Il est intitulé :

EXTRAIT DU RAPPORT SUR LES ÉVÉNEMENTS

DU 21 MAI 1871

ET SUR LA PART PRISE VOLONTAIREMENT DANS

CETTE INSURRECTION PAR JULES DUCATEL

IQUEUR DES PONTS-ET-CHAUSSÉES

Paris, 16 juin 1871.

Monsieur le Directeur général,

Suivant votre invitation, je vais essayer de faire un résumé succinct des circonstances qui m'ont fait prendre parts aux événements du 21 mai dernier, et de mes propres faits et gestes dans cette journée.

Comme ancien militaire, en même temps que comme employé aux ponts et chaussées (service municipal) pour cette partie de Paris investie par le 4ᵉ corps d'armée, je m'étais rendu compte depuis longtemps de l'état des forces en hommes et matériel, du parti des insurgés, ainsi que de toutes les positions qu'ils occupaient dans le 16ᵉ arrondissement.

D'un autre côté, comme habitant près la porte d'Auteuil, depuis le terme courant, je devins, au mois de mai, une des premières victimes du bombardement par la batterie de Montretout, en même temps qu'un des témoins les plus intéressés aux faits et gestes des fédérés de Belleville chargés par la Commune de la défense de ce côté de Paris.

Dans ces conditions, je fus bientôt convaincu plus que jamais de l'infériorité des forces de la Commune, de l'impossibilité d'une plus longue résistance, de la position désespérée où se trouvaient les insurgés, bien qu'ils parussent s'aveugler, pour ainsi dire, eux-mêmes, à ce sujet jusqu'au dernier moment.

Ils étaient tellement ignorants de leur métier de soldats improvisés, tellement abrutis par les excès, qu'ils n'avaient plus conscience de la marche des événements militaires de chaque jour.

Mais vers le 20 mai, date coïncidant avec le départ, prévu à Versailles, de plusieurs des principaux membres et inspirateurs de la Commune, je m'aperçus d'un grand changement dans l'attitude et la composition des forces militaires.

Le 21 au matin, je constatai que les nombreuses défections remarquées la veille s'étaient encore accrues, que la démoralisation était grande parmi ceux qui restaient, malgré les nombreux moyens d'excitation factice qui avaient été mis à leur disposition, et dont ils usaient plus largement que jamais.

La plupart des gardes nationaux étrangers, ou

locaux, avaient abandonné la partie pour des motifs différents suivant leurs intérêts et sentiments personnels.

On ne parlait presque plus français dans certains postes où se tenaient les propos les plus féroces, avec des menaces incendiaires, sans la moindre retenue, comme en pays ennemi de la part des troupes mercenaires étrangères.

Dans cet état de choses, je prévis comme prochaine une défection complète et rapide de la part des Français qui avaient conservé encore quelque peu de jugement de leur fausse position et de sentiments humains.

Une débâcle générale était imminente, pour les autres, et la rage de l'impuissance et du fanatisme allait sans doute les pousser aux actes les plus arbitraires et aux mesures les plus désespérées.

Dans cette extrémité, il fallait, pour la partie adverse, précipiter les événements, afin d'en éviter le plus possible les conséquences fatales qui ne pouvaient que s'aggraver en se prolongeant.

Je résolus donc de faire, sans plus tarder, profiter de la connaissance que j'avais de ce relâchement général dans la défense, les troupes d'attaque envoyées par le parti de l'ordre que je reconnaissais comme représentant seul la légalité et ayant droit de répression.

Il s'agissait, avant tout, d'éviter à la France en général, et à Paris en particulier, un prolongement inutile d'angoisses et de désastres de toutes sortes, par suite de la présence des insurgés dans nos murs et du bombardement à outrance dont ils étaient seul cause et jusqu'à présent assez rarement victimes, derrière des remparts qui les abritaient mieux que les habitants, leurs maisons.

Le dimanche donc 21, vers 4 heures du matin, j'allai m'assurer de l'état exact des remparts et de leurs défenseurs, depuis la porte Maillot jusqu'à la porte de Billancourt, au Point-du-Jour. Par trois fois je fis cette inspection, puis je relevai toutes les barricades, retranchements et poudrières construites en 2ᵐᵉ et 3ᵐᵉ ligne, depuis l'Arc-de-Triomphe de l'Étoile jusqu'au Trocadéro et aux quais.

Partout je constatai un grand désarroi, et l'abandon des principales positions comme n'étant plus tenables contre les terribles moyens d'attaque démasqués par l'armée de Versailles.

On se repliait évidemment dans l'intérieur de Paris, soit par ordre, soit au contraire faute d'ordre de prolonger davantage la défense de ce côté.

Le peu de troupes fédérées restées sur les remparts servaient comme de rideau pour masquer cette retraite et le changement de tactique, c'est-à-dire les incendies générales, comme à Moscou, adopté par la nouvelle Commune en formation, après la désorganisation de la première.

Je fus alors si convaincu qu'un assaut général était non seulement possible, mais même inévitable, et urgent, coûte que coûte, pour le jour même, que je me décidai à faire prévenir à la hâte qui de droit pour faire cesser cet état de choses désespéré, le plus tôt possible, à mes risques et périls.

Par le seule route praticable à l'abri des projectiles, c'est-à-dire par les quais, la rue Lafayette, la gare du Nord, Saint-Denis, Argenteuil, Nanterre, Versailles et Villeneuve-l'Étang, il y avait près de 34 kilomètres à parcourir, soit un retard de 5 heures au moins, *même en voiture,* outre que je pourrais être arrêté net, à la gare, pour le laisser-passer ; *mes fréquents voyages pouvant à la fin paraître suspects, et la surveillance des partants devenant chaque jour plus rigoureuse de la part des délégués de la Commune.*

Par les remparts même d'Auteuil et du Point-du-Jour, il n'y avait qu'un ou deux kilomètres, au plus, à parcourir pour atteindre les portes, puis les avant-postes et communiquer par le télégraphe avec le général en chef des troupes d'investissement de ce côté ; seulement ces deux kilomètres étaient sillonnés par les bombes ou les obus à l'adresse des communeux.

Je me dis que n'ayant rien de commun avec eux, au contraire, les projectiles me ménageraient, et, agissant en conséquence, j'allai de l'avant de ce côté, avec confiance, comme si mon raisonnement était infaillible ;

d'autant plus que l'occupation immédiate *de ce côté pouvait se faire,* presque sans coup férir, *ce qui était précieux pour permettre aux premières troupes entrées d'aller donner la main aux autres troupes d'attaque des portes voisines plus défendues.*

J'avais donc dix raisons pour une d'agir comme je l'ai fait. Qui ne risque rien n'a rien ; d'ailleurs, me dis-je : « *Audaces fortuna juvat.* » Fais ce que dois, advienne que pourra !

Après un dernier parcours dans les remparts et rues du Point-du-Jour, je les vis complètement abandonnés, sauf par trois ou quatre fédérés cachés dans un sous-sol qui essayèrent de me barrer le passage, mais dont je me débarrassai, par quelques coups de revolver envoyés, en pleine figure, à travers les soupiraux, puis je continuai ma route au milieu des obus, certain de n'être pas poursuivi par ces fiers-à-bras, de la veille, réfugiés aujourd'hui dans les caves, ou en fuite générale vers l'Hôtel de Ville, leur quartier général.

M'étant en suite assuré, du haut d'une maison élevée voisine, que les avant-postes étaient proches (à 30 mètres à peine des fossés) je courus à la porte de Saint-Cloud la plus abandonnée et la plus praticable à nos troupes, j'improvisai un drapeau parlementaire à l'abri des remparts, je l'agitai vivement, et dès qu'il fut aperçu des tranchées, j'annonçai enfin la grande nouvelle, je dis que l'entrée de Paris était libre en ce moment, de ce côté surtout, *et que l'on se hâtât d'entrer et de prendre possession de cette porte d'abord, en attendant les autres, avant que les fédérés ne revinssent en forces par un retour offensif,* comme à Issy, dont le fort fut évacué, pendant 6 heures, à l'insu des troupes d'investissement qui avaient continué de le bombarder quand même, tout dépourvu qu'il était de défenseurs, puis fut réoccupé par de nouveaux défenseurs pendant huit jours.

Pour prouver mes dires et inspirer pleine confiance aux troupes témoins de la scène, j'offris de sortir par ladite porte à travers les débris, puis d'y rentrer pour guider les premières troupes d'occupation, comme j'en avais conçu et préparé le plan depuis longtemps.

On me comprit sans doute à mes signes et gestes, plutôt qu'à mes paroles, tellement la canonnade était violente.

Alors un officier supérieur de la marine, le commandant Trève, s'élança des tranchées, traversa le plan de tir et vint à ma rencontre pour me reconnaître, sous le feu plongeant et convergent de nos formidables batteries.

Je lui répétai, du haut du rempart, sous le même feu, mes assurances d'évacuation complète de la place, depuis le matin, et de la possibilité de s'en emparer, sans plus tarder, pour le faire, sans coup férir.

Il se rendit à l'évidence, et à son invitatio.., je fran-

chis la porte de Saint-Cloud, c'est-à-dire le fossé du pont-levis, sur l'unique poutre qui en restait et était tombée en travers, *heureusement*.

Il était environ 3 *heures de l'après-midi : à partir de ce moment je ne pris plus la moindre part directe aux événements et aux mouvements de troupes qui eurent lieu dans la journée, pour le rassemblement du premier corps d'occupation*.

Ce n'est que le soir, vers 8 *heures environ, que je pris de nouveau part à la possession, à la rentrée des troupes dans Paris, en guidant, sur l'invitation du général Douay, la division du général Vergé, chargée d'aller s'emparer du plateau du Trocadéro, par la route des quais que j'avais déclarée la plus praticable, la moins observée par la défense, du moins jusqu'à* 3 *heures, et il en était* 8 *heures, lors de ce* 2e *incident de la délivrance*.

Partis à 8 *h.* 30 *m. environ, nous arrivâmes vers* 11 *heures à la hauteur de la rue Guillon et en face de la barricade voisine. Nous y fûmes reçus par une cinquantaine de fédérés qui essayèrent de nous résister, mais, après la mort de leur chef, ils offrirent de se rendre si on leur laissait la vie sauve*.

A cette déclaration, je m'élançai dans la barricade en m'écriant : A la bonne heure « Vive la France ! Vive la France !!! »

A peine avais-je jeté ce deuxième cri que je fus

assailli par une douzaine de ces fédérés, qui, à l'exemple des Prussiens, ne levaient la crosse en l'air que pour mieux tomber sur nous.

— Attends, nous allons t'en f..... du vive la France ! me dirent-ils, en me crossant à qui mieux mieux.

Cependant ces gens-là parlaient français, ils se disaient Français et agissaient à chaque instant comme les plus purs Prussiens !

Je fus ainsi mené et assez malmené (à preuve le coup de baïonnette que je reçus dans le cou et que je parai à moitié, heureusement) le long des quais, puis le pont d'Iéna et à travers le Champ de Mars jusqu'à l'École militaire.

Pendant tout ce trajet, je me souviendrai de ce soldat de la ligne (vraie ou fausse) qui s'était soi-disant échappé de la colonne que je venais de conduire, jusqu'à la barricade de la rue Guillon, et qui faisait crier à tous ces fanatiques que l'armée, que la ligne se rendait et que les Versaillais étaient f..... abandonnés par leurs troupes, à preuve !!!

C'est sans doute cela qui les rendait si furieux contre moi, car j'avais eu beau essayé de leur donner le change en protestant, comme le lignard, que c'était volontairement que je m'étais jeté dans leurs lignes, pour m'échapper des mains des Versaillais qui m'avaient ramassé en route, me rendant chez moi, à Auteuil, ce que j'offris de prouver par l'inspection de mes papiers qui portaient en effet ma nouvelle adresse.

Ils n'en croyaient rien ; ils me maltraitaient à qui mieux mieux, comme l'auteur de leur déroute, mais d'instinct, sans autre preuve. Aussi bien, me disais-je, in petto, qu'ils n'avaient pas tout à fait tort.

Bref ! je fus introduit dans la salle de la cour martiale, au rez-de-chaussée du pavillon central de l'Ecole militaire.

Les membres du conseil de guerre furent convoqués ; ils siégeaient presque en permanence, étant logés dans les appartements de l'école.

Tous les moyens d'intimidation furent employés pour me faire avouer ma participation à l'entrée des troupes dans Paris.

Ils m'appuyaient avec rage et force grimaces mon propre revolver sous le menton et me menaçaient encore tout à la fois de ma canne à épée dégainée.

Je résistai à tout cela, persistant dans mon premier dire que je rentrais tranquillement chez moi après avoir passé la journée chez un ami, marchand de vins comme moi, ayant une carte où mon nom paraissait avec ce titre :

En tout cas, ma mission principale de l'assaut évité étant accomplie, l'aveu de ma participation n'eut été qu'une fanfaronnade au moins inutile, surtout en me voyant si lestement lâché et sacrifié !!!

*Après 3 heures de délibérations et d'hésitations (à
trois reprises d'une heure), sur ce qu'il convenait de
faire de moi, me fusiller immédiatement, sur place, ou
m'envoyer au ministère de la guerre, ces messieurs
sortirent pour aller délibérer une dernière fois, ils ne
revinrent plus !*

*Ils avaient comme moi entendu les coups de canons et
de fusils des premières troupes envoyées dans Passy
et qui débouchaient enfin par les avenues du Trocadéro.*

*Un quart d'heure après ce départ, ma garde s'in-
quiéta de ses chefs disparus. Une partie, officier en tête,
sortit à leur recherche ; on ne les revit plus.*

*La mitraillade et la fusillade devenant plus violentes,
les autres s'en inquiétèrent ; ils disparurent à leur tour,
un par un, dans les corridors.*

*M'ayant enfin laissé presque seul, je pus aussi
m'échapper à mon tour, ce que je fis par la fenêtre
pour plus de sûreté de ne pas faire de plus mauvaises
rencontres ; aimant mieux m'exposer à nouveau aux
projectiles amis qu'aux balles ennemies, etc., etc., etc.*

JULES DUCATEL.

CHAPITRE XIX

MON ARRÊT DE MORT

Je reviens à ma captivité. Les angoisses qu'elle me faisait subir, ma vie de plus en plus en péril depuis que la Commune touchait à son sanglant dénouement, avaient fini par avoir raison de mes forces et de mon énergie.

Vers la fin de mai, j'avais complètement perdu la tête. Malgré les gardiens qui m'entouraient et qui, sous une apparence hostile, étaient chargés de veiller sur mon salut, j'en désespérais.

A la fin de ma captivité, le directeur de la prison de la Santé n'était guère plus rassuré que ses prisonniers politiques, depuis que le comité de salut public avait eu vent de ses complaisances pour nous.

Il était aussi surveillé.

Si je n'avais revu Ferré ni Rigault, qui tenaient tant à ma mort, c'était parce que les événements se compliquaient et que mes persécuteurs étaient très occupés ailleurs.

L'armée versaillaise se rapprochait des bastions. Alors le comité de salut public, agissant arbitrairement, ne craignait plus de faire fusiller les otages à la Roquette et à Sainte-Pélagie.

Redoutant le même sort, je n'hésitais pas, dans un moment de défaillance et de désespoir, à écrire à Henri Rochefort, afin d'éviter d'être encore couché en joue contre les murs de ma cellule.

Je rappelai à Rochefort ce que j'avais tenté pour lui, après le 4 septembre, dans une circonstance analogue, presque aussi critique.

Ce fut mon nouveau gardien, le sergent de mes plus dangereux fédérés, qui, par M. Thiers, était tout à fait pour moi, qui fit parvenir ma supplique à Rochefort.

Hélas! comme Vermorel et Delescluze, Rochefort était déjà un *bourgeois* suspect à la Commune. Il me fit répondre que la Commune venait de mettre son journal à l'index, que lui aussi étant sur le point d'être arrêté, il ne pouvait rien pour moi.

Ce qui était aussi très malheureux pour le rédacteur du *Mot d'ordre* et pour moi-même, devint très heureux pour lui quand Paris fut au pouvoir de l'armée de Versailles.

Cette circonstance permit à Rochefort de défendre sa tête devant le conseil de guerre.

En tous les cas, cette dernière chance me manquait, elle m'ôtait tout espoir de salut. Les détenus politiques qui, à la prison de la Santé, subissaient aussi les vengeances de la Commune, commissaires de police, inspecteurs, prêtres et gendarmes, perdaient également tout courage.

De jour en jour, ils s'attendaient à être fusillés sans jugement, malgré l'assurance que m'en avait donné Ferré; et si Ferré et Rigault n'étaient pas revenus à la Santé pour accomplir eux-mêmes leur œuvre, comme pour Chaudey, c'était parce qu'ils avaient bien d'autres otages à sacrifier, avant que l'armée de Versailles arrêtât leurs sanglantes représailles.

Donc, dans la nuit du 21 mai, les délégués à la justice et à la sûreté n'avaient pu se présenter à la Santé, occupés comme ils l'étaient à la préfecture et à la Roquette. Mais, par un raffinement de cruauté, ils avaient fait armer de fusils les détenus ordinaires de la Santé pour les tourner contre nous!

Se méfiant de plus en plus du directeur de la prison, ils avaient chargé les détenus ordinaires avec les fédérés les plus sanguinaires, de devenir nos bourreaux.

Voici à quel sujet Ferré et Rigault avaient pris cette odieuse mesure.

Dès l'entrée des troupes de Versailles à Paris, le matin du 22 mai, un colonel des fédérés venait à la Santé; il se faisait annoncer au directeur de la prison, en déclarant être membre de la Commune et envoyé pour lui intimer l'ordre de faire procéder à l'exécution des otages détenus à la Santé; il me désigna particulièrement avec mon valet de chambre.

Le citoyen Collet, avant de lui répondre, lui demanda son nom.

— Je m'appelle C***, lui répondit-il d'un ton bref.

— Je ne vous connais pas, lui riposta-t-il après un instant de silence, et ne vous connaissant pas, je doute que vous soyez envoyé par la Commune; c'est assez vous dire que je ne puis exécuter vos ordres.

— Ah! reprit C*** d'un ton colère, vous ne me connaissez pas? Eh bien! vous connaissez du moins la signature de celui qui a signé ceci?

Et le colonel déplia un papier qu'il lui remit, sur lequel étaient tracés ces mots de la main de Ferré :

« *Le citoyen directeur de la Santé, aussitôt l'arrivée des troupes de Versailles dans Paris, fera procéder à l'*EXÉCUTION DES OTAGES. »

Collet lut et relut le papier ; il le tourna dans ses doigts d'un air embarrassé, puis il se décida à répondre :

— Cet ordre n'en est pas un. Je ne sais, moi, si les troupes de Versailles sont dans Paris. Avant de prendre une décision aussi grave, et pour décharger ma responsabilité, il me faut un ordre positif.

— Ah! traître! exclama le colonel en rugissant de colère, vous ne voulez pas m'obéir? Eh bien! je vais chercher l'ordre que vous exigez. .

Le colonel partit, et on ne le revit plus.

Mais le soir même, les chefs du comité de salut public, qui ne pouvaient plus parvenir jusqu'à la prison de la Santé parce que les troupes versaillaises se battaient avec acharnement à ses alentours, faisaient parvenir aux détenus ordinaires des armes de toute sorte, limes, tranchets et fusils.

Ces armes, dans leurs mains, étaient aussi bien

destinées à achever les otages qu'à prêter secours aux fédérés qui défendaient notre prison.

Dès le soir même, par le directeur de la prison, devenu plus communicatif depuis l'entrée de l'armée de Versailles dans Paris, j'appris l'arrêt qui me condamnait personnellement, avant les autres otages.

Mais il fut bref dans l'explication qu'il me donna touchant mon arrêt de mort.

Lui-même n'était plus libre.

Il était surveillé par les fédérés sous les ordres de mon sergent qui, aux yeux de ses soldats, commençait aussi à devenir très suspect.

On a vu par le rapport du brigadier A*** combien il lui fallut lutter pour empêcher les fédérés de placer les tonneaux de poudre qui devaient nous faire sauter avec le directeur de la prison.

Depuis le 22 mai, la situation devenait de plus en plus tendue.

Nous entendions du dehors la fusillade qui s'échangeait entre les fédérés et la troupe. Au dedans, les prisonniers ordinaires proféraient avec les fédérés de constantes et impuissantes menaces.

Durant toute une journée, il n'y eut pas que les otages qui furent gardés à vue, il y eut jusqu'à notre directeur.

Dans cette journée, les heures me parurent plus longues que des siècles. D'une minute à l'autre, je m'attendais à voir surgir dans ma cellule les fédérés et les prisonniers ordinaires pour nous massacrer, moi et mes compagnons d'infortune.

Qui les arrêta, malgré les ordres qu'ils avaient

reçus de la Commune et que le directeur de la prison hésita jusqu'au dernier moment à faire exécuter?

Je crois que c'est le tableau plein d'horreur qui se
passait autour d'eux et que je ne faisais que deviner, du fond de ma cellule.

Les murs de mon cachot reflétaient des lueurs
sinistres.

Dans la lumière rougeâtre qu'elles projetaient,
je voyais des points noirs sillonner leurs parois
flamboyantes.

C'était la pluie de balles vomies par les mitrailleuses et les feux de peloton. Le bruit de cette fusillade nous assourdissait. Mais ce bruit, en devenant
plus menaçant, indiquait les rapides progrès de l'armée.

Pour nous, c'était l'espérance, c'était le salut !

Dans la nuit du 23 au 24, la fusillade devint si
vive, que les murs finirent par s'ébranler sous ses
horribles crépitements. C'était un fracas épouvantable.

Je m'étonnais comment j'existais encore dans cet
immense ébranlement.

Les balles ricochaient jusque sur les barreaux de
ma cellule.

En cet instant suprême, je me demandai si les
balles qui provenaient de l'armée libératrice ne me
donneraient pas la mort, devançant ainsi l'arrê
qui me frappait.

Je n'avais pas achevé cette réflexion que la porte
de ma cellule s'ouvrit brusquement.

Pendant que la fusillade du dehors ne cessai

de me menacer, je vis apparaitre sur le seuil de ma cellule une horde de bandits.

C'étaient les prisonniers armés par la Commune. Ils venaient faire l'*ouvrage* des fédérés occupés aux barricades.

— Mort à Claude ! hurlèrent ces démons en agitant leurs armes, vieux sabres ébréchés, fusils hors de service, dont ils avaient été gratifiés par mes bourreaux.

Je crus avoir affaire à une bande de démons.

Jamais je n'avais vu, pendant ma longue carrière, des figures aussi horribles, aussi épouvantables.

Malgré l'effroi dont j'étais possédé, l'instinct de la conservation m'inspira.

Je leur criai, en profitant des éventualités que m'offrait l'arrivée des troupes de Versailles :

— Prenez garde, leur dis-je, à ce que vous allez faire? Les troupes sont à deux pas d'ici ; ne redoutez-vous pas, si elles vous rejoignent sur mon cadavre, de payer pour les autres l'arrêt illégal dont on vous fait les instruments? Si mes ennemis n'ont osé me tuer, me tuerez-vous, pour subir à votre tour l'arrêt de mort qu'ils n'ont osé exécuter?

Ces paroles parurent faire une vive impression sur ces misérables.

Quelques-uns qui avaient braqué déjà leurs fusils contre moi les relevèrent.

La foule se recula, autant convaincue par mes paroles que par ce qui se passait devant eux et derrière moi.

A peine avais-je prononcé ces mots qu'un homme

vêtu en garde national, suivi de quelques soldats marins, fondit, l'arme en joue, dans ma cellule.

Il précédait l'armée de Versailles, qui venait de déloger les insurgés de la dernière barricade défendant la prison.

L'homme, le fusil en joue, se plaça entre moi et mes bourreaux interdits. C'était Bagasse !

Celui qui m'avait conduit à la Santé était le même qui maintenant m'en faisait sortir !

Comme je l'appris plus tard, Bagasse, que j'avais accusé à tort, n'avait, sur le conseil d'OEil-de-Lynx et de Requin, pris du service à la préfecture, dans l'armée des fédérés, que pour travailler plus sûrement à mon salut.

Il s'était fait traître à mes yeux pour mieux inspirer de confiance à mes ennemis politiques.

A l'exemple de Richard, le conservateur des archives, il n'était resté à son poste que pour rentrer plus vite sous les ordres de ses anciens chefs.

Comme toute mon administration, que j'avais formée sous le siège pour me sauvegarder contre mes ennemis, Bagasse était resté fidèle à son mandat, tout en paraissant le trahir.

C'était lui qui avait choisi pour moi, au moment où j'étais tout à fait perdu, la prison de la Santé, confiée à un directeur relativement humain ; c'était lui qui avait trouvé ce sergent dévoué à M. Thiers et qui commandait mes plus terribles geôliers.

Cependant, si le citoyen Collet eût eu le caractère du citoyen Le Français, j'aurais eu à la Santé le sort de l'archevêque de Paris et du curé de la Madeleine à la Roquette.

Mais, comme l'atteste le certificat que je reproduis à la fin de ce volume, les otages confiés au directeur de la prison de la Santé n'eurent pas le sort que leur infligea à la Roquette son cruel collègue.

Et mes compagnons d'infortune, après la victoire de l'armée de Versailles, s'empressèrent de le certifier aux juges par cet hommage que je publie plus loin et qui signale l'humanité de Collet.

A peine Bagasse et ses soldats de marine furent-ils entrés dans ma cellule pour me faire un rempart de leurs corps, que l'armée ne tarda pas à cerner la prison de la Santé.

Enfin j'étais sauvé, j'étais libre !

Bagasse, après s'être jeté dans mes bras, pendant que les soldats de l'armée régulière faisaient rentrer dans leurs cellules leurs prisonniers, Bagasse me conseilla de ne pas encore sortir de ma prison et d'imiter mes compagnons.

— Paris, me dit-il, n'est pas encore tout à fait délivré. En sortant de cette prison dont nous sommes les maîtres, vous risquez de tomber dans une barricade au pouvoir de nos ennemis.

Malgré les représentations de Bagasse, je ne voulus pas rester une heure de plus à la Santé, j'y avais trop souffert.

Pendant que je me livrais à cette joie inespérée de la délivrance à laquelle avait travaillé celui que j'avais le plus accusé, il se passait parmi mes compagnons d'infortune une scène d'un tout autre genre.

Lorsque les soldats de Versailles faisaient rentrer dans leurs cellules les prisonniers ordinaires ; lorsque les officiers attestaient aux prisonniers politiques qu'ils allaient bientôt être libres, beaucoup d'entre eux, troublés par de longues insomnies, et des tortures plus longues encore, s'obstinaient à ne voir dans leurs libérateurs que des insurgés déguisés !

Pendant que se passait cette scène peu flatteuse pour ces vainqueurs, je pressais Bagasse de faire diligence pour nous faire sortir moi et mon valet de chambre de la prison de la Santé.

Je tenais à retourner à la préfecture.

Il m'apprit que depuis le matin, l'hôtel de la préfecture brûlait, que la veille, vers le soir, comme l'indique Richard, dans son rapport, les agents de Rigault avaient arrosé de pétrole tous les murs du palais avant d'y mettre le feu.

Hélas ! je devais me convaincre par mes yeux de la triste et terrible vérité. Pendant que je souffrais dans ma cellule toutes les tortures qu'éprouvent les condamnés à mort, je ne me doutais pas encore que la Commune avait aussi condamné Paris.

Quand je sortis de la Santé, accompagné de mon valet de chambre, non seulement Paris se couvrait de cadavres, mais de tous les points où s'acharnait la lutte Paris brûlait.

Les vaincus reculaient en laissant derrière eux et leurs barricades des barrières de feu !

Les Tuileries, l'Hôtel-de-Ville, le Conseil d'Etat, la Préfecture, le Palais-Royal, des rues entières prenaient feu tour à tour.

Le spectre rouge tant annoncé était venu en plantant sur Paris sa terrible oriflamme !

Il brûlait Paris ! Paris flambait et sa clarté flam-

flamboyait avec une intensité de plus en plus vive
sur la noirceur de la nuit.

Lorsque je sortis vers le soir de la prison de la
Santé, je marchais littéralement sur les décombres
fumants. Au-dessus de ma tête, éclataient des obus ;
autour de moi, j'étais éclairé par des rideaux de
feu.

Eperdu, affolé, je me croyais au milieu de l'enfer !
Je ne sais qui m'animait, ou l'effroi que je ressentais
devant cet horrible tableau, ou l'indignation que
j'éprouvais contre les auteurs de cet épouvantable
feu d'artifice dans lequel des milliers d'existences
et des trésors séculaires s'anéantissaient en une
seule nuit !

J'étais fou, éperdu ; n'importe, je marchais toujours !

Pris entre l'épouvante, l'indignation et la colère,
je n'avais plus la conscience de mes actes. Incons-
ciemment je suivais la ligne directe qui mène à la
préfecture. Les balles sifflaient autour de moi,
je ne les entendais plus. Mes pieds meurtris se
heurtaient à chaque carrefour contre des pavés,
contre des tas de cadavres, des blessés expirant,
n'importe ! Je n'entendais rien, je ne voyais rien !
Je me débattais contre cet amas d'horreur comme
si je n'eusse eu devant les yeux que des fantômes,
que des chimères inoffensives !

Je ne pouvais croire à la réalité de ces meurtres
qui frappaient mes regards et stupéfiaient mon imagination.

« Non, me disais-je, ce n'est pas Paris, ce brasier
gigantesque à travers lequel je passe sans me

brûler. Ce ne sont pas ses habitants, tous ces hommes qui se tuent et se mitraillent à bout portant,
sans que je ressente aucune blessure, tout en me
mêlant à leurs luttes fratricides. Je rêve, oui, je
rêve, je suis sous le poids d'un horrible cauchemar
provoqué par les insomnies et les tortures de ma
captivité. »

Si je ne rêvais pas, j'étais fou.

J'arrivai ainsi jusqu'à la place Saint-Michel où se
battaient encore les soldats de l'infanterie de
marine contre les insurgés, qui tenaient jusqu'à
la barricade du Pont-Neuf.

Je ne sais par quel miracle je pus traverser ainsi
la rive gauche. Les balles qui se croisaient au-
dessus de ma tête, l'incendie qui surgissait à mes
pieds, les morts qui tombaient à mes côtés, à chaque
pas, eussent dû m'avertir.

Mais je le répète, je ne voyais rien. Je n'avais
conscience de rien.

Comme un pauvre maniaque qui obéit à un but
imaginaire, j'allais, j'allais toujours vers la préfecture.

Je ressemblais à ces fous dont l'âme est morte,
qui n'obéissent qu'à leur dernière pensée, quand
ils avaient encore un éclair de raison, la pensée do-
minante de leur vie. J'allais à mon bureau, c'est-à-
dire à la première division occupée par les bâtiments neufs de la préfecture.

Dans ma course insensée j'avais perdu mon valet
de chambre, ou peut-être avait-il été arrêté par un
obstacle imprévu que ma folie avait empêché de
reconnaître.

Arrivé à la place Saint-Michel, je fus bien forcé de m'arrêter.

On se battait avec acharnement, j'étais en face d'une barricade de fédérés.

Des fenêtres des maisons environnantes, les balles sifflaient avec acharnement. Les fédérés y répondaient avec rage ; les uns tournés contre la Seine pour répondre aux balles des fusiliers marins, les autres tournés vers la préfecture pour envoyer sur le monument qui brûlait les bombes à pétrole.

Il est hors de doute que si l'un d'eux m'eût reconnu, j'aurais été immédiatement fusillé.

Mon arrêt de mort eût eu sur la barricade ennemie sa complète exécution.

Ferré, Rigault, qui n'avaient pu se venger sur moi, à la prison de la Santé, eussent là été servis par leurs derniers soldats.

Mais il était impossible de me reconnaître ; mes habits en lambeaux n'avaient plus de forme ; j'étais littéralement nu-pieds ; mon pantalon brûlé par les flammes, ma tunique de prisonnier trouée de balles, ma barbe longue inculte, tout me donnait, au contraire, l'aspect farouche et sordide des révoltés qui m'entouraient.

Du reste, en cet instant suprême, les fédérés étaient trop occupés d'eux-mêmes, de la mort qui chevauchait à travers leur rang pour songer à un misérable comme moi, à ce Lazare perdu au milieu de cette fumante hécatombe.

Dès que je fus arrivé au pont Saint-Michel, mes idées s'éclaircirent de plus en plus.

Je me rappelle que je tombais frappé par une détonation épouvantable.

Je sus depuis que cette détonation provenait de mitrailleuses amenées par un nouveau détachement de l'armée de Versailles.

Ce détachement, après avoir délivré la mairie du 14e arrondissement, avait pris en flanc les fédérés tenant encore l'extrémité de la rive gauche jusqu'aux rues du Vieux-Colombier, de Vaugirard et de la rue de Rennes.

Ils résistaient retranchés dans le demi-cercle fermé jusqu'à la Seine, par les barricades de la rue Gay-Lussac, la rue Saint-Michel et la rue Royer-Collard.

C'était dans cette forteresse de pavés que je m'étais retranché, où Ferré et Raoul Rigault avaient établi leur dernier quartier général, quand précisément je m'enfuyais de la prison de la Santé.

Si l'armée n'eût pas délogé, après un sanglant combat, l'état-major de Rigault tirant toujours sur la préfecture, j'étais sûr d'être reconnu par un des lieutenants du dictateur; en tombant ainsi dans la gueule du loup, j'étais perdu !

Heureusement pour moi que l'effroyable détonation qui retentit de tous côtés, par les attaques des mitrailleuses et du canon, m'avait fait choir sans m'atteindre.

Je tombai évanoui sur un tas de morts et de mourants.

Lorsque je repris mes sens, la barricade derrière laquelle je me retrouvais était vide.

Il n'y avait autour de moi que des corps sanglants, inanimés, des débris d'affûts qui brûlaient.

L'incendie de ces débris me fit sortir de ma lé-
thargie.

Quand je levai les yeux, la préfecture brûlait toujours ; mais au-dessus de ces bâtiments neufs, dont
la blancheur des murs se détachait sur le fond rouge
des flammes, j'aperçus flotter le drapeau tricolore.

Malgré les obus qui pleuvaient sur l'édifice, je me
précipitai du côté du monument où j'avais passé les
trois quarts de mon existence, où je voulais reprendre, le premier, mon poste, dussé-je en mourir !

Le drapeau tricolore m'indiquait que mes ennemis
n'y étaient plus.

Malgré l'égarement de mes sens et de mes esprits,
je considérai comme un devoir, comme un glorieux
défi de reprendre ma place qu'un arrêt de mort n'a-
vait pu me ravir, et que l'incendie du palais de justice ne pouvait plus me marchander !

L'honneur du vieux policier vaut celui du vieux
soldat ! il meurt fidèle à son drapeau, quel que soit
celui qui le porte !

Conduit par ce drapeau, j'atteignis, je ne sais
comment, au milieu des morts, des blessés, à travers les barricades, les flammes et les obus, l'ancienne cour du Harlay.

Ce que je sais bien, c'est qu'une heure après
m'être relevé sur la barricade Saint-Michel, j'étais
parvenu, à moitié mourant, jusqu'à la loge du concierge de la préfecture.

La surprise de ce brave homme fut aussi grande
que la mienne, quand ce concierge, qui était resté
à son poste tout le temps que dura la Commune, me
revit et me reconnut.

Il ne s'attendait pas plus à me voir en ce moment critique, que je n'espérais moi-même le retrouver.

Comme Richard, le gardien des archives, Charlet, le concierge, était resté à son poste pour manifester une opposition énergique contre les derniers actes de vandalisme des fédérés.

Lorsque les incendiaires eurent pris possession de la préfecture abandonnée par les usurpateurs, Charlet s'opposa de toutes ses forces au criminel badigeonnage au pétrole.

Alors il fut saisi et conduit au dépôt.

Mais il n'y avait plus assez d'hommes pour le fusiller. Ceux qui restaient n'avaient que le temps de réunir les casiers politiques massés en tas au milieu de la grande salle arrosée de pétrole et d'y mettre le feu.

Dans la pièce au-dessus, on avait aussi placé vingt kilogrammes de poudre.

De l'une des fenêtres du dépôt le concierge avait suivi tous les manèges indiqués déjà par Richard.

Dès que les misérables furent partis, Charlet demanda à ses compagnons de prison qui devaient sauter comme lui de lui prêter main-forte dans l'intérêt de tous.

Il va sans dire qu'ils ne lui refusèrent pas leur concours.

Avec leur aide, le concierge parvint à tordre un barreau de fer placé devant la fenêtre du dépôt.

Une fois libre, il sauta dans la rue du Harlay-du-Palais et ses compagnons ne tardèrent pas à imiter son exemple. Réunis tous ensemble, ils se dirigèrent sans perdre une minute vers le bureau de la première division (criminels, voleurs et forçats) et parvinrent à préserver aussi du feu, à l'exemple de Richard, une grande quantité de dossiers importants.

Lorsque Charlet me reconnut, il me dit d'un air triomphant :

— Monsieur Claude ! je n'espérais pas vous revoir. On m'avait assuré que vous étiez fusillé. Maintenant que vous voilà, vous pouvez, malgré le feu, vous mettre à votre bureau. Votre corps de bâtiment a été respecté, toutes les mesures sont prises pour éteindre l'incendie et narguer les obus qui nous viennent du Père-Lachaise.

En effet, les fédérés tenaient encore de ce côté-là.

Je dois le dire à l'honneur de certains employés de la préfecture, je ne fus pas le premier à y reprendre mon emploi, même au milieu des flammes, et sous le feu de l'ennemi.

Richard, Charlet et d'autres subalternes, avant moi, sans compter mes agents, étaient restés à la préfecture pour que, au dernier moment, elle ne fût pas complètement incendiée, comme le furent les Finances, les Tuileries et l'Hôtel de Ville.

Dès mon installation sur les ruines fumantes de la préfecture, je pensais d'abord à mes compagnons d'infortune et de captivité.

Mon premier acte dès ma rentrée en fonctions fut, au nom du pouvoir redevenu maître de Paris, de donner un ordre de liberté à ceux que j'avais laissés à la prison de la Santé.

Cet ordre d'élargissement, je le transcris tel que je l'ai écrit, le dernier jour de la semaine sanglante.

Il prouvera combien sont authen tiques les événements intimes de ma vie aussi agitée que la vie de tous les hommes que j'ai eu pour mission de poursuivre.

A peine avais-je entrepris cette œuvre réparatrice que le concierge du palais vint m'apprendre une affreuse nouvelle, elle me donna encore une fois la mesure de la cruauté de mes ennemis.

Il m'apprit que ma maison brûlait, que ma femme, mes serviteurs en avaient été chassés sans que les incendiaires leur permissent de prendre le moindre objet précieux, et qu'ils étaient tous sortis à moitié nus de mon foyer réduit en cendre !

A cette horrible nouvelle, je faillis devenir fou une seconde fois !

J'étais ruiné, ma femme était peut-être morte sous les coups portés par mes bourreaux qui, malgré eux, n'avaient pu m'atteindre.

J'eus le vertige, je sortis comme un insensé de la préfecture qui brûlait toujours; je voulus revoir ma maison incendiée pour savoir si ma famille, mes serviteurs existaient encore dans cet horrible cataclysme où, par une cruauté du sort, j'avais été épargné !

Enfin, Raoul Rigault et Ferré étaient bien vengés.

En survivant à leur haine, je souffrais plus que la mort qu'ils avaient décrétée contre moi, car je souffrais mille morts !

FIN DU TOME SIXIÈME.

Prison de la Santé
Rue de la Santé.

Ordre de Liberté

M. Thomas de Calligny   cons[eiller] de préf[ecture]
Dodieu ________________ :9
André ________________ :9
Noy ________________ Secrétaire
Duprat ________________ Secrétaire
Pilat ________________ inspecteur
Beaudoux ________________ inspecteur
Bosch ________________ inspecteur
Chrétien ________________ inspecteur
Voyrier ________________ inspecteur
Durel ________________ inspecteur
Vézutti ________________ insp[ecteur] de M. André
18 gendarmes
2 prêtres de la 2e Div[ision]

J'apprie mes collègues et compagnons de captivité de vouloir bien donner chacun cinq francs au porteur du présent qui risque sa vie pour l'exécution de cette mission.

Prière de serrer la main à tous nos amis.

Beaudoux voudra bien remettre nos deux paquets à M. Salvé ou à l'un de ses collègues

André

TABLE DES MATIÈRES

DU TOME SIXIÈME

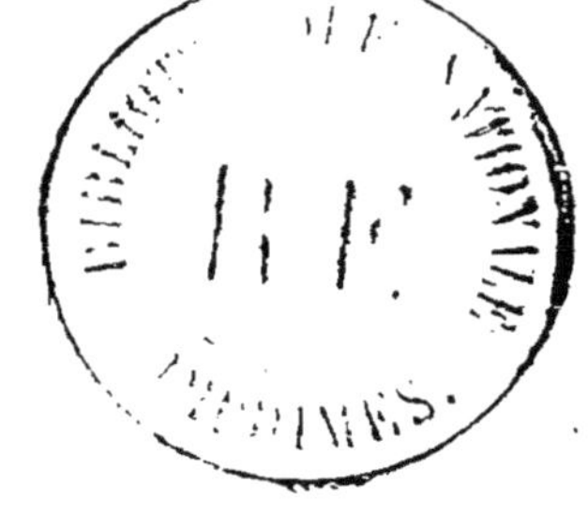

FIN DE LA TABLE DU SIXIÈME VOLUME.

494-8?. — Imprimerie D. BARDIN et Cie, à Saint-Germain.